fern, als bei ihm alles auf dem Gebot der Liebe beruht, und die Liebe ist unteilbar: man hat sie oder man hat sie nicht. Aber für ihn erweist sich die Liebe unbedingt (er kann sich dafür auf Johannes berufen) im Halten der Gebote Christi: zieht man hier seinen eigenen Willen dem Willen Gottes vor, so entlarvt man seine Gesinnung, seine fehlende Liebe. Die Einheit von leidenschaftlicher Liebe und Eifer für das Gesetz Christi ist die Mitte des eigentümlichen Ethos dieses Heiligen: alles am Evangelium tritt ihm unter den Zügen des Anspruchs Gottes an den Menschen entgegen, jedes Wort holt bei ihm ein antwortendes Ja der ganzen Person ein. Wie sein Bruder Gregor von Nyssa[40] erlebt er das verzehrende Je-mehr der göttlichen Liebe, aber im Gegensatz zu Gregor erfährt er dieses Feuer nicht mystisch-ekstatisch, sondern ganz und gar ethisch. So allein erklärt sich der durch fast alle Werke des Heiligen bebende Schauder vor der Furchtbarkeit des göttlichen Gerichts, der umso auffallender ist, als Basilius in der geistigen Luft der beiden Gregore und bei Origenes, aus dem er mit dem Nazianzener eine Blütenlese von Texten herstellte, nichts Ähnliches fand. Woher dieser Schock? Es ist, am Ende der Ausbildungszeit, ein plötzlicher Blick auf den wahren Zustand der Kirche: «Sie, für die Christus starb, auf die er reichlich den Heiligen Geist ergoß», ist im Inneren zerrissen: die Christen streiten widereinander und widersprechen sich im Verständnis der Schrift. «Und was noch furchtbarer ist, ich sah die Vorsteher der Kirche selbst in solchem Widerspruch der Meinungen und Ansichten gegeneinanderstehen, sah sie in solchem Gegensatz zu den Weisungen Jesu Christi unseres Herrn, sah sie so unbarmherzig die Kirche Gottes zerfleischen und

immer ein Glied das andere mit sich bringt: So Gregor von Nyssa (De virg. PG 46, 344; De Instit. christ., ebd 301) und nach ihm Ps.-Makarius (hom. 40, 1, PG 34, 764 A und sog. Zweiter Brief: «Die Tugenden sind einander gleichwertig», ebd 432 B). Man muß also sehr vorsichtig sein, wenn man (wie Dom Amand es tut) Basilius auf Grund dieser Lehre eines extremen Rigorismus zeiht.

[40] Vgl. mein: Présence et Pensée. Essai sur la phil. religieuse de Grégoire de Nysse 1942

so rücksichtslos seine Herde verwirren, ... daß sich jetzt, wenn je, an ihnen das Wort erfüllt: ‚Aus eurer Mitte werden Männer aufstehen, die Verkehrtes reden, um die Jünger zu sich hin zu verführen' (Apg 20, 30)»[41]. Was Basilius verspürt, ist weniger Angst um sich, als Angst um die Kirche. «Es ist unbedingt notwendig, daß die Kirche Gottes als ganze im Heiligen Geiste geeint sei durch Bande der Harmonie und der Eintracht, gemäß dem Willen Christi. Anderseits hat die Schrift mich davon überzeugt, wie gefährlich und verderblich der Ungehorsam Gott gegenüber ist, vor allem, wenn er sich als innere Spaltung und Hader auswirkt». Von diesem Gedanken ausgehend, so fährt der Heilige fort, habe er die Schrift nach dem Willen Gottes durchforscht, um die Kirche von neuem in das Lot des Gehorsams zu versetzen[42]. Dazu bahnen schon die ersten Regeln, die Ethika, den Zugang: ausgehend von der Bußpredigt des Täufers und Jesu selber, von der harten Forderung, sich von jeder weltlichen Verstrickung zu lösen, führen sie in Regel 3 zum Hauptgebot der Gottes- und Nächstenliebe, die aber sogleich durch das Halten der Gebote bewiesen und durch die Feindesliebe als christlich ausgewiesen werden muß. Das Kleine wie das Große Asketikon springen noch unmittelbarer sofort in das Hauptgebot hinein und begründen alles Nachfolgende auf der einzigen Liebe. Daß sie als der dem Menschen von Gott her schon in die tiefste Natur eingesenkte Trieb geschildert wird, dient Basilius nur dazu, das Unausweichliche der christlichen Liebesforderung noch inniger zu verwurzeln.

Gewiß gesellt sich zu diesem Grundthema der Kirchenreform manches Thema der individuellen Ethik, sowohl der evangelischen wie der hellenistischen, das Thema der Verinnerlichung von allem, das Bedürfnis, dem Verstricktsein des Bewußtseins in die weltlichen Geschäfte, den Verbindungen und Pflichten zu entfliehen, um sich auf Gott und in Gott zu sammeln, seiner immerdar zu gedenken, der

[41] De judicio Dei 1; PG 31, 653 B
[42] Ebd. 4; PG 31, 661 AB

Drang nach seelischer Ruhe (ἡσυχία) und Einsamkeit[43]; aber dieser Drang verabsolutiert sich bei Basilius nicht, er weiß genau um die Notwendigkeit des sozialen Lebens gerade um der Liebe willen, er wird sich selber, die Einsamkeit verlassend, den kirchlichen Geschäften zur Verfügung halten. Themen der stoischen und kynischen Ethik, die philosophischen Forderungen, alles Irdische zu lassen, sich an nichts zu hängen, spielen eine bedeutsame Rolle; aber auch sie werden nicht absolut gesetzt, sondern von der evangelischen Ethik in Dienst genommen und überboten: die Entsagung ist für Basilius geistig dasselbe, was Ignatius als indiferencia bezeichnen und fordern wird: die Freiheit von aller ungeordneten Neigung (τὸ ἀπροσπαθὲς)[44], das Abgestorbensein mit Christus den Gütern dieser Welt, um seiner neuen Liebe willen, ist die Voraussetzung für jede echte christliche Entscheidung. Und gewiß drängt auch die Logik menschlicher Verhältnisse die Brüderschaft zu einer immer ausgeprägteren Eigenform, aber diese Entwicklung wird von Basilius eher widerwillig und dem Zwang der Ereignisse folgend mitgemacht; für ihn, den Bischof, bleibt die Brüderschaft immer offen zur kirchlichen Gemeinde; er bremst die Entwicklung zur Institution mehr, als daß er sie fördert; er will den Zusammenhang zwischen Taufe und Gelübde, zwischen gesamtkirchlichem Charisma und klösterlichem Amt, zwischen reinem Gehorsam an das Evangelium und Ordensgehorsam nie unterbrochen wissen. Das Modell, das die Brüderschaft für die Kirche darstellen soll, ist seinerseits nachgebildet dem idealen Modell der Urkirche von Jerusalem; unaufhörlich werden die betreffenden Verse der Apostelgeschichte zitiert[45]. Diese Sehnsucht nach der Urkirche steht gewiß am Anfang aller großen Ordensgründungen, auch der pachomianischen und benediktinischen[46], so wie der späteren,

---

[43] Brief 2, 2
[44] Große Regel 8; PG 31, 936 C
[45] Amand a. a. O. 129, Anm. 88 gibt ein Verzeichnis der Zitate
[46] Dom G. Morin: L'idéal monastique et la vie chrétienne des premiers jours 3, 1921

aber sie unterscheidet sich bei Basilius dadurch, daß sie nicht zur Errichtung eines sozusagen reduzierten Modells der Ur-kirche treibt, sondern die lebendige Fühlung mit dieser zu behalten trachtet.

Man wird hierin den Abstand zwischen der großen ägyptischen Gründung des Pachomius, deren Grundgedanke sich dann bei Benedikt wiederfindet, und der Schöpfung in Kappadokien erkennen. Wohl hat der junge Basilius zwischen 356 und 358 eine Reise nach Ägypten, Palästina, Armenien und Mesopotamien unternommen, um die bestehenden Formen des Mönchtums kennenzulernen. Er hat aber in Ägypten die weite Reise zu den Pachomiusklöstern in der Thebais ebensowenig gemacht wie Hieronymus, Kassian und die beiden Melanien; auch Rufin stieß nicht weiter vor als nach Pispir. Wohl hat Basilius, wie Hieronymus, in Alexandrien Erkundigungen über die Pachomianer einziehen können, aber eine literarische Abhängigkeit der Basilius- von der Pachomiusregel ist nicht erwiesen[47] und ganz unwahrscheinlich[48]. Vor allem ist die tragende Anschauung eine andere. Pachomius baut in der Wüste eine Gottesstadt und ladet die Christen ein, sich hier unter die Heilsregel der Entsagung und des Gehorsams zu stellen. «Was Pachomius soll und will, ist dies: einen Raum schaffen, in welchem möglichst viele Menschen zur Ehre Gottes sich selber entsühnen und heiligen können, ohne jenen Gefahren und Krisen ausgesetzt zu sein, mit denen das Anachoretentum erfahrungsgemäß zu rechnen hatte»[49]. Das Pachomiuskloster ist ein großes, ummauertes Dorf, einer Kaserne nicht unähnlich, die Behausungen abgeteilt nach den ausgeübten Berufen, worin Hunderte von Menschen zusammenleben konnten, unter einer streng geregelten Hierarchie. Indes täuscht der Anschein drakonischer Ordnung: der Geist der Pachomiusregel ist weise Mäßigung und Milde, und wenn die

---

[47] Trotz L. Clarke: S. Basil the Great. A Study in Monasticism 1913, 37–39 und D. Amand a. a. O. 45

[48] Gribomont, Obéissance a. a. O. 193

[49] H. Bacht: Pachôme, der große «Adler». G und L 22 (1949) 375

Regel (auch hier im vollen Gegensatz zu Basilius) nur das äußere Verhalten der Mönche ordnet und ohne ersichtlichen Plan Anweisung an Anweisung reiht[50], so zeigen die spärlichen Reste seiner übrigen einst zahlreichen Werke[51] ein viel wärmeres, innerlicheres Bild: leidenschaftliche Liebe zu Gott und zu den Seelen, großartige und ganz persönliche Kenntnis der Heiligen Schrift, gänzlich am Evangelium genährte und von der hellenistisch-alexandrinischen Spiritualität (wie sie bald durch Evagrius in die Mönchskreise eindringen wird) unberührte Frömmigkeit; man möchte geradezu von einem evangelischen Humanismus sprechen, der nicht wenig vom basilianischen absticht. Aber so streng die evangelische Forderung bei Basilius auch ist: seine Brüderschaft bleibt offen zur Welt; äußerlich ist der Verkehr mit den Weltleuten stärker, der Gemeinschaft ist eine Knabenschule angefügt, vielerlei soziale Werke, wie Spitäler, Gasthöfe werden von den Brüdern betreut[52]. Von hier erscheint die Brüderschaft viel stärker als ein kirchliches Hilfsunternehmen, eine Kerngruppe zur Belebung des Ganzen, und der beste Kenner der Regeln, J. Gribomont, hat sich nicht gescheut, Basilius als Patron nicht nur der Lehr- und Spitalorden, sondern auch der neueren Gemeinschaften ohne Gelübde anzusprechen[53]. Seine Auffassung von dem, was sich seit Pachomius als geschlossene Form organisiert hat, bleibt mit Absicht offen, auch wenn er in seiner späteren Zeit als Bischof der Tendenz zur Organisation nachgeben muß, wobei schwer ausgemacht werden kann, wieweit das innere Gefälle der Entwicklung es so wollte, und wie weit es dem

---

[50] A. Boon OSB: Pachomiana latina. Löwen 1932. Daselbst auch koptische Auszüge aus der griechischen Übersetzung, nach der Hieronymus die Regel ins Lateinische übersetzte. Ergänzungen des koptischen Textes: Th. Lefort: La règle de S. Pachôme, Un nouveau fragment copte. Muséon 48 (1935) 75–80
[51] Th. Lefort: Oeuvres de S. Pachôme et de ses disciples. CSChr. Or. 160, SCopt. 24, 1956.
[52] E. F. Morison: St. Basil and his Rule, 1912. S. Giet: Les idées et l'action sociale de St.-Basile, 1941
[53] Obéissance a. a. O. 192

Ordnungswillen des Hierarchen entsprach, dem jede soziale Unordnung christlich und menschlich verhaßt war.

Der vorliegende Text konnte, dem Rahmen des Buches entsprechend, nur eine Auswahl sein, die aber den Sinn und Geist der Regel so getreu wie möglich widerspiegeln sollte. In die Mitte gestellt wurde die von Basilius selbst besorgte endgültige und systematische Redaktion, die «Großen Regeln» (Regulae fusius tractatae PG 31, 889–1052)[54]. Indes schien es wichtig, daß die Denkbewegung, deren Endergebnis sie darstellen, mit in Erscheinung trete. Deshalb wurde an die Spitze gerückt der Schlußpassus der ersten (und eigentlichen) «Regel», der Ethika, woraus die alles von Anfang an bestimmende Absicht deutlich wird. Sodann wurde der Versuch gemacht, die Regeln in zwei Gruppen zu teilen, deren erste vor allem die innere christliche Haltung, Gesinnung, Entscheidung verdeutlichen soll, die zweite die daraus sich ergebende äußere Lebensform und -gestaltung. Auch diese Zweiteilung spiegelt im großen die innere Entwicklung: die wichtigsten Regeln der zweiten Gruppe entstammen der spätesten Zeit, die der ersten sind zumeist schon im «Kleinen Asketikon», also in der Übergangszeit, repräsentiert. Von den «Kleinen Regeln» (Regulae brevius tractatae PG 31, 1052–1305) wurden solche in Kleindruck beigefügt, die einen wesentlichen Zug hinzufügen oder besser hervorheben. Das gleichfalls an den Anfang gestellte Stück «Heerdienst für Christus» entstammt der abschließenden Vorrede zur umfassenden Sammlung der «Asketischen Schriften» (Asketika), zu denen außer den drei Regelsammlungen noch verschiedene Homilien und Ansprachen gehören (Praevia institutio ascetica PG 31, 620f). So schriftgemäß und traditionell der Vergleich des Christenlebens mit dem

[54] Die Vorarbeit zur kritischen Ausgabe: Gribomont: Histoire du texte etc. a. a. O. – Die Umstellung um der inneren Klarheit willen läßt sich wohl auch dadurch rechtfertigen, daß die «Großen Regeln» kein einheitlicher Wurf sind, «das Werk, das seinen Verfasser ständig weiter beschäftigt hat, hat die Übersichtlichkeit der ersten Anlage durch immer neue Erweiterungen verloren» (Dörries a. a. O. 453)

Kriegsdienst auch ist (vgl. Benedikt), man meint hier doch über 1200 Jahre hinweg den Klang des Stifters der Gesellschaft Jesu zu vernehmen, ein Zeugnis mehr, wie sehr alle großen Gründungen im Geiste verwandt sind und wie sehr man diesem Geist widerspricht, wenn man ihre «Spiritualitäten» voneinander sondert und gegeneinander ausspielt.

Der deutsche Text beruht auf der Übertragung von Valentin Gröne (BKV[1] Kösel, 1877), doch wurde vieles verbessert und aufgelockert.

HANS URS VON BALTHASAR

I. DIE GESINNUNG

1. *Was unterscheidet den Christen?*

Was unterscheidet den Christen? Der Glaube, der durch die Liebe wirksam ist. Was unterscheidet den Glauben? Überzeugtheit ohne Wanken von der Wahrheit der gottinspirierten Schriften, von keiner Vernünftelei angekränkelt, mag sie sich aus Nötigungen der Natur oder aus frommen Vortäuschungen herleiten. Was unterscheidet den Glaubenden? Durch die Kraft des Gesagten in solcher Überzeugung festzustehen und es nicht wagen, etwas davon abzuziehen oder etwas hinzuzutun. Denn wenn nach dem Apostel alles Sünde ist, was nicht aus dem Glauben stammt, der Glaube aber vom Hören kommt und das Hören vom Wort Gottes, dann ist alles, was nicht in der gottinspirierten Schrift ist, weil es nicht zum Glauben gehört, auch Sünde. Was unterscheidet die Liebe zu Gott? Seine Gebote halten in der Absicht, ihn zu verherrlichen. Was unterscheidet die Liebe zum Nächsten? Nicht das Eigene suchen, sondern das des Geliebten zu dessen seelischem und leiblichem Nutzen. Was unterscheidet den Christen? In der Taufe aus Wasser und Geist wiedergeboren zu sein. Was unterscheidet den aus dem Wasser Geborenen? So wie Christus ein für allemal der Sünde starb, auch selber tot zu sein und zu keiner Sünde mehr zu bewegen, gemäß dem Wort: «Wir alle, die wir auf Christus Jesus getauft sind, sind in seinen Tod hinein getauft. Zusammen mit ihm sind wir begraben durch die Taufe in den Tod, wissend, daß unser alter Mensch mit ihm zusammen gekreuzigt wurde, damit der Leib der Sünde zerstört werde, und wir nicht länger der Sünde dienen» (Röm 6, 3–6). Was unterscheidet den, der aus dem Geiste geboren ist? Nach dem gewährten Maß eben das zu werden, woraus er geboren wurde, wie geschrieben steht: «Was aus dem Fleische geboren ist, ist Fleisch, was aus dem Geiste geboren ist, ist

Geist (Joh 3, 6). Was unterscheidet den Wiedergeborenen? Den alten Menschen auszuziehen samt seinen Taten und Begierlichkeiten, und anzuziehen den neuen, der erneuert wird zur Erkenntnis gemäß dem Bilde dessen, der ihn schuf (Kol 3, 9), wie geschrieben steht: «ihr alle, die ihr auf Christus getauft wurdet, habt Christus angezogen» (Gal 3, 27). Was unterscheidet den Christen? Rein werden von aller Befleckung des Fleisches und des Geistes im Blute Christi, in der Furcht Gottes und der Liebe Christi die Heiligung vollenden, künftig «keine Makel und Runzel oder dergleichen» mehr zu haben, sondern «unbefleckt und heilig zu sein» und so «das Fleisch Christi zu essen und sein Blut zu trinken». «Denn wer unwürdig ißt und trinkt, ißt und trinkt sich das Gericht hinein» (1 Kor 11, 29). Was unterscheidet die, welche das Fleisch des Herrn essen und sein Blut trinken? Unverbrüchliches Andenken an ihn bewahren, der für uns gestorben und auferstanden ist. Was unterscheidet die, welche solches Andenken wahren? Nicht mehr sich selber zu leben, sondern für den, der für sie starb und auferstand (2 Kor 5, 11). Was unterscheidet den Christen? Daß in allem seine Gerechtigkeit die der Schriftgelehrten und Pharisäer überragt, nach Maß und Regel der evangelischen Lehre des Herrn. Was unterscheidet den Christen? Die andern zu lieben, wie Christus uns geliebt hat. Was unterscheidet den Christen? Sich immerdar im Angesichte des Herrn zu wissen. Was unterscheidet den Christen? Tag für Tag und Stunde für Stunde zu wachen und in jener Vollkommenheit, die dem Herrn wohlgefällt, bereit sein, eingedenk dessen, daß zur Stunde, da man es nicht vermutet, der Herr kommt.

(Ethika, Schluß)

2. *Heeresdienst für Christus*

Vortrefflich sind zwar des Königs Verordnungen für die Bürger, wichtiger aber und königlicher sind die Befehle an die Soldaten. Was immer nun für Befehle an die Soldaten ergehen mögen, wer nach der himmlischen und großen Würde Verlangen trägt und für immer bei Christus sein will, der halte sich daran, sobald er jenen erhabenen Ausspruch hört: «Wer mir dienen will, der folge mir, und wo ich bin, dort soll auch mein Diener sein» (Joh 12, 26). Wo aber ist der König Christus? Natürlich im Himmel; dorthin mußt du, Soldat, deinen Lauf richten. Vergiß aller Ruhe auf Erden! Ein Soldat baut sich kein Haus, umgibt sich nicht mit Besitzungen und Äckern, noch mischt er sich in mancherlei gewinnbringende Handelsgeschäfte. «Keiner, der Kriegsdienste tut, verwickelt sich in die Geschäftigkeiten des Lebens, damit er dem gefalle, der ihn zum Kriegsdienst erlesen hat» (2 Tim 2, 4). Ein Soldat hat seinen Unterhalt vom König, er braucht sich ihn nicht zu verschaffen, noch sich darum zu kümmern. Auf des Königs Befehl steht ihm überall bei den Bürgern das Haus offen. Er braucht sich um keine Wohnung zu bemühen; auf den Straßen hat er sein Zelt, notdürftige Speise, Wasser zum Trinken und so viel Schlaf, als die Lage erlaubt. Dazu viele Märsche und Nachtwachen, Strapazen in Hitze und Kälte, Kämpfe gegen Feinde, äußerste Gefahren, oft den Tod, wenn es sich trifft; aber einen ruhmvollen Tod, Ehren und königliche Geschenke. Im Krieg ist sein Leben mühevoll, im Frieden von Glanz umgeben. Hat er in rühmlichen Taten sein Leben hingebracht, so erhält er für seine Tapferkeit einen Ehrenkranz, ein hoher Rang wird ihm verliehen, Freund des Königs wird er genannt, er darf dem König zur Seite stehen und ihm die Hand reichen, er wird von der Hand des Königs ausgezeichnet, den Bürgern vorgesetzt und kann für auswärtige Freunde je nach ihrem Wunsche beim König vermitteln.

Wohlan nun, Streiter Christi, mache dir aus den geringen Beispielen menschlicher Dinge eine Vorstellung von den ewigen Gütern. Entschließe dich für die Lebensweise, die an kein Haus, keine Stadt, keinen Besitz gebunden ist. Sei frei und abgelöst von allen weltlichen Sorgen; weder das Verlangen nach einer Gattin, noch die Sorge um ein Kind möge dich fesseln. Das verträgt sich nicht mit dem göttlichen Kriegsdienst. «Denn die Waffen unseres Kriegsdienstes sind nicht fleischlich, sondern mächtig durch Gott» (2 Kor

10, 4). Weder besiegt dich die Natur des Fleisches, noch ängstigt sie dich wider deinen Willen, noch macht sie dich aus einem Freien zu einem Gefangenen. Suche nicht Kinder auf Erden zu hinterlassen, sondern sie in den Himmel zu führen, nicht durch fleischliche Ehen dich zu binden, sondern nach geistigen zu streben, über Seelen zu walten und geistliche Kinder zu erzeugen. Ahme den himmlischen Bräutigam nach, unterdrücke die Angriffe der unsichtbaren Feinde, bekämpfe die Fürstentümer und Gewalten und vertreibe sie zuerst aus deiner eigenen Seele, damit sie in dir kein Anrecht haben, sodann aus denen, die zu dir ihre Zuflucht nehmen und dich zu ihrem Führer und Fürsprecher aufstellen, um durch deine Reden geschützt zu werden. Zerstöre die Trugschlüsse, welche gegen den Glauben Christi aufgestellt werden, streite mit der Lehre der Gottesfurcht wider die gottlosen und boshaften Vernunftschlüsse. Denn es heißt: «Indem wir Vernunftschlüsse niederwerfen und alles Hochfahrende, das sich wider die Erkenntnis Gottes erhebt» (2 Kor 10, 4. 5). Und vertraue vor allem auf die Hand des großen Königs, welche die Feinde schreckt und zur Umkehr nötigt, sobald sie sich nur sehen läßt; will er aber, daß du durch Gefahren tüchtig werdest, und daß sein Heer mit dem feindlichen handgemein werde, dann sei gerüstet und laß dich von keiner Beschwerde besiegen; sei unerschütterlichen Geistes bei jeder Gefahr und ziehe bereitwillig von Land zu Land, von Meer zu Meer; «denn wenn sie euch verfolgen», heißt es, «flieht von Stadt zu Stadt!» (Mt 10, 32). Und wirst du vor Gericht gerufen und vor die Obrigkeit gestellt, und mußt du die Wut der Heiden erdulden, dem schrecklichen Blick des Henkers begegnen, seine rauhe Stimme hören, den furchtbaren Anblick des Marterwerkzeugs ertragen, die Martern dulden und bis zum Tod widerstehen, so verliere bei all dem den Mut nicht, habe Christus vor Augen, der deinetwegen solches erduldet hat, wohl wissend, daß du um Christi willen dies leiden mußt und dabei siegreich sein wirst. Denn du folgst dem siegreichen König, der will, daß du an seinem Siege teilhaben sollst. Wenn du stirbst, bist du nicht besiegt, sondern hast erst vollständig gesiegt, weil du dir bis ans Ende die Wahrheit unverändert bewahrt und den Freimut für die Wahrheit unerschütterlich erhalten hast.

Zudem wirst du vom Tod zum ewigen Leben gehen, von der Schmach bei den Menschen zur Herrlichkeit Gottes, von den Bedrängnissen und Qualen dieser Welt zu der ewigen Ruhe mit den Engeln. Die Erde hat dich nicht als Bürger aufgenommen, aber der Himmel wird dich aufnehmen. Die Welt hat dich verfolgt, die Engel aber werden dich forttragen und zu Christus gesellen. Auch wirst du Freund genannt werden und das sehr angenehme Lob hören: Wohlan, du guter und getreuer Knecht, tapferer Streiter, Nachfolger des Herrn, Begleiter des Königs, ich will dich mit meinen Gaben belohnen, will deine Worte hören, weil auch du die meinigen gehört hast. Erflehst du der bedrängten Brüder Erlösung, so wirst du für die Glaubensgenossen und Jünger der heiligen Liebe vom König die Mitteilung der Güter erlangen, wirst frohlocken mit den ewigen Chören, inmitten der Engel eine Krone tragen, unter dem König über die Schöpfung herrschen und im Chor der Seligen ewig selig sein. Will dich Gott aber nach den Kämpfen noch auf der Welt lassen, damit du noch weitere und andersartige Kämpfe bestehest und viele vor den unsichtbaren und sichtbaren Feinden errettest, so wird dein Ruhm auch auf Erden groß sein, und du wirst von deinen Freunden geehrt, die in dir einen Beschützer, Helfer und guten Vermittler gefunden haben. Diese werden dich wie einen tapferen Soldaten unterhalten, dich wie einen edlen Helden ehren, dich grüßen und mit Freude aufnehmen wie einen Engel Gottes, ja, nach dem Ausdruck des Paulus, wie Jesus Christus selbst (Gal 4, 14). Dies und ähnliches sind Beispiele aus dem göttlichen Kriegsdienst.

Diese Rede gilt aber nicht allein den Männern, denn auch das weibliche Geschlecht tut bei Christus Kriegsdienst, es ist um seiner Seelenstärke willen dazu erwählt und wird nicht seiner körperlichen Schwäche wegen davon ausgeschlossen, denn viele Frauen haben sich gleich den Männern ausgezeichnet, einige sogar noch größeren Ruhm erlangt. Zu ihnen gehören, die den jungfräulichen Reigen bilden, zu ihnen, die im Glaubensstreit, im siegreichen Ertragen der Marter hervorleuchten. Es sind ja auch nicht allein Männer dem Herrn während seines irdischen Wandels nachgefolgt, sondern auch Frauen, und beiderseits wurde der Dienst beim Erlöser versehen. Da nun so große und so herrliche Belohnungen für den Kriegsdienst Christi ausgesetzt sind, so sollen sowohl die Väter von Söhnen als auch die Mütter von Töchtern nach diesen streben. Ihnen sollen sie ihre Sprößlinge entgegenführen, sich über die ewigen Hoffnungen freuen, an welchen sie mit ihren Kindern teilnehmen, und vom Verlangen beseelt sein, Beschützer und gute Fürsprecher bei Christus zu haben. Auch sollen sie der Kinder wegen nicht kleinmütig werden und erschrecken, wenn Leiden über sie kommen, sondern sich freuen, daß sie verherrlicht werden. Wir wollen dem Herrn darbringen, was von ihm gegeben wurde, damit auch wir der Herrlichkeit unserer Kinder teilhaftig werden, indem wir uns mit ihnen hinführen und vorstellen. Auf jene, die so mutig sind und so kämpfen, kann man treffend die Worte des Psalmisten anwenden: «Gesegnet seid ihr vom Herrn, der Himmel und Erde gemacht hat» (Ps 113, 15). Auch wird man mit Moses für sie beten: «Segne, Herr, ihre Werke; brich den Hochmut ihrer Gegner» (Deut 33, 11). Erweist euch als mutige Männer, eilt tapfer zu den ewigen Kränzen, in Christus unserem Herrn, dem die Ehre gebührt in Ewigkeit. Amen.

(*Asketika, Vorrede*)

B. VON DER LIEBE

1. *Von der Rangordnung der Gebote*[1]

Die Frage ist alt und wurde schon in den Evangelien gestellt, «als ein Gesetzeslehrer zum Herrn kam und fragte: Meister,

---

[1] Schon im «Kleinen Asketikon» stehen die Regeln über die Gottes- und Nächstenliebe an erster Stelle. Desgleichen in den «Großen Regeln».

welches ist das erste Gebot im Gesetz? Und der Herr antwortete: Du sollst den Herrn, deinen Gott, lieben aus deinem ganzen Herzen und aus deiner ganzen Seele, deiner ganzen Kraft und deinem ganzen Gemüte. Dies ist das erste Gebot; das andere ist ihm gleich: Du sollst deinen Nächsten lieben wie dich selbst» (Mt 22, 36–39). Also hat der Herr selbst seinen Geboten die Ordnung gewiesen. Das erste und größte Gebot hat er auf die Liebe zu Gott hingeordnet; als zweites in der Ordnung und jenem gleich, oder vielmehr als Ergänzung des vorigen und von ihm abhängig, hat er das der Nächstenliebe aufgestellt; so läßt sich dem Gesagten und anderen ähnlichen Stellen der göttlichen Schriften die Ordnung und Reihenfolge bei allen Geboten des Herrn entnehmen. *(Gr R 1)*

2. *Von der Liebe zu Gott*

Die Liebe zu Gott kann nicht gelehrt werden. Wir haben ja auch von keinem anderen gelernt, uns des Lichtes zu freuen und das Leben zu schätzen, und niemand hat uns gelehrt, die Eltern oder Ernährer zu lieben. Ebensowenig nun oder noch viel weniger läßt sich die Liebe Gottes von außen her lernen, sondern schon bei der Schöpfung des lebenden Wesens, des Menschen nämlich, wurde uns die Notwendigkeit und das Vermögen zu lieben, wie ein Keim eingesenkt.

Indes muß man wissen: die Liebe ist nur *eine* Tugend, besitzt aber solche Kraft, daß sie jedes Gebot erfüllt und in sich schließt: «Denn wer mich liebt», sagt der Herr, «der wird meine Gebote halten» (Joh 14, 23). Und ferner: «An diesen beiden Geboten hängt das ganze Gesetz und die Propheten» (Mt 22, 40). Wie uns das Gebot gegeben wurde, Gott zu lieben, so wurde uns auch die Kraft zu lieben verliehen, die gleich bei der Schöpfung in uns gelegt ward; dafür gibt es keinen äußerlichen Beweis, sondern jeder kann das von sich her und in sich selber erfahren. Denn von Natur aus verlangen wir nach dem Schönen. Und was ist bewundernswürdiger als die göttliche Schönheit? Welcher Gedanke erfreut so sehr, als der an die Herrlichkeit Gottes? Was ist so stark und gewaltig, wie das von Gott eingeflößte Verlangen einer von allem Bösen gereinigten Seele; so daß sie in wahrhaftigem Empfinden sagen kann: «Ich bin durch die Liebe verwundet»? (Hl 2, 5). Der Glanz der göttlichen Schönheit läßt sich weder aussprechen noch erklären; keine Rede schildert ihn, kein Ohr faßt ihn. Nennst du den Glanz des Morgensterns, die Klarheit des Mondes und das Licht der Sonne, sie alle sind verächtlich, gemessen an jener Herrlichkeit, und stehen im Vergleich mit dem wahren Licht weit hinter diesem zurück als tiefe, traurige, mondlose Nacht hinter dem hellsten Mittag. Diese Schönheit ist den leiblichen Augen unsichtbar, sie kann nur von der Seele und vom Gedanken erfaßt werden. Traf ihr Strahl einen der Heiligen, dann ließ sie in ihm einen unerträglichen Stachel zurück, so daß er, des Lebens hinieden überdrüssig, klagte: «Weh mir, daß meine Pilgerfahrt sich verlängert!» (Ps 119, 5). «Wann darf ich kommen und erscheinen vor dem Angesicht Gottes?» (Ps 41, 3). Und: «Aufgelöst zu werden und bei Christus zu sein, ist bei weitem das beste» (Phil 1, 23). Ferner: «Meine Seele dürstet nach Gott, dem starken, lebendigen» (Ps 41, 3). Und schließlich: «Nun endlich entlässest du deinen Diener, o Herr!» (Lk 2, 29). Da für jene, von der göttlichen Sehnsucht ergriffenen Seelen dies Leben beschwerlich war wie ein Kerker, so konnten sie in ihrem Drang kaum zurückgehalten werden. Und unersättlich im Anschauen der göttlichen Schönheit flehten sie, es möchte die Schau der Lieblichkeit des Herrn auf das ganze ewige Leben ausgedehnt werden. So also sehnen sich die Menschen von Natur nach dem Schönen. Das wirklich Schöne und Liebenswerte aber ist das Gute. Gut aber ist Gott, und nach dem Guten trägt alles Verlangen, also trägt alles Verlangen nach Gott.

Es liegt demnach von der Natur her in uns, freiwillig und gern das Gute zu tun, sofern wir nicht durch Bosheit in unseren Gesinnungen verkehrt sind. Daher wird die Liebe zu Gott als ein notwendig Geschuldetes von uns gefordert; ihr Mangel ist für die Seele das unerträglichste aller Übel.

Denn Trennung und Abkehr von Gott sind schlimmer als die gefürchteten Höllenstrafen und, selbst wenn kein leiblicher Schmerz damit verbunden ist, für den davon Betroffenen qualvoller als für das Auge die Beraubung des Lichts und für das Lebendige der Entzug des Lebens. Wenn aber schon die Kinder von Natur aus ihre Eltern lieben, wie dies sowohl das Gebaren der unvernünftigen Tiere als auch die Zuneigung der Menschen in ihren ersten Jahren zu den Müttern zeigt, so dürfen wir uns doch nicht unvernünftiger als Unmündige und roher als Tiere erweisen, indem wir uns lieblos und fremd gegen unseren Schöpfer verhalten. Auch wenn wir nicht wissen, wie gut er ist, müssen wir ihn schon deswegen über alles Maß lieben, weil er uns erschaffen hat, und sollen ihm stets anhangen und an ihn denken, wie kleine Kinder an ihre Mütter. Fühlen wir uns schon von Natur her in Neigung und Liebe zu unseren Wohltätern hingezogen und nehmen jede Mühe auf uns, um die uns zuvor erwiesenen Wohltaten zu vergelten: welche Rede vermöchte dann die Gaben Gottes würdig zu schildern? Ihre Zahl ist so groß, daß sie unfaßlich bleibt und ihre Art so beschaffen, daß eine schon hinreicht, unseren Dank an den Schenkenden zu fordern.

Schweigen wir vom Aufgang der Sonne, von den Mondphasen, den Wandlungen der Witterung, vom Wechsel der Jahreszeiten, von den Wassern, die aus den Wolken herniederströmen, und jenen anderen, die der Erde entquellen, ja vom Meer, von der ganzen Welt, von den Geschöpfen der Erde, der Gewässer und der Luft, von den tausend verschiedenen Tieren und allem, was zum Gebrauch unseres Lebens bestimmt ist. Allein das folgende können wir, wollten wir es auch, nicht übergehen: niemand, dessen Verstand und Vernunft gesund ist, kann diese Wohltat verschweigen, und noch unmöglicher ist es, sie nach Gebühr zu schildern: die Wohltat nämlich, daß Gott den Menschen nach seinem Bild und seiner Ähnlichkeit erschaffen, ihn seiner Erkenntnis gewürdigt und vor allen lebendigen Wesen mit Vernunft ausgestattet hat, ihn der unaussprechlichen Schönheiten des

Paradieses sich erfreuen ließ und zum Herrn aller irdischen Dinge einsetzte; und als der Mensch von der Schlange verführt in die Sünde gefallen war und durch die Sünde in den Tod und das verdiente Elend, verließ Gott ihn auch dann nicht, sondern gab ihm sofort ein Gebot zu seiner Hilfe, stellte Engel zu seiner Wache und zu seinem Schutz auf, sandte Propheten zur Widerlegung der Bosheit und zur Lehre der Tugend, hielt den Ansturm des Bösen durch Drohungen nieder, spornte das Verlangen nach dem Guten durch die Verheißungen an und zeigte oft das Ende von beidem an verschiedenen Personen zur Warnung der übrigen voraus, und obwohl wir bei all dem im Ungehorsam verharrten, wandte er sich dennoch nicht ab: denn wir sind von der Güte des Herrn nicht verlassen und haben seine Liebe nicht auszulöschen vermocht, obgleich wir den Wohltäter durch Gefühllosigkeit seinen Wohltaten gegenüber hart kränkten; vielmehr sind wir vom Tod zurückgerufen und dem Leben wiedergegeben durch unseren Herrn Jesus Christus.

Hier nun ist die Art der Wohltat noch staunenswürdiger: «Denn da er in Gottes Gestalt war, glaubte er nicht an seiner Gottheit festhalten zu müssen, sondern entäußerte sich selbst und nahm Knechtsgestalt an» (Phil 2, 6–7). Er hat unsere Schwachheiten auf sich genommen, unsere Krankheiten getragen und ist für uns verwundet worden, damit wir durch seine Striemen geheilt würden; er hat uns vom Fluch erlöst, indem er für uns zum Fluch wurde und den schmachvollsten Tod erlitt, um uns zum ruhmvollen Leben zurückzuführen. Und es genügte ihm nicht allein, uns, die wir tot waren, wieder zum Leben zu erwecken, er verlieh uns auch die Würde seiner Gottheit und bereitet uns die ewige Ruhe, die das Freudenmaß alles menschlichen Sinnens weit übersteigt. Was nun wollen wir dem Herrn vergelten für alles, was er uns getan hat? Er ist sogar so gütig, daß er nicht einmal eine Vergeltung fordert, sondern zufrieden ist, wenn er für das, was er uns gegeben hat, nur geliebt wird. *(Gr R 2)*

Die ununterbrochene, unsere Kraft überragende Anstrengung der Seele, den Willen Gottes zu erfüllen zu dem Zwecke und in dem Verlangen, ihn zu verherrlichen. *(Kl R 211)*

3. *Von der Liebe zum Nächsten*

Wer weiß wohl nicht, daß der Mensch ein zutunliches und geselliges Geschöpf ist, das nicht einzeln (οὐχὶ μοναστικόν) und in der Wildnis lebt? Denn nichts ist unserer Natur so eigentümlich, als daß wir gesellig miteinander leben, einander bedürfen und unsere Stammesgenossen lieben. Von den Keimen aber, die der Herr zuerst in uns gelegt hat, fordert er folgerichtig die Früchte, indem er sagt: «Ein neues Gebot gebe ich euch, daß ihr einander liebet» (Joh 13, 24). Und indem er unsere Seele zur Erfüllung dieses Gebots anspornen will, fordert er als Kennzeichen seiner Jünger nicht wunderbare Zeichen und Kräfte – denn auch dazu hatte er ihnen im Heiligen Geist die Macht verliehen –, sondern was sagt er?: «Daran sollen alle erkennen, daß ihr meine Jünger seid, daß ihr Liebe habt füreinander» (Joh 13, 35). Und überall gibt er diesen Geboten eine solche Verbindung, daß er die Wohltätigkeit gegen den Nächsten auf sich selber bezieht. «Denn ich war hungrig» sagt er, «und ihr habt mich gespeist usw.», und fügt bei: «Was ihr einem dieser meiner geringsten Brüder getan habt, das habt ihr mir getan» (Mt 25, 35. 40).

Daher ist auch das erste durch das zweite zu erfüllen und durch das zweite wiederum zum ersten zurückzukehren; wer den Herrn liebt, der liebt folglich auch den Nächsten. «Denn wer mich liebt», sagt der Herr, «der wird auch meine Gebote halten» (Joh 14, 23). «Das aber ist mein Gebot», sagt er ferner, «daß ihr einander liebet, wie ich euch geliebt habe» (Joh 15, 12). Und wiederum: wer den Nächsten liebt, der erfüllt auch die Liebe zu Gott, indem Gott diese Wohltat annimmt, als sei sie ihm selbst erwiesen. Daher zeigte auch Moses, der treue Diener Gottes, eines solche Liebe gegen seine Brüder, daß er sogar aus dem Buche Gottes, in welches er geschrieben war, ausgelöscht zu werden verlangte, wenn dem Volk die Sünde nicht vergeben würde (Ex 32, 32). Paulus wagte es sogar, Christus zu bitten, anstelle seiner ihm dem Fleische nach verwandten Brüder ausgestoßen zu werden (Röm 9, 3), denn er wollte nach dem Beispiele Christi selbst ein Lösegeld werden zur Rettung aller; zugleich wußte er aber auch, daß derjenige unmöglich von Gott getrennt werden kann, der aus Liebe zu ihm zur Erfüllung des höchsten Gebotes auf die Gnade verzichtet, und eben deswegen viel mehr empfangen wird, als er gegeben hat. Daß sich demnach die Heiligen zu diesem Maße der Nächstenliebe aufgeschwungen haben, dafür ist das Gesagte ein hinlänglicher Beweis. (*Gr R 3*)

4. *Mehr Liebe als Furcht*

Für solche, die eben erst in die Frömmigkeit eingeführt werden, ist es heilsamer, wenn sie zuerst durch die Furcht unterrichtet werden, nach dem Rat des sehr weisen Salomo, der da sagt: «Die Furcht des Herrn ist der Anfang der Weisheit» (Spr 1, 7). Euch aber, die ihr sozusagen die Kindheit in Christus hinter euch habt und nicht mehr der Milch bedürft, sondern durch die feste Speise der Glaubenslehren dem inneren Menschen nach vollendet werden könnt, sind die erhabenen Gebote notwendig, in denen die ganze Wahrheit der Liebe in Christus dargelegt wird. Denn ihr müßt euch hüten, daß die überreichen Gaben Gottes für euch nicht zum Anlaß schwerer Strafe werden, wenn ihr euch undankbar gegen den Wohltäter erweist. «Denn wem viel anvertraut worden ist», heißt es, «von dem wird viel zurückverlangt» (Lk 12, 48). (*Gr R 4*)

Vom Eifer

Wer aufrichtig ist in der Liebe zu Gott und in standhafter Freude die Vergeltung des Herrn erwartet, der setzt sich im Gegenwärtigen nicht zur Ruhe, sondern sucht immer etwas darüber zu tun und sehnt sich nach mehr. Und selbst wenn er etwas über seine Kräfte zu tun scheint, so ist er doch nicht ohne Sorge wie einer, der seine Aufgabe vollendet hat, sondern in ständiger Bekümmernis, als sei er noch weit von der schuldigen Vollkommenheit entfernt, wenn er hört, wie der Herr befiehlt: «Wenn ihr alles getan habt, was euch befohlen war, dann sagt: Wir sind unnütze Knechte; wir haben nur getan, was wir schuldig waren zu tun» (Lk 17, 10). Wenn er ferner den Apostel hört, der für die Welt und für den die Welt gekreuzigt war (Gal 6, 4), und der sich nicht scheute zu sagen: «Ich bilde mir noch nicht ein, es ergriffen zu haben; eins aber tue ich; ich vergesse, was hinter mir liegt, und strecke mich nach dem aus, was vor mir liegt; dem vorgesteckten Ziele eile ich zu, dem Preise, der von oben erhaltenen Berufung Gottes in Christus Jesus» (Phil 3, 13–14) –: wer nun ist wohl so töricht und ungläubig, daß er mit dem, was er bereits getan, sich zufrieden gäbe, oder etwas als zu schwer und zu mühsam ablehnen würde? (Kl R 121)

C. VOM FREISEIN FÜR GOTT

1. *Vom Wandel in Gott*

Das müssen wir freilich wissen, daß wir weder ein anderes Gebot halten noch selbst die Liebe gegen Gott und gegen den Nächsten erfüllen können, wenn wir mit unseren Gedanken bald da, bald dorthin abschweifen. Auch ist es unmöglich, eine Kunst oder Wissenschaft gut zu lernen, wenn man ständig von der einen zur anderen pendelt. Darum besteht die Gott wohlgefällige Zucht ($\check{\alpha}\sigma\varkappa\eta\sigma\iota\varsigma$) nach dem Evangelium Christi in der Entfernung der Sorgen der Welt und in der Verbannung aller geistigen Zerstreuungen. Obgleich deshalb die Ehe erlaubt und des Segens gewürdigt ist, hat der Apostel die mit ihr verbundenen Beschäftigungen den Sorgen um Gott entgegengestellt, gleich als wenn beide nicht nebeneinander bestehen könnten. Er sagt: «Wer kein Weib hat, sorgt nur für das, was des Herrn ist, wie er dem Herrn gefalle; wer aber ein Weib hat, sorgt für das, was der Welt ist, wie er dem Weibe gefalle» (1 Kor 7, 32. 33). So hat auch der Herr den Jüngern ihre aufrichtige und nicht wankelmütige Gesinnung bezeugt, indem er sagt: «Ihr seid nicht von dieser Welt» (Joh 15, 19). Anderseits hat er auch bezeugt, daß die Welt nicht imstande ist, die Erkenntnis Gottes aufzunehmen und den Heiligen Geist zu fassen, denn er sagt: «Gerechter Vater, die Welt hat dich nicht erkannt» (Joh 17, 25). Und: «Der Geist der Wahrheit, den die Welt nicht empfangen kann» (Joh 14, 17)[2].

Wer also Gott wahrhaft nachfolgen will, der muß sich von den Banden der leidenschaftlichen Anhänglichkeit an dieses Leben freimachen. Dies geschieht durch gänzliche Lostrennung und Vergessen der alten Gewohnheiten. Verzichten wir nicht völlig auf fleischliche Verwandtschaft und Lebensgemeinschaft und versetzen uns gleichsam geistig in eine andere Welt nach dem Beispiel dessen, der da sagt: «Denn unser Wandel ist im Himmel» (Phil 3, 20), so sind wir nicht imstande ($\dot{\alpha}\mu\acute{\eta}\chi\alpha\nu\sigma\nu$), unser Ziel, Gott wohlgefällig zu werden, zu erreichen, denn der Herr sagt ausdrücklich: «So kann auch keiner von euch, der nicht allem entsagt, was er besitzt, mein Jünger sein» (Lk 14, 33). Haben wir dies getan, so müssen wir vorzüglich darüber wachen, daß unser Herz niemals den Gedanken an Gott verliert oder die Erinnerung an seine Wunder mit eitlen Einbildungen befleckt, wir müssen vielmehr den heiligen Gedanken an Gott beständig und in reinem Andenken wie ein unauslöschliches Siegel in unserer Seele eingeprägt tragen. Denn auf diese Weise gelangen wir zur Liebe Gottes, die uns antreibt, die Gebote des Herrn zu erfüllen, und die zugleich ihrerseits von diesen immerdar und ungestört erhalten wird.

Ebenso haben auch unsere Werke nur dies eine Ziel und diese eine Regel: die Gebote auf eine Gott wohlgefällige Weise zu erfüllen, und es ist unmöglich, das Werk anders recht auszuführen, als dem Willen des Auftraggebers entsprechend. Bemühen wir uns aber, das Werk genau nach dem Willen Gottes zu vollbringen, so vereinigen wir uns durch diesen beständigen Gedanken mit Gott. Wie ein Schmied bei der Arbeit, etwa bei der Verfertigung einer

---

[2] Über die Verwendung des Begriffs «Kosmos» und ihre Entwicklung vgl. J. Gribomont: Renoncement a. a. O.

Axt, an den denkt, der sie bei ihm bestellt hat, und im Gedanken an ihn zugleich auf die bezeichnete Form und Größe Bedacht nimmt, also die Arbeit nach dem Willen des Auftraggebers ausführt – denn denkt er nicht daran, so wird er etwas anderes, vom Bestellten Abweichendes machen –, desgleichen richtet auch der Christ jede Handlung, ob sie gering ist oder groß, nach Gottes Willen, und zwar mit der größten Genauigkeit und im steten Andenken an den Auftraggeber das Wort erfüllend: «Allzeit sehe ich den Herrn vor meinen Augen, denn er ist mir zur Rechten, daß ich nicht wanke» (Ps 15, 8). Auch die Vorschrift erfüllt er: «Ihr mögt essen oder trinken oder sonst etwas tun, tut alles zur Ehre Gottes» (1 Kor 10, 31). Eingedenk der Worte dessen, der da sagt: «Erfülle ich nicht Himmel und Erde? spricht der Herr» (Jer 23, 25), und: «Ich bin ein Gott in der Nähe und ein Gott in der Ferne» (ebd 23), ferner: «Wo zwei oder drei in meinem Namen versammelt sind, da bin ich mitten unter ihnen» (Mt 18, 20), müssen wir so handeln, wie es sich unter den Augen Gottes zu handeln geziemt, und in allem so denken, wie sich vor Gottes Blick zu denken gebührt. Dann erfüllt uns beständig die Furcht, die dem Wort gemäß das Unrecht haßt und die Hoffart und die Wege der Bösen; es kommt die Liebe zur Vollendung und es erfüllt sich das Wort des Herrn: «Nicht meinen Willen suche ich, sondern den Willen dessen, der mich gesandt hat» (Joh 5, 30). *(Gr R 5)*

2. Von der Abgeschiedenheit

Das Wohnen in der Abgeschiedenheit trägt auch sehr viel zur Verhütung ausschweifender Gedanken bei. «Gehet heraus aus ihrer Mitte und sondert euch ab, spricht der Herr» (2 Kor 6, 17). Denn auf diese Weise überwinden wir die frühere Lebensweise, da wir den Geboten Christi zuwider lebten, und werden in anhaltendem Gebet und unablässigem Betrachten des göttlichen Willens die Sündenmakel tilgen können. Dem Gebet und der Betrachtung können wir uns aber bei den vielen Zerstreuungen und Beschäftigungen der Welt unmöglich hingeben. Zudem: «Wer mir nachfolgen will, verleugne sich selbst»(Lk 9, 23). Die Selbstverleugnung aber besteht im gänzlichen Vergessen des Vergangenen und im Verzicht auf den eigenen Willen; die wird jedoch ein in gemischter Gesellschaft Lebender nur schwer, um nicht zu sagen unmöglich durchführen können[3].

Außer den vielen anderen Hindernissen bleibt der Seele schon infolge der Menge der Sünden, die sie um sich erblickt, der Blick auf ihre eigenen Sünden und damit die reuevolle Zerknirschung darüber verwehrt; sie maßt sich beim Vergleich mit den Schlechteren vielmehr noch einen Schein der Tugend an. Zudem wird sie durch den Umtrieb und die Geschäfte, die das Zusammenleben mit sich zu führen pflegt, von dem so kostbaren Sinnen an Gott abgelenkt und so nicht nur der Freude und Wonne in Gott beraubt und des Genusses des Herrn und seiner lieblichen Worte, so daß sie nicht sagen kann: «Ich denke an Gott und freue mich» (Ps 76, 4) und: «Wie süß sind deine Worte meinem Gaumen, sie sind meinem Munde süßer als Honig» (Ps 118, 103), sondern sie gewöhnt sich auch, seine Gerichte geringzuachten und vollends zu vergessen, was das größte und verderblichste Unheil ist, das sie treffen kann. *(Gr R 6)*

3. *Von der Entsagung* (ἀποταγή)

Da unser Herr Jesus Christus nach öfterem und durch viele Taten bekräftigtem Hinweis zu allen sagt: «Wenn jemand zu mir kommen will, so verleugne er sich selbst, nehme sein Kreuz auf sich und folge mir nach» (Mt 16, 24), und wiederum: «Also kann keiner von euch, welcher nicht allem, was ihm eigen ist, entsagt, mein Jünger sein» (Lk 14, 33), so glauben wir, daß sich dieses Gebot auf mehreres erstreckt, dem man entsagen muß. Vor allem entsagten wir gewiß dem Teufel und den Begierden des Fleisches, indem wir den ver-

---

[3] Δυσκολώτατον, ἵνα μὴ λέγω ὅτι παντελῶς ἀνεπίδεκτον.

borgenen Schändlichkeiten, den leiblichen Verwandtschaften, menschlichen Freundschaften und dem gewöhnlichen Leben entsagt haben, das der Vollkommenheit des Evangeliums des Heils widerstreitet. Aber notwendiger als dies alles ist, sich selbst zu entsagen und den alten Menschen, «der da verderbt ist in den Begierden der Täuschung» (Eph 4, 22), mit seinen Werken auszuziehen. Auch allem Verfallensein an Weltliches, das dem Zweck der Frömmigkeit hinderlich sein kann, ist zu entsagen. Für seine wahren Eltern wird ein solcher jene halten, die ihn in Jesus Christus durch das Evangelium geboren, für seine Brüder jene, die denselben Geist der Kindschaft empfangen haben; allen Besitz aber wird er als fremdes Gut erachten, was er auch wirklich ist. Mit einem Wort, wie kann der, dem um Christi willen die ganze Welt und der selbst der Welt gekreuzigt ist, an den Sorgen der Welt Anteil nehmen? Zumal unser Herr Jesus Christus sowohl den Haß der Seele als auch die Selbstverleugnung unverbrüchlich fordert, wenn er sagt: «Wenn jemand mir nachfolgen will, verleugne er sich selbst, nehme sein Kreuz auf sich» (Mt 16, 24), und beifügt: «und folge mir nach», und wiederum: «Wenn jemand zu mir kommt und seinen Vater, seine Mutter, sein Weib, seine Kinder, seine Brüder und Schwestern nicht haßt, ja sogar seine eigene Seele, der kann mein Jünger nicht sein» (Lk 14, 26). Daher besteht die vollkommene Entsagung darin, auch gegen das Leben selbst indifferent zu sein ($\dot{\alpha}\pi\varrho o\sigma\pi\alpha\vartheta\dot{\varepsilon}\varsigma$) und das Todesurteil empfangen zu haben, so daß man nicht mehr auf sich selbst baut. Der Anfang wird damit gemacht, daß man sich von den äußeren Gütern lossagt, wie von Besitztum, eitlem Ruhm, Umgang, Anhänglichkeit an unnütze Dinge. Davon gaben die heiligen Jünger des Herrn, Jakobus und Johannes, ein Beispiel, als sie ihren Vater Zebedäus und selbst das Schiff, ihre einzige Nahrungsquelle, verließen, ferner auch Matthäus, der sich vom Zolltisch erhob, dem Herrn folgte und nicht allein den Gewinn des Zöllneramtes zurückließ, sondern auch die Gefahren verachtete, die sowohl ihm als seinen Verwandten von seiten

der Obrigkeit drohten[4], weil die Rechnungen unabge-
schlossen blieben. Paulus war sogar die ganze Welt gekreuzigt und er selber der Welt (Gal 6, 14).

Darum kann, wer ein brennendes Verlangen trägt, Christus nachzufolgen, sich um nichts kümmern, was mit diesem Leben in Beziehung steht, weder um die Liebe der Eltern oder Verwandten, wenn sie dem Gebot des Herrn widerstreitet – dann nämlich trifft das Wort zu: «Wenn jemand zu mir kommt und seinen Vater, seine Mutter usw.
nicht haßt» –, noch um Menschenfurcht, so daß er ihretwegen etwas Förderliches unterließe, wie es die Heiligen
vollbrachten, die sagten: «Man muß Gott mehr gehorchen
als den Menschen» (Apg 5, 29), noch um das Gelächter der
Weltmenschen über die guten Werke, so daß er sich von
ihrer Verachtung davon abbringen ließe. Will aber jemand
die mit Sehnsucht verbundene Gestimmtheit derer, die dem
Herrn nachfolgen genauer und deutlicher kennenlernen, der
denke an das, was der Apostel über sich selbst zu unserer
Belehrung anführt: «Wenn jemand meint, auf Fleisch vertrauen zu können, ich weit mehr ... Aber was mir Gewinn
war, das habe ich um Christi willen als Verlust erachtet. Ja,
ich erachte alles als Verlust, dank der überschwenglichen
Erkenntnis unseres Herrn Jesus Christus, um dessentwillen
ich auf alles verzichtet habe und es für Kot halte, damit ich
Christus gewinne» (Phil 3, 4–8). Wenn er, um etwas Küh-
nes, aber Wahres zu sagen, mit dem Auswurf und Abgang
unseres Leibes, dessen wir uns zu entledigen beeilen, wenn
er mit diesem die Vorzüge der *von Gott* für eine Zeit erlasse-
nen Gesetze vergleicht und sie so als Hemmschuh der Erkenntnis Jesu Christi, der Gerechtigkeit in ihm und der

---

[4] Ein scharfes Edikt der Kaiser Valentinian und Valens (370 oder
373) verfügte, daß die Ausreißer aus den Staatsämtern, die «unter dem
Schein der Frömmigkeit sich zu den Einsiedlerkolonien in der Wüste»
gesellten, zwangsmäßig zu ihren amtlichen Stellen zurückgeholt werden sollten (Codex Theodosianus XII, 1, 63, ed. Th. Mommsen, I, 2
Bln 1905,678). Gribomont, der den Text anführt, fügt bei: «Angesichts
dieser Worte ist der Verweis auf den Zöllner Matthäus von fast revo-
lutionärer Kühnheit». (Renoncement a. a. O. 296)

Gleichförmigkeit mit seinem Tode bezeichnet, was soll man dann von den *menschlichen* Satzungen sagen? Und was brauchen wir unsere Behauptung noch durch Vernunftgründe und mit Beispielen von Heiligen zu bekräftigen, da wir ja selbst die Worte des Herrn anführen und mit ihnen die ängstliche Seele beruhigen können, womit er dies deutlich und unwidersprechlich bezeugt: «Wer von euch nicht allem entsagt, was er besitzt, kann mein Jünger nicht sein» (Lk 14, 13). Und anderswo fügt er den Worten: «Wenn du vollkommen sein willst», hinzu, «Geh hin, verkaufe alles, was du hast, und gib es den Armen», und dann erst sagt er: «Komm, folge mir nach» (Mt 19, 21).

Daß es ferner unmöglich ist, das Angestrebte auf die rechte Weise zu tun, wenn das Gemüt von verschiedenen Sorgen zerrissen ist, zeigt der Herr in den Worten: «Niemand kann zwei Herren dienen» (Mt 6, 24). «Ihr könnt nicht Gott dienen und dem Mammon». Daher müssen wir uns den himmlischen Schatz als einzigen erwählen, um das Herz dort zu haben, «denn wo dein Schatz ist, da wird auch dein Herz sein» (ebd 21). Die Entsagung besteht also, wie jene Worte beweisen, in der Loslösung von den Banden dieses stofflichen und zeitlichen Lebens und im Freiwerden von den menschlichen Geschäften. Dadurch werden wir besser instand gesetzt, den Weg zu Gott anzutreten und ungehindert den Besitz und Genuß jener Güter zu erstreben, die kostbarer sind als Gold und Edelsteine. Diese Freiheit ist, kurz gesagt, eine Versetzung des menschlichen Herzens in den Himmel, so daß wir sagen können: «Unser Wandel ist im Himmel» (Phil 3, 20). Ja sie ist, was das Größte ist, der Anfang der Gleichförmigkeit mit Christus, der unseretwegen arm wurde, da er reich war. Ohne dies Armwerden sind wir zum evangelischen Wandel Christi nicht zugelassen. *(Gr R 8)*

D. VOM VORTEIL GEMEINSAMEN LEBENS

Das Zusammenleben mit mehreren, die denselben Zweck verfolgen, ist zu vielerlei förderlich. Erstens ist keiner von uns für sich allein imstande, die Notdurft des Leibes zu stillen, zu deren Befriedigung wir einander nötig haben. Denn wie der Fuß zwar eine Kraft hat, eine andere aber entbehrt und ohne Beihilfe der übrigen Glieder sich weder stark noch ausdauernd genug zeigt, noch das Mangelnde aus sich zu ersetzen vermag, so wird auch im einsamen Leben das, was wir haben, unnütz für uns und das Fehlende unbeschaffbar, da Gott bestimmt hat, daß der eine des anderen bedürfe, wie geschrieben steht (Pred 13, 20), damit wir uns einander anschlössen.

Außerdem leidet es auch die Rücksicht auf die Liebe Christi nicht, daß jeder nur seinen eigenen Vorteil sieht; «denn die Liebe», heißt es, «ist nicht selbstsüchtig» (1 Kor 13, 5). Das abgeschlossene Leben aber hat zu seinem alleinigen Zweck die Besorgung der eigenen Bedürfnisse. Dies widerspricht offenbar dem Gesetz der Liebe, wie es der Apostel erfüllte, indem er nicht seinen eigenen Vorteil, sondern die Rettung aller suchte. Zudem ist es in der Abgeschiedenheit nicht leicht, seine eigenen Fehler kennenzulernen, weil man niemanden hat, der einen zurechtweist und sanft und mitleidsvoll bessert. Daher begegnet einem solchen, was gesagt ist: «Weh dem, der allein ist, denn wenn er fällt, hat er niemanden, der ihn aufrichtet» (Pred 4, 10). Auch werden von Mehreren leichter eine Mehrzahl von Geboten erfüllt, was durch einen Einzelnen niemals geschehen kann, da das eine Gebot die Erfüllung des anderen hindert.

Wenn wir aber alle, in einer Hoffnung der Berufung aufgenommen, ein Leib sind und Christus zum Haupt haben, und nur dadurch als Einzelne einander Glieder sind, daß wir durch die Eintracht im Heiligen Geiste zur Harmonie eines Leibes vereinigt werden (Eph 4, 16) und dann noch jeder von uns das einsame Leben erwählt und seiner eigenen Neigung selbstgenügsam folgt, statt, wie es Gott wohlgefällig ist, in der Heilsökonomie dem gemeinsamen Wohle zu dienen, wie können wir dann, geschieden und getrennt, die gegenseitige Haltung und Leistung der Glieder füreinander oder die Unterwürfigkeit unter unser Haupt, das Christus ist, aufrechterhalten? Denn weder können wir im Geschiedensein mit dem Verherrlichten uns freuen noch mit dem Leidenden mitleiden (1 Kor 12, 26), da ja niemand um den Zustand des anderen wissen kann. Da ferner einer allein nicht imstande ist, alle Charismen zu empfangen, sondern der Geist nach der Analogie des Glaubens, der in jedem ist, verliehen wird (Röm 12, 6), so wird im gemeinsamen Leben das einem jeden verliehene besondere Charisma zum Gemeingut der Genossenschaft. Denn «dem einen wird das Wort der Weisheit verliehen, einem anderen das Wort der Erkenntnis, einem dritten Glaube, diesem Weissagung, jenem die Gabe zu heilen usw.» (1 Kor 12, 8–10). Und was ein jeder besitzt, das hat er nicht sosehr seinet- als der übrigen wegen empfangen. Darum muß im gemeinsamen Leben die einem Einzelnen verliehene Wirksamkeit des Heiligen Geistes zugleich auf alle übergehen. Wer aber abgesondert für sich lebt, der macht die Gnadengaben, die er vielleicht empfangen hat, durch Nichtgebrauch nutzlos, indem er sie in sich vergräbt.

Ferner ist das gemeinsame Leben zur Erhaltung der von Gott uns verliehenen Güter nützlicher als die Einsamkeit, wie es auch sicherer ist zur Verhütung der äußeren Nachstellungen des Feindes, indem die Wachenden den aufwekken, der das Unglück hat, in jenen Todesschlaf zu sinken, um dessen Abwendung uns David bitten lehrt: «Erleuchte meine Augen, damit ich nicht etwa einschlafe zum Tod» (Ps 12, 4), wie sich denn auch der Sünder viel leichter von der Sünde losreißt, wenn ihn viele einstimmig verdammen, so daß auf ihn paßt: «Mit der Strafe, die ihm von der Mehrheit zuerkannt wurde, mag es sein Bewenden haben» (2 Kor 2, 6), und der Gerechte dadurch, daß seine Tat den Beifall vieler findet, feste Sicherheit gewinnt.

Noch von anderen Gefahren als den genannten ist das einsame Leben begleitet. Die erste und größte ist die Selbstzufriedenheit, denn, da der Einsame niemanden hat, der sein Tun und Treiben prüfen kann, so wird er meinen, das Gebot vollkommen zu halten. Da er zudem seine Anlagen immer ohne Übung ließ und in sich verschloß, kennt er weder die Mängel noch die Fortschritte seines Handelns, da ihm ja alle Gelegenheit mangelt, die Gebote zu erfüllen.

Denn sieh, auch der Herr begnügte sich aus überschwenglicher Liebe zu den Menschen nicht allein mit der Belehrung durch Worte, sondern hat, um uns klar und deutlich das Beispiel der Demut in vollkommener Liebe zu geben, sich geschürzt und den Jüngern die Füße gewaschen. Wen aber willst du waschen, wen bedienen, wem gegenüber der Letzte sein, wenn du einsam für dich lebst? Ein Kampfplatz also, ein guter Weg zum Fortschreiten, eine beständige Übung und Pflege der Gebote des Herrn ist das Zusammenleben der Brüder, das nach dem Befehl unseres Herrn Jesus Christus, der da sagt: «Euer Licht leuchte vor den Menschen, damit sie eure guten Werke sehen und euren Vater preisen, der im Himmel ist» (Mt 5, 16) die Ehre Gottes zum Ziel hat, und das die Art der in der Apostelgeschichte erwähnten Heiligen wahrt, von denen geschrieben steht: «Alle Glaubenden waren beisammen und hatten alles gemeinsam» (Apg 2, 44). Ferner: «Die Menge der Gläubigen war ein Herz und eine Seele; auch nannte keiner, was er besaß, sein eigen, sondern alles war ihnen gemeinsam» (ebd 4, 32). *(Gr R 7)*

Wenn erwiesenermaßen in der Absonderung der Wohnungen nichts Gutes, sondern das Gegenteil erfunden wird, so ist das Getrenntleben durchaus schädlich. Ist derartiges bereits geschehen, so muß es schnell geändert werden, zumal man die Nachteile kennt, die daraus entspringen; das Beharren in der Trennung ist offenbar Streitsucht. Zudem werden bei der Trennung mehrere benötigt, um der Brüderschaft von außen das Lebensnotwendige herbeizuschaffen, während beim Zusammenwohnen die Hälfte genügt.

Und was gibt es wohl für einen schöneren Beweis von Demut, als wenn die Vorgesetzten der Brüderschaft einander untergeben sind! Und sind sie sich an geistigen Gaben ebenbürtig, so ist der Wetteifer umso schöner. Darauf weist uns auch der Herr hin, der seine Jünger paarweise aussandte. Der eine wird sich mit Freude dem anderen unterworfen haben, eingedenk des Wortes des Herrn: «Wer sich selbst erniedrigt, wird erhöht werden» (Lk 18, 14). Trifft es sich aber, daß der eine weniger, der andere mehr Gaben hat, so schickt es sich, daß der Stärkere dem Schwächeren unter die Arme greife. Anders wäre es eine offensichtliche Übertretung des apostolischen Gebotes, daß «nicht jeder auf das Seinige sehen solle, sondern auf das, was des anderen ist» (1 Kor 10, 24). Ich glaube nicht, daß dies bei getrennten Wohnungen geschehen kann, da jede Abteilung sich nur um die zu ihr Gehörenden kümmert und die Sorge für die übrigen abweist, was offenbar, wie gesagt, dem Gebot des Apostels widerspricht. Möchte es doch geschehen, daß nicht allein die im selben Dorf Lebenden zusammenhielten, sondern mehrere an verschiedenen Orten bestehende Brüderschaften unter der einen Obsorge solcher, die ohne Parteilichkeit und mit Weisheit die Angelegenheiten aller ordnen können, in der Eintracht des Geistes und durch das Band des Friedens auferbaut würden! *(Gr R 35)*

E. VON DER NACHFOLGE DES GEHORSAMEN CHRISTUS

Kann einer tun oder sagen, was ihm gut dünkt, ohne Zeugnis der Schrift?

Unser Herr Jesus Christus hat über den Heiligen Geist gesagt: «Er wird nicht aus sich selber reden, sondern das sagen, was er hören wird» (Joh 16, 13). Und über sich selbst: «Der Sohn kann nichts aus sich selber tun» (Joh 5, 19). Und wiederum: «Nicht aus mir selber habe ich geredet, sondern der Vater, der mich gesandt hat, der hat mir vorgeschrieben, was ich zu reden habe, und ich weiß, daß sein Auftrag das ewige Leben ist. Was immer ich also sage, das sage ich, wie der Vater es mir gesagt hat» (Joh 12, 49–50). Wer also wollte so wahnsinnig sein, sich zu vermessen, aus sich selber irgendetwas zu reden oder zu denken? Vielmehr gilt, daß wir alle des Heiligen Geistes als Wegführer bedürfen, damit er uns auf dem Pfad der Wahrheit lenke, in Gedanken sowohl wie in Worten und Taten. Blind ist nämlich und ganz im Finstern weilt, wer die Sonne der Gerechtigkeit entbehrt, unseren Herrn Jesus Christus, von dessen Geboten wir wie von Strahlen erleuchtet werden. «Das Gebot des Herrn ist strahlend, die Augen erleuchtend» (Ps 18, 9). Da aber manche von den Taten und Reden, die bei uns in Gebrauch sind, auf Gottes Geheiß in der Heiligen Schrift erklärt, andere dagegen mit Schweigen übergangen werden, so ist hinsichtlich dessen, was schriftlich niedergelegt ist, niemandem gestattet, etwas zu tun, was daselbst verboten, oder etwas zu unterlassen, was daselbst vorgeschrieben ist, da der Herr ein für allemal befohlen hat: «Du sollst das Wort, das ich dir heute gab, beobachten, ihm nichts hinzufügen und nichts davon abziehen» (Dt 10, 27). Über das aber, was stillschweigend übergangen wird, hat uns der Apostel Paulus eine Regel gegeben, indem er sagt: «Mir ist alles erlaubt, aber nicht alles frommt; mir ist alles erlaubt, aber nicht alles erbaut. Niemand suche das Seine, sondern jeder das des anderen» (1 Kor 10, 22–24).

Es ist also auf jeden Fall notwendig, sich entweder Gott seinem Gebot gemäß unterzuordnen, oder anderen auf Grund seines Gebots. So heißt es ja auch: «Seid einander untertan in der Furcht Christi» (Eph 5, 21), und der Herr sagt: «Wer unter euch groß sein will, sei unter allen der Letzte und ein Diener aller» (Mk 9, 34), indem er nämlich auf seinen eigenen Willen verzichtet nach dem Vorbild des Herrn, der sagt: «Ich bin vom Himmel herabgestiegen nicht um meinen Willen zu tun, sondern den Willen meines Vaters, der mich gesandt hat» (Joh 6, 36). *(Kl R 1)*

Da der Herr befiehlt: «Nötigt dich jemand eine Meile mitzugehen, wohlan so gehe zwei Meilen mit ihm!» (Mt 5, 41), und da der Apostel lehrt, daß wir uns einander unterwerfen sollen in der Furcht Christi (Eph 5, 21) – muß man einem jeden und in allem gehorchen?

Die Verschiedenheit der befehlenden Personen darf den Gehorsam derer, an die der Befehl ergeht, in keiner Weise beeinträchtigen, denn auch Moses verachtete den Jothor nicht, der ihm Gutes riet. Da aber im Befohlenen nicht geringe Verschiedenheit herrscht – denn Einiges ist dem Gebote des Herrn entgegen oder macht es zuschanden oder verunreinigt es durch Beimischung von Verbotenem, anderes stimmt mit dem Gebot überein, wieder anderes, obgleich es mit demselben nicht übereinzustimmen scheint, fördert es dennoch und ist ihm gleichsam eine Stütze –, so müssen wir an das Wort des Apostels denken: «Gotterleuchtete Rede achtet nicht gering. Prüft alles; was gut ist, behaltet! Vermeidet jeden Schein des Bösen!» (1 Thess 5, 20–22). Und wiederum: «Wir zerstören die Trugschlüsse und jeden Stolz, der sich gegen die Erkenntnis Gottes erhebt, und nehmen jeden Gedanken gefangen, um ihn Christus gehorsam zu machen» (2 Kor 10, 4. 5). Wird uns daher etwas befohlen, was mit dem Gebote des Herrn zusammenfällt oder es fördert, so müssen wir es als Willen Gottes um so eifriger und sorgfältiger aufnehmen, indem wir damit erfüllen, was da gesagt ist: «Ertragt einander in der Liebe Christi» (Eph 4, 2). Wird uns aber etwas befohlen, was dem Gebot des Herrn zuwiderläuft, es zuschanden macht oder befleckt, dann ist es Zeit zu sagen: «Man muß Gott mehr gehorchen als den Menschen» (Apg 5, 29), indem wir an den Herrn denken, der sagt: «Einem Fremden dagegen folgen sie nicht; sie fliehen vielmehr vor ihm, weil sie die Stimme der Fremden nicht kennen» (Joh 10, 5), und an den Apostel, der unserer Sicherheit wegen selbst die Engel heranzuziehen wagte, indem er sagt: «Aber selbst wenn wir oder ein Engel vom Himmel euch ein anderes Evangelium verkündigten, als wir euch verkündet haben: er sei verflucht!» (Gal 1, 8). Daraus lernen wir: wer immer vom Herrn Befohlenes verhindert oder von ihm Verbotenes zu tun rät, und sei er noch so nahe verwandt und noch so angesehen, muß von dem, der den Herrn liebt, gemieden und verabscheut werden. *(Kl R 114)*

Wie man einander gehorchen soll.

Wie Knechte ihrem Herrn, so, wie es der Herr befohlen hat: «Wer unter euch groß sein will, der sei der Allerletzte und der Knecht aller» (Mk 10, 44). Diesem fügt er hinzu, um noch mehr zu überzeugen: «Auch der Menschensohn ist nicht gekommen, sich bedienen zu lassen, sondern zu dienen» (Mk 10, 45), und so redet auch der Apostel: «Dienet einander in der Liebe des Geistes!» (Gal 5, 13). *(Kl R 115)*

Wieweit sich der Gehorsam nach der Regel des göttlichen Wohlgefallens erstrecken muß?

Dies hat der Apostel gezeigt, indem er uns den Gehorsam des Herrn vorstellte, der gehorsam war bis zum Tode, bis zum Tode am Kreuz, und das Wort voransetzte: «Seid so gesinnt wie Christus Jesus» (Phil 2, 8. 5). *(Kl R 116)*

Ob einer, der ein einsames Leben führen oder mit wenigen nach demselben Ziel der Frömmigkeit streben will, von den übrigen zu trennen ist?

Da der Herr oft sagt: «Der Sohn tut nichts aus sich selbst» (Joh 5, 19), und: «Ich bin vom Himmel herabgestiegen, nicht damit ich meinen Willen tue, sondern den Willen des Vaters, der mich gesandt hat» (ebd 6, 38), und der Apostel bezeugt: «Das

Fleisch widerstrebt dem Geiste, der Geist aber dem Fleisch, denn sie sind einander entgegen, so daß wir nicht das tun, was wir wollen» (Gal 5, 17), so ist alles, was aus eigenem Willen gewählt wird den Gottesfürchtigen fremd. *(Kl R 74)*

F. VOM EMPFANG DES FLEISCHES UND BLUTES CHRISTI

Mit welcher Furcht, Überzeugung und Gesinnung sollen wir den Leib und das Blut Christi empfangen?

Die Furcht lehrt uns der Apostel, indem er sagt: «Wer unwürdig ißt und trinkt, der ißt und trinkt sich das Gericht» (1 Kor 11, 29). Die freudige Zuversicht aber verleiht der Glaube an die Worte des Herrn, der da sprach: «Tut dies zu meinem Andenken» (Lk 22, 19), ferner der Glaube an das Zeugnis des Johannes, der, nachdem er zuerst die Herrlichkeit des Wortes erörtert hat, auf die Art seiner Menschwerdung folgendermaßen zu sprechen kommt: «Das Wort ist Fleisch geworden und hat unter uns gewohnt, und wir haben seine Herrlichkeit gesehen, die Herrlichkeit des Eingeborenen vom Vater, voll der Gnade und Wahrheit» (Joh 1, 14). Und so schreibt auch der Apostel: «Da er in Gottes Gestalt war, hielt er es nicht für Raub, Gott gleich zu sein. Dennoch entäußerte er sich selbst, nahm Knechtsgestalt an, wurde den Menschen gleich und im Äußeren wie ein Mensch erfunden. Er erniedrigte sich selbst und wurde gehorsam bis zum Tod, ja bis zum Tod am Kreuz» (Phil 2, 6–8). Wenn also die Seele diesen und ähnlichen erhabenen Worten Glauben schenkt, in die Größe seiner Herrlichkeit eindringt und das Übermaß seiner Demut und seines Gehorsams bewundert: daß er, obgleich so erhaben, dem Vater um unseres Lebens willen bis zum Tod gehorchte, so glaube ich, daß sie sowohl zur Liebe zu Gott dem Vater angespornt wird, «der seines eigenen Sohnes nicht geschont, sondern ihn für alle dahingegeben hat» (Röm 8, 32), wie auch zu seinem eingeborenen Sohn, der um unserer Liebe und Seligkeit willen bis zum Tod gehorsam war. Und so kann sie auch dem Apostel folgen, der für die Gesunden das gute Gewissen in diesen Stücken gleichsam als Norm hinstellt, indem er sagt: «Die Liebe Christi drängt uns, so zu urteilen: Ist er für alle gestorben, so sind doch wohl alle gestorben. Ja, er ist für alle gestorben, damit die Lebenden nicht mehr sich selbst leben, sondern dem, der für sie gestorben und auferstanden ist» (2 Kor 5, 14–15). Eine solche Gesinnung und Vorbereitung muß haben, wer am Brot und am Kelch teilnehmen will. *(Kl R 172)*

II. DIE FORM

Da der Herr sagt: «Verkaufe, was du hast, und gib es den Armen, so wirst du einen Schatz im Himmel haben, dann komm und folge mir nach» (Mt 19, 21), und wiederum: «Verkauft, was ihr habt und gebt Almosen» (Lk 12, 33), so glaube ich, daß wer in dieser Absicht die Seinigen verläßt, sein Vermögen nicht einfach liegenlassen darf, sondern suchen muß, alles genau zusammenzuhalten als dem Herrn geweihtes Gut und damit auf durchaus Gott wohlgefällige Weise umzugehen, sei es in eigener Person, wenn er es kann und erfahren ist, oder durch andere, die mit aller Vorsicht dafür gewählt sind und schon von einer treuen und klugen Verwaltung Beweise gegeben haben, zumal wenn er weiß, daß er sein Vermögen ohne Gefahr weder seinen Verwandten noch dem ersten besten zur Verwaltung überlassen kann.

Solchen, die das nicht einsehen, muß man erklären, sie machten sich der Sünde des Kirchenraubs schuldig. Aber vor weltlichen Gerichten zu streiten, verbietet die Lehre der Gottesfurcht mit folgenden Worten: «Und will jemand mit dir vor Gericht streiten und dir deinen Rock nehmen, so laß ihm auch den Mantel» (Mt 5, 40), und: «Untersteht sich einer von euch, der einen Rechtsstreit mit einem anderen hat, sein Recht bei den Ungerechten anstatt bei den Heiligen zu suchen?» (1 Kor 6, 1). Bei diesen also wollen wir sie vor Gericht fordern, mehr auf das Heil des Bruders als auf die Menge des Geldes bedacht. (*Gr R 9*)

Muß jeder von seinen leiblichen Verwandten etwas bekommen?

Verwandte müssen freilich solchen, die sich dem Herrn nahen, das ihnen zufallende Vermögen abgeben und dürfen ihnen nichts vorenthalten, damit sie nicht der Strafe des Kirchenraubs verfallen. Indes bei der Verwendung der Güter vor den Augen derer, die sie einst zu besitzen schienen, entsteht für diese selbst oft ein Anlaß zum Stolz, und für die Ärmeren, die dasselbe Leben gewählt haben, Ursache zur Traurigkeit. Damit trifft zu, was der

Apostel an den Korinthern tadelt, wenn er sagt: «Ihr beschämt die Dürftigen» (1 Kor 11, 22). Daher soll der, dem die Sorge für die Kirchen im Orte anvertraut ist, sofern er treu ist und klug zu wirtschaften versteht, die Güter verwalten, eingedenk dessen, was in der Apostelgeschichte erwähnt wird: sie brachten sie und legten sie zu Füßen der Apostel. Weil es aber nicht Sache aller ist, darüber zu verfügen, sondern nur jener, die nach bestandener Erprobung dazu bestimmt sind, so wird dieser das ihm Übergebene nach seinem Gutdünken verwalten. *(Kl R 187)*

Sagt jemand, er habe Lust zum gemeinsamen Leben, wird aber durch die Sorge für seine leiblichen Verwandten oder wegen Abgaben, die er zu leisten hat, immer wieder verhindert, sich ein für allemal einem solchen Leben zu widmen, soll man einem solchen den Eintritt zu den Brüdern gestatten?

Das Verlangen nach dem Guten wird nicht gefahrlos zurückgehalten. Anderseits ist es aber auch keineswegs ratsam, dem Eintretenden Zeit und Gelegenheit zu geben, auswärtige und dem gottgeweihten Leben fremde Dinge zu verrichten. Tritt aber einer ein, um sich den inneren Angelegenheiten zu weihen und bringt von außen nichts mit herein, so gibt er zu größerer Hoffnung Anlaß. *(Kl R 107)*

Darf man in der Brüderschaft etwas Eigenes haben?

Dies ist dem Zeugnis über die Gläubigen in der Apostelgeschichte entgegen, wo geschrieben steht: «Niemand betrachtete etwas von dem, was er besaß, als sein Eigentum» (Apg 4, 32). Wer also sagt, daß etwas sein eigen sei, der sondert sich von der Kirche Gottes und von der Liebe des Herrn ab, der durch Wort und Tat gelehrt hat, daß man sein Leben für seine Freunde hingeben müsse, um wieviel mehr dann die zeitlichen Güter. *(Kl R 85)*

Kann jeder sein altes Kleid oder seine alten Schuhe geben, wem er will, dem Gesetze gemäß?

Geben oder nehmen, selbst nach dem Gesetze, darf nicht jeder, sondern nur derjenige, dem nach besonderer Erprobung dieses Amt anvertraut ist. Dieser hat daher sowohl die alten als auch die neuen Kleider, wie es die Verhältnisse eines jeden fordern, zu geben und zurückzunehmen. *(Kl R 87)*

Wenn jemand, ohne die Steuern entrichtet zu haben, in die Brüderschaft eintritt, seine Verwandten aber seinetwegen angegangen und gequält werden, ob daraus für diesen selbst oder jene, die ihn aufgenommen haben, kein Anlaß zu Bedenken und kein Nachteil erwachse?

Unser Herr Jesus Christus antwortete auf die Frage, ob es erlaubt sei, dem Kaiser Zins zu geben oder nicht: «Zeigt mir einen Denar! Wessen Bild und Unterschrift trägt er?» Als sie sagten: «Des Kaisers», antwortete er ihnen und sprach: «Gebt also dem Kaiser, was des Kaisers ist, und Gott, was Gottes ist» (Lk 20, 22. 24). Da nun hieraus deutlich hervorgeht, daß die ausdrücklich dem Kaiser unterworfen sind, bei denen etwas gefunden wird, was des Kaisers ist, so muß einer, der mit etwas, was des Kaisers ist, zur Brüderschaft kommt, unbedingt die Steuern entrichten. Ist er aber unter Zurücklassung alles Eigentums von seinen Verwandten fortgezogen, so fällt sowohl für ihn wie für die, die ihn aufgenommen haben, jedes Bedenken weg. *(Kl R 94)*

Wenn Verwandte für jene, die der Brüderschaft übergeben worden sind, etwas geben wollen, darf man es dann annehmen?

Dies hat der Vorsteher zu besorgen und zu beurteilen. Was indes meine Ansicht betrifft, so glaube ich, daß der Menge weniger Anstoß gegeben und mehr zur Erbauung im Glauben beigetragen wird, wenn man solche Geschenke zurückweist. Denn erstens werden durch die Annahme oft Schmähungen gegen die Gemeinde veranlaßt. Zweitens gibt die Annahme dem, dessen Verwandte etwas gebracht haben, Anlaß zu Stolz. Außerdem geschieht das, was vom Apostel für jene, die in der Gemeinde das Ihrige aßen und tranken, gesagt worden ist: «Ihr beschämt die Dürftigen» (I Kor 11, 22), und vieles dergleichen. Weil nun hieraus so viel Anlaß zur Sünde entspringt, so ist es gut, derartige Geschenke nicht selbst anzunehmen, sondern das Urteil den Vorgesetzten zu überlassen, sowohl von wem man etwas annehmen, als auch wie es verwendet werden soll. *(Kl R 304)*

B. VON DER ENTHALTSAMKEIT (ἐγκράτεια)

1. *Von den Gegenständen der Enthaltsamkeit*

Enthaltsamkeit ist offenbar notwendig. Erstens, weil der Apostel die Enthaltsamkeit zu den Früchten des Geistes zählt, dann aber auch sagt, daß durch sie unser Dienst untadelig werde: «In Mühen, in Nachtwachen, in Fasten, in Keuschheit» (2 Kor 6, 5), und an einer anderen Stelle: «In Mühseligkeit und Beschwerde, in häufigen Nachtwachen» (ebd 11, 27), und ferner: «Ein jeder, der sich im Wettkampf übt, enthält sich von allem» (I Kor 9, 25). Die Unterordnung des Leibes und seine Dienstbarkeit wird aber durch nichts so gefördert als durch die Enthaltsamkeit. Denn die Glut der Jugend und die schwer zu bezähmenden Leidenschaften werden durch die Enthaltsamkeit wie durch Zügel gebändigt. «Dem Toren frommt Wohlleben nicht» (Spr 19, 10), sagt Salomo. Was aber ist törichter als ein behäbiges Fleisch und eine schweifende Jugend? Daher sagt der Apostel: «Und pflegt das Fleisch nicht so, daß es lüstern wird» (Röm 13, 14), und :«Die in Wollüsten lebt, ist lebendig tot» (1 Tim 5, 6).

Auch war der erste Ungehorsam des Menschen eine Folge der Unenthaltsamkeit. Von den Heiligen dagegen wird die Enthaltsamkeit bezeugt. Ja, das ganze Leben der Heiligen und Seligen, sowie der Wandel im Fleisch des Herrn selbst ist ein uns dazu einladendes Beispiel. Moses empfing nach anhaltendem Fasten und Beten das Gesetz und hörte Gott so zu ihm reden, wie wenn einer mit seinem Freunde spricht. Elias wurde der Anschauung Gottes gewürdigt, als auch er in gleichem Maße[5] enthaltsam gewesen war. Wie stand es mit Daniel? Wie gelangte er zur Schau der Gesichte? Nicht nach zwanzigtägigem Fasten? Wie löschten die drei Jünglinge des Feuers Gewalt? Nicht durch Enthaltsamkeit? Auch das ganze Leben des Täufers war fortgesetzte Enthaltsamkeit. Mit ihr fing auch der Herr sein öffentliches Auftreten an. Enthaltsamkeit nennen wir aber nicht die gänzliche Enthaltung von Speisen – denn das hieße den Leib gewaltsam zerstören –, sondern jenen Entzug von Annehmlichkeit, der dazu dient, den Stolz des Fleisches der Frömmigkeit zuliebe zu vernichten.

Sie erstreckt sich auf alles, was einem Gott wohlgefälligen Leben hinderlich ist. Wer daher vollkommen enthaltsam ist, der wird seinen Bauch beherrschen, sich aber auch nicht vom Ehrgeiz beherrschen lassen, er wird die schändliche Begierde überwinden, aber ebensosehr auch den Reichtum oder eine andere unredliche Neigung, wie Traurigkeit oder

[5] Nämlich vierzig Tage

was sonst noch ungeübte Seelen zu unterjochen pflegt. Denn was wir fast bei allen Geboten wahrnehmen, daß sie nämlich innig zusammenhängen und keines ohne das andere erfüllt werden kann[6], das sieht man ganz vorzüglich bei der Enthaltsamkeit. Meidet jemand die meisten Sünden, wird aber von einer beherrscht, so ist er nicht enthaltsam, so wie der nicht gesund ist, der nur an einer körperlichen Krankheit leidet, und wie der nicht frei ist, der von irgendeinem, wer immer es sein mag, beherrscht wird. Wer daher, über jede Leidenschaft erhaben, den Reiz zur Lust weder verspürt noch zeigt, sondern sich jedem schändlichen Vergnügen stark und tapfer widersetzt, der ist wahrhaft enthaltsam. Ein solcher ist dann auch frei von Sünde.

Es kann aber auch vorkommen, daß man sich von dem enthalten muß, was erlaubt und zum Leben notwendig ist, wenn die Entsagung nämlich zum Nutzen unserer Brüder angeordnet wird. So sagt der Apostel: «Wenn eine Speise meinen Bruder ärgert, will ich in Ewigkeit kein Fleisch essen» (1 Kor 8, 13). Und obgleich er die Erlaubnis hatte, vom Evangelium zu leben, machte er davon doch keinen Gebrauch, um dem Evangelium Christi kein Hindernis in den Weg zu legen. *(Gr R 16–17)*

2. *Vom Schweigen*

Es ist für die Novizen gut, sich im Stillschweigen zu üben. Denn durch die Zähmung der Zunge geben sie einen hinlänglichen Beweis von Selbstbeherrschung und im Schweigen lernen sie zugleich, fleißig und aufmerksam von solchen, die die Sprache gehörig zu gebrauchen wissen, wie sie fragen und auch jedem antworten sollen. Denn es gibt einen Ton der Stimme, ein Maß der Rede, eine passende Zeit und Eigenart der Worte, die den Frommen eignet und sie unterscheidet und die, wer sich dies alles nicht angewöhnt hat, nicht erlernen kann. Zudem lehrt das Stillschweigen das

---

[6] Vgl. Einführung S. 15–16

Frühere vergessen, weil es stillgelegt wird, und gibt Muße das Gute zu lernen. Daher soll man, sofern die Sorge für die eigene Seele es nicht verlangt, noch eine Handarbeit oder eine darauf bezügliche Frage es nötig macht, im Stillschweigen verharren, ausgenommen natürlich beim Psalmengesang. *(Gr R 13)*

Auch auf das, was von den meisten übersehen wird, muß, wer das fromme Leben sucht, nicht wenig achthaben: sich einem unmäßigen und unbändigen Lachen überlassen, ist ein Zeichen von Unenthaltsamkeit und zeigt an, daß man seine Regungen nicht beherrscht und den fahrigen Geist nicht mit straffer Vernunft in Zucht hält. Dagegen ist es nicht ungeziemend, durch ein sanftes und heiteres Lächeln die Fröhlichkeit der Seele anzuzeigen. Davon allein spricht die Schrift, wenn sie sagt: «Ein fröhliches Herz erheitert das Antlitz» (Spr 15, 13). Aber lautes Auflachen, so daß der ganze Leib unwillkürlich erschüttert wird, das kommt bei einem, der ruhigen Gemüts ist und fromm und sich selbst beherrscht, nicht vor. *(Gr R 17)*

Welche Reden werden als unnütz verurteilt?

Letztlich ist jedes Wort, das nicht dem ihm von Gott bestimmten Zweck entspricht, unnütz. Und die Gefahr eines solchen Wortes ist so groß, daß der Redende, selbst wenn das Gesagte gut ist, aber nicht zur Erbauung des Glaubens beiträgt, auch auf Grund der Güte des Wortes der Gefahr nicht entrinnt, den Heiligen Geist zu betrüben, weil es nicht zur Erbauung diente. Denn dies hat der Apostel ausdrücklich gelehrt, indem er sagt: «Kein häßliches Wort gehe aus eurem Munde, sondern was gut ist zur Erbauung im Glauben, damit es dem Hörenden Gnade verleihe», und er fügt hinzu: «Und betrübt nicht den Heiligen Geist Gottes, in welchem ihr besiegelt seid!» (Eph 4, 29–30). *(Kl R 23)*

3. Von Zucht und Mäßigkeit

Auch das muß unbedingt festgehalten werden, daß die Mäßigkeit für die Kämpfer der Frömmigkeit zur Kasteiung des Leibes unentbehrlich ist. «Denn jeder, der sich im Wettkampf übt, enthält sich von allem» (1 Kor 9, 25). Damit wir aber nicht mit den Feinden Gottes übereinstimmen, die in ihrem Gewissen gebrandmarkt sind und sich deshalb der Speisen enthalten, welche Gott dazu erschaffen hat, damit sie von den Gläubigen mit Dankbarkeit genossen werden, so müssen wir von jeder Speise genießen, wie es sich gerade trifft, um den Anwesenden zu zeigen, daß den Reinen alles rein ist und jedes Geschöpf Gottes gut, also daß nicht zu verwerfen, sondern mit Danksagung zu genießen ist. «Denn es wird geheiligt durch das Wort Gottes und das Gebet» (1 Tim 4, 5). Der Zweck der Enthaltsamkeit wird im übrigen damit erreicht, daß wir von den geringeren und zum Leben notwendigen Speisen nur nach Bedarf genießen und die schädliche Sättigung vermeiden, von den zum bloßen Vergnügen bereiteten Speisen uns aber gänzlich enthalten.

Die Enthaltsamkeit zeigt einen Menschen, der mit Christus gestorben ist und seine irdischen Glieder ertötet hat. Sie ist, wie wir wissen, eine Mutter der Keuschheit, eine Spenderin der Gesundheit, welche die Hindernisse, in Christus an guten Werken Frucht zu bringen, in geeigneter Weise wegräumt. Denn nach dem Ausspruch des Herrn wird durch die weltlichen Sorgen, die Vergnügungen des Lebens und die Begierden nach sonstigen Dingen das Wort erstickt, so daß es keine Frucht bringt (Mt 13, 22). Vor ihr fliehen auch die bösen Geister, indem uns der Herr selbst lehrte, daß eine bestimmte Art böser Geister nur unter Gebet und Fasten ausgetrieben werde. *(Gr R 18)*

Wer bei Tisch sich unbescheiden benimmt, indem er entweder zu gierig ißt oder trinkt, soll der bestraft werden?

Ein solcher beobachtet das Gebot des Apostels nicht, der sagt: «Ob ihr eßt oder trinkt oder etwas anderes tut, tut alles zur Ehre Gottes», und ferner: «Alles geschehe mit Anstand und Ordnung» (1 Kor 10, 31; 14, 40) und verdient Zurechtweisung, es sei denn, daß ihn die Arbeit oder Eile nötigten. Aber selbst dann soll man alles Anstößige meiden. *(Kl R 72)*

Nach anhaltendem Fasten taugen wir weniger zur Arbeit. Was müssen wir nun tun: eher die Arbeit des Fastens wegen unterlassen oder das Fasten der Arbeit wegen?

Sowohl das Fasten als auch das Essen muß auf eine der Frömmigkeit entsprechende Weise geschehen, so daß wir fasten, wenn wir ein Gebot Gottes durch Fasten erfüllen müssen, anderseits aber essen, wenn das Gebot Gottes eine den Körper stärkende Speise fordert, essen aber nicht wie Schlemmer, sondern wie Arbeiter Gottes. *(Kl R 139)*

Mit welcher Gesinnung und Aufmerksamkeit sollen wir anhören, was uns bei Tisch vorgelesen wird?

Mit größerem Vergnügen als dem an Speise und Trank, damit der Geist nicht auf leibliche Genüsse abzuschweifen scheint, sondern sich vielmehr an den Worten des Herrn erfreue, entsprechend der Gesinnung dessen, der gesagt hat: «Und süßer als Honig und Honigseim ist dein Wort» (Ps 18, 11). *(Kl R 180)*

4. *Von der Kleidung*

Wenn wir vor allem dahin streben sollen, die Letzten zu sein, so müssen wir offenbar auch hierin das Letzte vorziehen. Denn wie die ehrsüchtigen Menschen sich selbst durch ihre Kleiderhüllen Ruhm verschaffen und für die Kostbarkeit ihrer Kleidung angestaunt und bewundert werden wollen, ebenso gewiß schickt es sich für den, der durch die Demut sein Leben aufs äußerste erniedrigt hat, auch hierin das Allerletzte für sich zu wählen. Auch die alten Heiligen gingen «in Schafspelzen und Ziegenfellen» (Hebr 11, 37) einher.

Den Zweck der Kleidung beschrieb der Apostel in einem einzigen Ausspruch: «Haben wir Nahrung und Bedeckung, so sind wir zufrieden» (1 Tim 6, 8), das heißt wir bedürfen nur soviel als nötig ist, um uns zu bedecken. «Denn Gott machte ihnen Kleider aus Fellen» (Gen 3, 21). Zur Bedeckung der Scham war der Gebrauch solcher Kleider hinreichend. Da aber noch ein anderer Zweck hinzukommt, nämlich, daß wir durch die Kleider erwärmt werden, so muß ihr Gebrauch beidem entsprechen: der Bedeckung der Scham und dem Schutz gegen schädliche Witterungseinflüsse. Wenn aber von den Kleidern einige mehrfach, andere weniger gebraucht werden können, so müssen wir jene vorziehen, welche zu mehrfachem Gebrauch dienen können, so daß die Armut in keiner Weise Schaden leide, indem wir etwa Kleider zum öffentlichen Auftreten, andere zum häuslichen Gebrauch, wieder andere für den Tag und andere für die Nacht haben. Wir müssen uns im Gegenteil eine solche Kleidung zu beschaffen suchen, die zu allem ausreichen kann, sowohl zum anständigen Anzug bei Tag als auch zur nötigen Bedeckung bei Nacht. Daraus folgt aber, daß wir in der Kleidung miteinander übereinstimmen müssen und der Christ an der Kleidung wie an einem ihn auszeichnenden Merkmal kenntlich sein soll. Denn was nach *einem* Ziel strebt, hat gewöhnlich das gleiche Äußere.

Die besondere Kleidung ist aber auch deshalb nützlich, weil sie jeden im voraus kenntlich macht und das Gelübde des gottgefälligen Lebens bezeugt, so daß denn auch jene, die mit uns zusammenkommen, ein der Kleidung entsprechendes Verhalten erwarten. Denn das Unanständige und Unschickliche ist bei gewöhnlichen Menschen und bei solchen, die Großes erstreben, verschieden. Wenn einer aus dem Pöbel oder ein gewöhnlicher Mensch öffentlich dreinschlägt oder, wenn er geschlagen wird, ungeziemende Reden ausstößt, sich in Wirtshäusern herumtreibt und sonst Ungehöriges tut, so wird niemand sonderlich darauf achten, weil sich dies für jedermann mit dessen Lebensweise vereinbaren läßt. Versäumt dagegen einer, der sich zum vollkommenen Leben bekennt, die geringsten seiner Pflichten, so achten alle auf ihn, machen ihm Vorwürfe und tun nach dem Worte: «Sie werden sich umwenden und euch zerreißen» (Mt 7, 6). Daher ist das äußere Gewand für Schwächere gleichsam ein Erziehungsmittel, das sie auch wider Willen vom Bösen abhält.

Wie nun der Soldat etwas Besonderes in seiner Kleidung hat, etwas Besonderes der Ratsherr und andere, woraus man für gewöhnlich auf ihre Würde schließt, so ist es geziemend und angebracht, daß auch der Christ etwas Besonderes in seiner Kleidung habe, um die vom Apostel überlieferte Bescheidenheit zu wahren, der einmal befiehlt, der Bischof solle bescheiden sein, ein andermal bestimmt, die Frauen sollen «in anständigen Kleidern erscheinen» (1 Tim 2, 3.9), anständig nämlich im eigentlich christlichen Sinne. Dasselbe sage ich auch von der Fußbekleidung: was mit der kleinsten Mühe und den geringsten Kosten beschafft werden kann und dem Zwecke genügt, ist jederzeit vorzuziehen. Über die Zahl der Kleider brauchen wir wohl nichts zu sagen; denn wenn dem einen, der zwei Röcke hat, befohlen wird, den einen dem zu geben, der keinen hat, so ist offenbar der Besitz von mehreren zum eigenen Gebrauch untersagt. Was soll man also für solche, denen verboten ist, zwei Röcke zu haben, über den Gebrauch derselben noch eine besondere Verordnung erlassen? *(Gr R 22–23)*

Ist es erlaubt, ein Nachtkleid aus Haaren oder einem anderen Stoff zu haben?

Der Gebrauch des härenen Kleides hat seine besonderen Zeiten. Denn es wird nicht des leiblichen Bedürfnisses wegen getragen, sondern zur Zerknirschung und Verdemütigung der Seele. Da aber der Besitz zweier Röcke verboten ist, so mag jeder bei sich überlegen, ob ihm der Gebrauch ohne die erwähnte Ursache gestattet sei. *(Kl R 90)*

In welcher Gesinnung soll ein Bruder Kleidung und Schuhe, wie sie immer beschaffen sein mögen, annehmen?

Sind sie für seine Statur zu klein oder zu groß, so zeige er dies mit gebührender Bescheidenheit an; handelt es sich aber darum, daß sie schlecht oder nicht mehr neu sind, so denke er an den Herrn, der sagt: «Der *Arbeiter* ist seiner Nahrung wert» (Mt 10, 10), nicht schlechtweg ein *«jeder»*. *(Kl R 168)*

5. *Von der Bewirtung*

Da wir sehen, daß die Weltmenschen sich der Armut schämen und, wenn sie einen Gast empfangen, alle Arten von Speisen im Überfluß aufsetzen, so fürchte ich, auch bei uns möchte dieser Fehler sich unbemerkt einschleichen, und uns ebenso der Vorwurf treffen, wir schämten uns der von Christus selig gepriesenen Armut. Kommt ein Bruder als Gast zu uns, der dasselbe Lebensziel hat, so finde er den gewohnten Tisch. Was er zu Hause verließ, das soll er bei uns haben. Ist er hingegen von der Reise ermüdet, so möge ihm soviel vorgesetzt werden, als zu seiner Erquickung erforderlich ist.

Kommt aber einer von den Weltleuten zu uns, so lerne er an den Werken, was ihn im Wort nicht überzeugte, und empfange ein Vorbild und Beispiel, sich im Essen zu mäßigen. Er möge sich das Andenken eines christlichen Tisches und einer Armut, derer man sich Christi wegen nicht schämen soll, bewahren. Wird er aber davon nicht betroffen, sondern spottet darüber, so soll er uns kein zweitesmal belästigen.

Vor allem müssen wir bei Tisch darauf bedacht sein, die Grenzen des notwendigen Bedarfs nicht zu überschreiten. Die Gastfreundschaft erfordert jedoch, daß wir jedem, der einkehrt, nach seinem Bedürfnis geben, denn es heißt: «diese Welt gebrauchend, doch nicht mißbrauchend» (1 Kor 7, 31). *(Gr R 20)*

6. *Vom Maß der Enthaltsamkeit*

Was die Leidenschaften der Seele angeht, gibt es nur ein Maß der Enthaltsamkeit, nämlich die gänzliche Abstandnahme von dem, was zur bösen Lust führt. Wie aber bei den Nahrungsmitteln die Bedürfnisse nicht gleich sind, sondern je nach Alter, Lebensweise und körperlichem Befinden verschieden, so sind auch hier Maß und Weise verschieden, und es können nicht alle, die sich der Übung der Frömmigkeit widmen, in ein und derselben Regel zusammengefaßt werden. Wir bestimmen nur das Maß für den gesunden Asketen, überlassen es aber dem vernünftigen Ernste derer, die zur Verwaltung bestimmt sind, je nach Befinden eines jeden davon abzuweichen. Für Kranke, für einen, der durch anstrengende Arbeit erschöpft ist oder auch zu einem schweren Geschäft sich rüstet, wie zur Reise oder zu einem anderen Unternehmen, mögen die Vorsteher je nach Bedürfnis die Speisen zuteilen, dem nachfolgend, der da sprach: «Jedem wurde ausgeteilt, je nach seinem Bedarf» (Apg

2, 45). Es kann daher weder dieselbe Zeit noch dieselbe Art noch dasselbe Maß des Essens für alle bestimmt werden; doch sei die Stillung des Bedarfs der gemeinsame Zweck. Nicht das Wohlbehagen ist Zweck des Essens, sondern der Lebensbedarf unter Ausschluß der ungezügelten Sinnlichkeit.

Was das Bedürfnis ohne großen Aufwand behebt, das ist anzuwenden. Dies lehrt der Herr selbst, da er das ermüdete Volk bewirtete, damit es nicht auf dem Weg verschmachte. Denn obwohl er durch Ersinnung eines reichlichen Mahles das Wunder in der Wüste hätte steigern können, bereitete er ihnen doch eine so geringe und einfache Speise, als da Gerstenbrote und ein Stück Fisch zum Brot sind. An Getränk dachte er nicht, denn das Wasser quillt für alle und beseitigt derartige Notdurft, nur in Krankheitsfällen könnte solcher Trank schädlich sein und müßte nach dem Rat des Paulus an Timotheus unterlassen werden (1 Tim 5, 23). Vorzuziehen ist, was mit Leichtigkeit beschafft werden kann, und wir dürfen nicht unter dem Vorwand der Enthaltsamkeit Teures und Kostspieliges aufsuchen und die Speisen mit allerlei seltenen Gewürzen bereiten, sondern sollen das wählen, was man in jedem Land leicht haben kann, was wohlfeil ist und für die Menge erhältlich. Von den eingeführten Waren sollen wir nur die gebrauchen, die zum Lebensunterhalt unentbehrlich sind, wie Öl und dergleichen, sowie das, was zur notwendigen Erquickung der Kranken dient, wenn es ohne viel Umtrieb, Geräusch und Mühe beschafft werden kann. (Gr R 19)

C. VOM GEMEINSAMEN GEBET

Da die Danksagung sogar durch ein Gesetz (Eph 5, 20) jederzeit geboten und erwiesenermaßen sowohl der Natur wie der Vernunft nach unserem Leben notwendig ist, so dürfen die in den Brüderschaften festgesetzten Gebetszeiten nicht versäumt werden. Wir haben sie den Anforderungen entsprechend gewählt, so daß jede von ihnen die von Gott empfangenen Wohltaten in besonderer Weise erinnert: das *Frühgebet*, damit wir die ersten Regungen des Herzens und des Verstandes Gott weihen und uns um nichts anderes kümmern, bevor wir nicht durch den Gedanken an Gott freudig gestimmt worden sind. Dann soll man sich um die *dritte* Stunde zum Gebet erheben und die Brüderschaft versammeln, gleich mit welcher Arbeit der Einzelne immer beschäftigt sein mag, und sich dabei an die Ausgießung des Heiligen Geistes erinnern, der den Aposteln um die dritte Stunde verliehen wurde. Alle sollen ihn einmütig anbeten, auf daß auch sie gewürdigt werden, an der Heiligung teilzuhaben. Sind einige aber infolge der Arbeit oder aus sonstigen Gründen zu weit entfernt, so sollen sie dort bedenkenlos alle gemeinschaftlichen Vorschriften erfüllen, denn der Herr sagt: «Wo zwei oder drei in meinem Namen versammelt sind, da bin ich mitten unter ihnen» (Mt 18, 20). Auch um die *sechste* Stunde halten wir das Gebet nach dem Beispiel der Heiligen für notwendig, die sagen: «Abends und morgens und mittags will ich erzählen und verkünden, und er wird meine Stimme anhören» (Ps 54, 18). Und damit wir vom Angriff des mittägigen Teufels befreit werden, ist um diese Zeit der neunzigste Psalm zu sprechen. Daß die *neunte* Stunde unser Gebet verlangt, dies haben uns die Apostel in der Apostelgeschichte überliefert, indem dort erzählt wird, Petrus und Johannes seien zur neunten Gebetsstunde zum Tempel hinaufgegangen (Apg 3, 1). Und geht der Tag *zu Ende*, so sollen wir für das, was uns während des Tages geschenkt worden ist und was wir mit Hilfe der Gnade Gutes getan haben, danken und bekennen, was wir freiwillig oder unfreiwillig und unwissentlich in Worten, Werken oder auch im Herzen gesündigt haben, und Gott im Gebet für all das versöhnen. Denn es ist von großem Nutzen, das Vergangene zu überdenken, um nicht wieder in ähnliche Sünde zu fallen. Daher heißt es: «Was ihr in euren Herzen gesprochen, das bereut auf euren Lagern» (Ps 4, 5).

Ferner sollen wir bei *Anbruch der Nacht* beten, damit wir eine vorwurfslose und von Traumbildern freie Ruhe genießen. Auch um diese Zeit muß der neunzigste Psalm gebetet werden. Daß wir aber auch um *Mitternacht* beten sollen, dies überliefern uns Paulus und Silas in der Apostelgeschichte: «Um Mitternacht aber lobten Paulus und Silas Gott» (Apg 16, 25). Und der Psalmist sagt: «Um Mitternacht stehe ich auf, um dich zu preisen für die Gerechtigkeit deiner Gerichte» (Ps 118, 62). Dann sollen wir auch der *Morgenröte* zuvorkommen und zum Gebet aufstehen, damit wir nicht vom Tag in Schlaf und Bett angetroffen werden, vielmehr mit David sagen können: «Meine Augen kommen der Morgenröte zuvor, um deine Aussprüche zu betrachten» (Ps 118, 148). Wer sich entschlossen hat, sorgfältig zur Ehre Gottes und Christi zu leben, darf keine dieser Zeiten vernachlässigen. Ich halte aber dafür, daß Abwechslung und Vielfalt in den Gebeten und Psalmengesängen zu den bestimmten Stunden nützlich ist, schon deshalb, weil die Seele infolge des Einerlei oft gleichgültig und zerstreut ist; wird aber zu jeder Stunde mit Psalmengesang und Gebet abgewechselt, so erneuert sich die Sehnsucht der Seele, und ihre Aufmerksamkeit wird erfrischt. *(Gr R 37)*

D. VON DEN VORSTEHERN

1. *Charismen und Funktionen*

Da der Apostel sagt: «Alles geschehe mit Anstand und Ordnung» (1 Kor 14, 40), so halten wir jene Lebensweise in der Gesellschaft der Gläubigen für anständig und wohlgeordnet, welche dem Verhältnis der Glieder des Körpers entspricht. So hat der, dem die gemeinsame Sorge anvertraut ist: sowohl das Geschehene zu prüfen, als auch vorherzusehen und zu erwägen, was geschehen soll, das Amt des Auges, oder ein anderer das des Ohres oder der Hand, um zu hören oder auszuführen, was erfordert ist, und so ein jeder seine besondere Pflicht. Man muß nämlich wissen: wie kein Glied ohne Gefahr vernachlässigt, was ihm besonders obliegt, oder zu anderem, als wozu es vom Schöpfer gemacht ist gebraucht wird, ebenso ist für den Vorgesetzten, der über alle Rechenschaft geben muß, die Nachlässigkeit nicht ohne Gefahr, so wie für den Untergebenen der Ungehorsam nicht ohne Schaden und Nachteil. Die Gefahr ist um so größer, wenn anderen dadurch Ärgernis gegeben wird. Jeder aber, der auf seinem Platz unverdrossenen Eifer zeigt und das Gebot des Apostels: «Seid nicht träge im Eifer» (Röm 12, 11) erfüllt, empfängt das Lob der Bereitwilligkeit; ist er dagegen nachlässig, das Gegenteil, nämlich den Namen eines Elenden und das Wehe: «Denn verflucht», heißt es, «ist jeder, der die Werke des Herrn nachlässig tut» (Jer 48, 10). *(Gr R 24)*

2. *Von der Verantwortung des Vorstehers*

Wem daher die gemeinsame Sorge anvertraut ist, der handle so, als müßte er für jeden Einzelnen Rechenschaft ablegen. Er wisse, daß, wenn einer der Brüder in Sünde gefallen ist, weil er ihm vorher das Gericht Gottes nicht verkündigte, oder nach dem Fall in der Sünde verharrt, weil er ihn den Weg der Besserung nicht lehrte, dessen Blut von seinen Händen gefordert werden wird, wie geschrieben steht (Ez 3, 20), besonders, wenn er nicht aus Unwissenheit das Gott Wohlgefällige vernachlässigt, sondern aus Schmeichelei jedem die Fehler nachsieht und so die Zucht zerstört. «Denn die euch seligpreisen», heißt es, «betrügen euch und verderben den Weg eurer Füße» (Is 3, 12). «Wer euch aber irremacht, der wird sein Urteil tragen, wer er auch sei» (Gal 5, 10). Daher müssen wir, damit uns dies nicht widerfahre, im Umgang mit den Brüdern der apostolischen Vorschrift folgen: «Wir kamen nicht mit Schmeichelreden, wie ihr wißt, noch mit versteckter Habsucht – Gott ist Zeuge dafür – und suchten nicht von Menschen Ruhm, weder von euch, noch von anderen» (1 Thess 2, 5–6).

Wer sich nicht so hält, ist ein blinder Führer, der nicht allein sich selbst in die Grube stürzt, sondern auch jene mithineinzieht, die ihm folgen. Aus dem Gesagten erhellt deshalb, ein wie großes Übel es ist, den Bruder, statt auf den rechten Weg, in die Irre zu führen. Dies ist ein Zeichen, daß das Liebesgebot nicht erfüllt wird, denn jeder Vater kümmert sich um sein Kind, wenn es im Begriffe ist, in einen Abgrund zu stürzen, keiner überläßt es, wenn es hineingefallen ist, seiner unglücklichen Lage. Um wieviel schrecklicher es ist, eine in den Sündenabgrund gefallene Seele dem Verderben zu überlassen, bedarf keiner Erwähnung. Daher muß der Vorsteher der Bruderschaft über die Seelen in ihr wachen und um das Heil eines jeden besorgt sein, weil er Rechenschaft ablegen muß; ja, seine Sorge muß soweit gehen, daß er seinen Eifer für sie bis zum Tod beweist, nicht allein um dessentwillen, was der Herr allgemein und zu allen von der Liebe gesagt hat: daß man für seine Freunde sein Leben hingeben müsse, sondern was Paulus besonders anführt mit den Worten: «Euch innig liebend waren wir bereit, euch nicht allein das Evangelium Gottes darzubringen, sondern auch unser Leben» (1 Thess 2, 8). *(Gr R 25)*

Welche Gesinnung soll den Vorsteher bei seinen Befehlen und Verordnungen leiten?

Gott gegenüber soll er sein wie ein Diener Christi und Ausspender der Geheimnisse Gottes (1 Kor 4, 1), der sich scheut, gegen den in den Schriften kundgegebenen Willen Gottes etwas zu tun oder zu verordnen und als falscher Zeuge Gottes oder Gottesräuber erfunden zu werden, indem er entweder von der Lehre des Herrn Abweichendes anführt oder Gott Wohlgefälliges unterläßt. Gegen die Brüder aber soll er gesinnt sein wie eine Amme, die ihre eigenen Kinder stillt (1 Thess 2, 7), willens, jedem mitzuteilen nach dem Wohlgefallen Gottes und allen zu gemeinsamem Nutzen, nicht nur das Evangelium Gottes, sondern auch sein Leben, nach dem Gebot unseres Herrn und Gottes Jesus Christus, der da sagt: «Ein neues Gebot gebe ich euch, daß ihr einander liebt, wie ich euch geliebt habe» (Joh 13, 34). «Eine größere Liebe als diese hat niemand, daß er sein Leben läßt für seine Freunde» (ebd 15, 13). *(Kl R 98)*

3. Von der Art und Wahl des Vorstehers

Eingedenk des Gebotes des Apostels, der sagt: «Sei ein Vorbild für die Gläubigen» (1 Tim 4, 12), muß der Vorsteher sein Leben zu einem deutlichen Beweis dafür machen, daß er jedes Gebot des Herrn erfüllt, um denen, die er unterrichtet, keinen Anlaß zu geben, das Gebot des Herrn für unmöglich zu halten und zu verachten. Der Erste muß daher, was das erste ist, die Demut, in der Liebe Christi so üben, daß auch wenn er schweigt, das Beispiel seiner Werke eine kräftigere Lehre erteilt als jede Rede. Denn besteht der Zweck des Christentums in der Nachahmung Christi nach Maßgabe seiner Menschheit, wie es der Berufung eines jeden entspricht, so müssen jene, denen die Leitung vieler anvertraut ist, die Schwächeren durch ihre Vermittlung in der Nachahmung Christi fördern nach dem Beispiel des seligen Paulus, der sagt: «Werdet meine Nachahmer, wie ich Christi Nachahmer bin» (1 Kor 11, 1)[7].

Daher sollen die Ersten das von unserem Herrn Jesus Christus überlieferte Maß der Demut beobachten, um ein vollkommenes Vorbild zu werden.» Lernet von mir», sagt er, «denn ich bin sanftmütig und demütig von Herzen» (Mt 11, 29). Solches Benehmen und ein demütiges Herz sollen daher den Vorsteher kennzeichnen. Wenn der Herr sich nicht scheute, seine eigenen Diener zu bedienen, sondern sich herabließ, ein Diener der Erde zu sein, des Kotes, den er selbst gebildet und zu einem Menschen gestaltet hat – denn er sagt ja: «Ich bin in eurer Mitte wie einer, der dient» (Lk 22, 27) –, was müssen wir dann nicht unseresgleichen tun, um annehmen zu dürfen, daß wir ihm nachahmend folgen. Dies ist das eine, was einen Vorsteher besonders auszeichnen muß. Ferner soll er barmherzig und ge-

---

[7] Einzige Stelle, wo dem Vorsteher eine zwischen Christus und den Brüdern vermittelnde Stellung zugeteilt wird, und dies in Hinsicht auf die Demut. Im allgemeinen erscheint der Obere nicht als Stellvertreter Gottes, Christus allein ist das Haupt; das Charisma (die Funktion) des Obern ist nur eines unter andern, wenn auch ein hervorragendes, im Organismus des Mystischen Leibes.

duldig sein gegen jene, die aus Unerfahrenheit irgendeine Pflicht versäumen; er darf zu Sünden nicht stillschweigen, soll sich aber den Widerspenstigen gegenüber sanftmütig zeigen und ihnen in aller Milde und Mäßigung die Heilmittel beibringen.

Er darf sich das Vorsteheramt nicht selbst nehmen, sondern muß von den Vorstehern der anderen Brüdergemeinden gewählt werden und in seinem früheren Leben seinen Charakter hinlänglich bewiesen haben. «Denn auch diese», heißt es, «müssen zuerst geprüft werden, dann mögen sie das Amt bekommen, wenn sie untadelhaft sind» (1 Tim 3, 10). (Gr R 43)

4. Von der Stellvertretung des Vorstehers

Weil es nicht selten vorkommt, daß der Vorsteher infolge körperlicher Schwäche, einer notwendigen Reise oder sonst eines Umstands von der Brüderschaft abwesend ist, so soll einer da sein, der mit Zustimmung des Vorstehers und anderer, die in der Prüfung erfahren sind, gewählt wird, um während dessen Abwesenheit die Sorge für die Brüder zu übernehmen, so daß einer den Anwesenden Tröstung und Zuspruch erteilt und die Brüderschaft während des Fernseins des Vorstehers nicht etwa in einen demokratischen Zustand gerate und die Regel und vorgeschriebene Ordnung sich lockere, sondern das mit Überlegung Erwählte zur Ehre Gottes beobachte. Ferner damit einer da sei, der fremden Reisenden verständig antworten kann, die nach Zuspruch Verlangenden gebührend erbaut, und so die Brüderschaft nicht beschämt werde.

Wendet sich der Fremde aber aus Unwissenheit an einen anderen, und der Befragte wäre ebenso hinlänglich zu antworten imstande, so soll er doch der Ordnung halber schweigen und den Fremden an den verweisen, dem dies Amt anvertraut ist, so wie es die Apostel beim Herrn getan haben, damit das Gespräch mit Ordnung und Anstand verlaufe. Wenn aber dem, welchem die Antwort obliegt, etwas ent-

geht, und ein anderer merkt es, so soll sich dieser nicht beeilen, ihm dreinzureden, sondern ihm das Nötige unter vier
Augen mitteilen. *(Gr R 45)*

5. Von der Ermahnung und Beratung des Vorstehers

Wie der Vorsteher verpflichtet ist, der Brüderschaft in
allem voranzugehen, so haben die übrigen wiederum die
Pflicht, ihn mahnend zu erinnern, wenn er sich irgendeines
Vergehens verdächtig gemacht hat. Damit aber die Ordnung nicht gestört werde, ist die Ermahnung solchen zu
übertragen, die sich durch Alter und Einsicht auszeichnen.
Gibt es daher etwas zu bessern, so werden wir unserem Bruder nützen, und durch ihn auch uns selbst, wenn wir ihn,
der gleichsam die Richtschnur unseres Lebens ist und durch
seine Geradheit unsere Abweichung zurechtweisen soll, auf
den rechten Platz zurückführen. Haben sich aber einige
grundlos über ihn bekümmert, so werden sie von ihrem Ver-
dachte befreit, sobald sich ihre Verdächtigung als grundlos
herausstellt. *(Gr R 27)*

Wertvoll ist es, wenn die Vorsteher der Brüderschaften
hin und wieder zu bestimmten Zeiten und an bestimmten
Orten zusammenkommen, um sich über unerwartete Vor-
fälle und schwer zu behandelnde Charaktere und die Art,
wie sie in jedem Falle vorgegangen sind, miteinander zu besprechen und so, wenn einer einen Mißgriff getan hat, dieser durch das Urteil vieler sicher aufgedeckt werde, und was
recht geschehen ist, im Zeugnis mehrerer Bestätigung
finde. *(Gr R 54)*

6. Vom Verwalter

In jeder Abteilung soll es ein paar geben, die unter den Brüdern das Lebensnotwendige austeilen und sogeartet sein
sollen, daß sie jenen nachzuleben vermögen, von denen die
Apostelgeschichte sagt: «Es wurde einem jeden zugeteilt,
je nach seinem Bedarf» (Apg 2, 45). Sie sollen besonders
darauf achten, allen gegenüber barmherzig und großzügig

zu sein und bei niemandem den Verdacht zu erregen, einigen besonders geneigt und günstig zu sein, nach dem Gebot des Apostels: «Nichts geschehe mit Parteilichkeit» (1 Tim 5, 21).

Solche Gesinnung und solchen Eifer sollen auch jene bekunden, die im Dienst der Brüder ein anderes Amt bekleiden, so als dienten sie nicht Menschen, sondern dem Herrn selbst, der in seiner großen Güte die Ehre und den Eifer, die wir seinen Nachfolgern erweisen, so ansieht, als hätte er sie selbst empfangen, und dafür die Erbschaft des Himmelreichs verheißt. «Kommt», sagt er, «ihr Gesegneten meines Vaters, und nehmt das Reich zum Erbe, das euch bereitet ist von Grundlegung der Welt. Denn was ihr einem meiner geringsten Brüder getan habt, das habt ihr mir getan» (Mt 25, 34. 40).

Auch hier sollen wir an den Apostel denken, der sagt: «Als Mitarbeiter ermahnen wir euch, die Gnade Gottes nicht vergeblich zu empfangen» (2 Kor 6, 1), und wir befehlen den zu Brüdern des Herrn Berufenen, sich auf eine solche Gnade Gottes nichts einzubilden, noch durch Vernachlässigung des göttlichen Willens eine solche Würde preiszugeben, sondern lieber auf den Apostel zu hören, der sagt: «Ich beschwöre euch, ich, der Gefesselte des Herrn, wandelt würdig des Berufes, zu dem ihr berufen seid!» (Eph 4, 1). *(Gr R 34)*

E. VON DEMUT UND OFFENHEIT

1. *Von der Eröffnung des Gewissens*

Jeder Untergebene, der einen nennenswerten Fortschritt machen und ein den Geboten unseres Herrn Jesus Christus entsprechendes Leben führen will, darf keine Regung der Seele bei sich geheimhalten noch irgendein unbedachtes Wort sprechen, sondern soll jenen Brüdern[8], die voll Güte

---

[8] Daß diese Brüder Priester sind oder sein müssen, wird weder hier noch anderswo gesagt.

und Mitleid für die «Kranken» zu sorgen beauftragt sind, die Geheimnisse seines Herzens mitteilen. Denn so wird das Löbliche befestigt, das Verwerfliche entsprechend geheilt, und wir gelangen durch diese Übung nach und nach zur Vollkommenheit. *(Gr R 26)*

Soll man die verbotenen Handlungen ohne Scheu allen aufdecken oder bloß einigen und welchen?

Mit dem Bekenntnis der Sünde verhält es sich so wie mit der Aufdeckung körperlicher Krankheiten. Wie die Menschen nicht allen ihre körperlichen Erkrankungen bekanntgeben und nicht den ersten besten, sondern nur den Heilkundigen, so muß auch die Anzeige der Sünden nur vor solchen geschehen, welche sie heilen können, wie geschrieben steht: «Ihr Starken, tragt die Gebrechlichkeit der Schwachen», das heißt: nehmt sie mit Sorgfalt hinweg! (Röm 15, 1). *(Kl R 229)*

Muß der, welcher seine Sünden bekennen will, sie allen und jedem bekennen oder wem?

Die Sünden müssen solchen gebeichtet werden, die mit der Ausspendung der Geheimnisse Gottes betraut sind. So haben es auch früher die Büßer vor den Heiligen gehalten. Denn es steht im Evangelium, daß sie dem Täufer Johannes ihre Sünden bekannten, und in der Apostelgeschichte den Aposteln, von denen auch alle getauft wurden. *(Kl R 288)*

Wenn aber jemand sagt:« Mein Gewissen verdammt mich nicht»?

Solches kommt auch bei körperlichen Erkrankungen vor. Denn es gibt viele Leiden, von denen die Kranken nichts spüren; sie vertrauen indes mehr der Beobachtung der Ärzte als ihrer eigenen Empfindungslosigkeit. Ebenso muß man auch bei Krankheiten der Seele, das heißt bei den Sünden, selbst wenn man sich ihrer nicht bewußt ist und sie daher nicht verurteilt, denen glauben, die die Mängel besser wahrnehmen können. *(Kl R 301)*

2. Vom Geist der echten Demut

Die leiblichen Dienste, die von solchen geleistet werden die in der Brüderschaft den Vorrang zu haben scheinen, sollen von den Untergebenen angenommen werden. Denn die Demut verlangt nicht nur vom Höheren, daß er diene, sondern zeigt auch dem Niederen, sich darüber nicht aufzuhalten. Hierzu leitet uns das Beispiel des Herrn an, der es nicht unter seiner Würde fand, seinen Jüngern die Füße zu waschen, wie auch das Beispiel dieser, die es nicht wagten, sich dagegen zu sträuben. Selbst Petrus, der anfangs aus großer Ehrfurcht es nicht zulassen wollte, war sofort gehorsam, als er über die Gefahr des Ungehorsams belehrt worden war. Daher braucht der Untergebene nicht zu fürchten, er werde den Zweck der Demut verfehlen, wenn er sich einmal vom Vorgesetzten bedienen läßt. Denn oft wird der Dienst mehr der Belehrung und eines wirksamen Beispiels wegen geleistet, als weil es die Not erfordert. Er zeige daher durch Gehorsam und Nachahmung seine Demut und mache sich nicht dadurch, daß er sich unter dem Schein der Demut widersetzt, einer stolzen und übermütigen Tat schuldig. Denn der Widerspruch ist ein Zeichen von Eigenmacht und mangelnder Unterwürfigkeit. Darin liegt mehr Stolz und Verachtung als Demut und Gehorsam. Deshalb müssen wir unbedingt dem gehorchen, der sagt: «Ertragt einander in Liebe» (Eph 4, 2). *(Gr R 31)*

Da ein Gebot des Herrn, der uns überall in die Demut einüben will, vorschreibt, auch bei einer Einladung zu Tisch den letzten Platz einzunehmen, so darf, wer alles dem Gebot gemäß zu tun sich bestrebt, auch dieses Gebot nicht vernachlässigen. Dagegen wäre es verwerflich, wollte man sich um diesen Platz zanken und drängen, weil dies die gute Ordnung stört und Lärm verursacht. Will aber keiner nachgeben, so macht uns der Streit wieder jenen gleich, die sich um die ersten Plätze zanken. Auch hier müssen wir einsehen lernen und mit Umsicht tun, was uns ansteht, und die Anordnung der Sitze dem Wirt überlassen, wie denn auch der Herr voraussetzte und sagte, ihre Anordnung komme dem Hausvater zu. So werden wir «einander in Liebe ertragen» und alles mit Anstand und Ordnung tun, nicht aber durch anhaltendes und heftiges Sträuben vor der Menge unser Demütigsein zeigen und damit prahlen, um

uns beim Volk beliebt zu machen, sondern die Demut vielmehr im Gehorsam üben. Denn Widerstreit ist ein größerer
Beweis des Stolzes als das Besetzen des ersten Platzes, wenn
wir ihn auf Befehl einnehmen. *(Gr R 21)*

Kann, wer mit der Sorge für die Seele betraut ist, nicht auch den Aus-
spruch beobachten: «Wenn ihr euch nicht bekehrt und werdet wie die
Kinder» (Mt 18, 2), zumal er mit vielen und verschiedenen Personen
zu tun hat?

Da der sehr weise Salomo sagt: «Jedes Ding hat seine Zeit», so
müssen wir wissen, daß auch die Demut, die Ausübung der Gewalt, die Zurechtweisung, die Ermahnung, die Schonung, das of-
fene Auftreten, die Güte, die Strenge und, um es mit einem Wort
zu sagen, jedes Ding seine Zeit hat. Daher sollen wir zu Zeiten
Demut beweisen und darin die Kinder nachahmen, besonders,
wenn sich Gelegenheit bietet, einander zu ehren, zu dienen und
leibliche Sorge und Pflege zu gewähren, wie der Herr sagt; zu
Zeiten uns aber auch der Gewalt bedienen, die uns der Herr zur
Ermahnung, nicht zur Zerstörung verliehen hat, wenn die Not
ein freies Auftreten verlangt. Und wie wir anläßlich der Ermahnung Güte zu beweisen haben, ebenso haben wir anläßlich der
Strenge Eifer zu zeigen und bei all den übrigen Vorkommnissen
uns entsprechend zu benehmen. *(Kl R 113)*

F. VOM GEMEINSCHAFTSGEHORSAM

1. *Vom Gehorsamsgeist*

Wer das ihm vom Bruder[9] dargereichte Heilmittel nicht annimmt, steht mit sich selbst im Widerspruch. Denn will er
sich nicht unterwerfen und seinem eigenen Willen folgen,
warum ist er dann bei ihm? Warum nimmt er ihn sogar zum
Führer seines Lebens? Ist aber einer einmal in die Brüderschaft eingetreten und als ein taugliches Gefäß erfunden
worden, so soll er, auch wenn er glaubt, das Gebot über-
steige seine Kräfte, doch das Urteil dem anheimstellen, der
ihm über seine Kräfte aufgegeben hat, und sich folgsam und

---

[9] Nur ein Manuskript hat die Lesart: vom Vorsteher

gehorsam bis zum Tod erweisen, des Herrn eingedenk, «der gehorsam war bis zum Tod, bis zum Tod am Kreuz» (Phil 2, 8). Und wer überzeugt ist, daß, wer sich selbst erniedrigt, erhöht werden wird, zeigt mehr Bereitwilligkeit als der Gebietende erwartet, wohl wissend, daß «die augenblickliche leichte Trübsal eine überschwengliche, ewige Herrlichkeit bewirkt» (2 Kor 4, 17). *(Gr R 28)*

Was ist von einem Bruder zu halten, der einem gegebenen Auftrag sich widersetzt, ihn später aber freiwillig ausführt?

Jeder Widersprechende soll fest überzeugt sein, daß er nicht einem Menschen widerspricht oder gehorcht, sondern dem Herrn selbst, der gesagt hat: «Wer euch hört, der hört mich, und wer euch verachtet, der verachtet mich» (Lk 10, 16). Und sobald es ihn gereut, soll er sich entschuldigen und dann, wenn es ihm gestattet wird, das Werk verrichten. *(Kl R 38)*

Sagt einer: ich nehme weder etwas von den Brüdern noch gebe ich ihnen, ich bin mit dem Meinigen zufrieden: wie haben wir uns gegen einen solchen zu verhalten?

Richtet er sich nicht nach der Lehre des Herrn, der sagt: «Liebt einander, wie ich euch geliebt habe» (Joh 13, 34), so müssen wir dem Apostel folgen, der sagt: «Entfernt den Bösen aus eurer Mitte», damit nicht eintrifft, was geschrieben steht: «Ein wenig Sauerteig verdirbt die ganze Masse» (1 Kor 5, 2. 6). *(Kl R 86)*

Darf einer die ihm übertragene Arbeit ablehnen und eine andere erbitten?

Da der Gehorsam, wie schon gesagt wurde, sich bis auf den Tod erstreckt, so verletzt einer, der die ihm übertragene Arbeit ablehnt und eine andere verlangt, den Gehorsam und zeigt deutlich, daß er sich nicht verleugnet hat. Glaubt er aber, irgendeinen Grund zu haben, die Arbeit abzulehnen, so möge er diesen den Vorstehern mitteilen und ihrem Gutdünken anheimstellen. *(Kl R 119)*

Ist es recht, daß sich einer, so wie es ihm einfällt, entschließt, sich einige Zeit einer gewissen Speise oder eines Getränks zu enthalten?

Da der Herr gesagt hat: «Nicht um meinen Willen zu tun, [bin ich vom Himmel herabgestiegen, sondern den Willen dessen, der mich gesandt hat» (Joh 6, 38), so ist jeder eigenwillige Entschluß gefährlich. Dieses wohl wissend, sagte David: «Ich habe geschwo-

ren und beschlossen, die Gerichte deiner Gerechtigkeit zu beobachten» (Ps 118, 106), nicht meinen Willen. *(Kl R 137)*

*Ob es jemandem in der Brüderschaft erlaubt werden kann, aus eigenem
Entschluß mehr als die anderen zu fasten oder zu wachen?*

Da der Herr gesagt hat: «Ich bin vom Himmel herabgekommen, nicht um meinen Willen zu tun, sondern den Willen des
Vaters, der mich gesandt hat» (Joh 6, 38), so ist alles, was einer
aus eigenem Willen tut, zwar Eigentum dessen, der es tut, hat
aber mit Frömmigkeit nichts zu tun, und es ist zu befürchten,
daß er hinsichtlich dessen, was er zu tun scheint, von Gott hören
wird: «Auf dich kehrt es zurück und du wirst darüber herrschen»
(Gen 3, 16). Ja selbst im Guten ist das Streben, mehr tun zu wollen als die übrigen, ein Fehler der Rechthaberei, die der Ehrsucht
entspringt. Daher müssen wir dem eigenen Willen entsagen und
nicht mehr tun zu wollen scheinen als die übrigen, sondern dem
Apostel gehorchen, der uns ermahnt: «Ihr mögt essen oder trinken oder etwas anderes tun, tut alles zur Ehre Gottes» (1 Kor
10, 31). Wenn aber einer meint, er habe eine größere Strenge
nötig, sei es im Fasten, im Wachen oder in etwas anderem, so
teile er den Grund, warum er einer größeren Strenge zu bedürfen glaubt, denen mit, die mit der gemeinsamen Sorge betraut sind, und beobachte, was diese für gut halten. Oft wird
diesem Bedürfnis eher auf eine andere Weise zu entsprechen sein.
(Kl R 138)

*Soll einem, der sich beim Küchendienst über seine Kräfte abmühen muß,
so daß er tagelang an seiner gewöhnlichen Arbeit verhindert wird,
dieser Dienst auferlegt werden?*

Es ist gesagt worden, daß der, dem die Verteilung der Arbeiten
obliegt, vorher die Tauglichkeit und die Kräfte des Arbeitenden
prüfen und seine Befehle darnach richten solle, damit er nicht
höre: «Der du die Mühe zum Gebot machst» (Ps 93, 20). Jedoch
darf der, dem ein Auftrag gegeben wird, nicht widersprechen,
denn der Gehorsam hat seine Grenze im Tod. *(Kl R 152)*

2. *Vom Gehorsam in der anvertrauten Arbeit*

Hinsichtlich der erlaubten Berufe soll nicht jeder jenen ausüben, den er beherrscht, noch lernen, welchen er will, sondern wozu er tauglich befunden wird. Denn wer sich selbst
verleugnet und all seinen Eigenwillen abgelegt hat, der tut

nicht, was er will, sondern was ihm vorgeschrieben wird. Auch läßt die Vernunft nicht zu, daß einer, der einmal die Leitung seines Lebens anderen anheimgegeben hat, die ihn zu dem bestimmen, wozu sie ihn im Namen des Herrn tauglich finden, von sich aus das Entsprechende wähle. Hat freilich jemand einen Beruf, der von der Gemeinschaft nicht abgelehnt wird, so darf er ihn nicht selber aufgeben, denn dies wäre das Zeichen einer unbeständigen Gesinnung, eines schwachen Willens und der Geringschätzung des Gegebenen. Hat einer aber keinen Beruf, so soll er sich selbst keinen wählen, sondern den übernehmen, der von den Vorstehern gutgeheißen wird, damit er in allem den Gehorsam beobachte. Gehorsam in allen Dingen ist lobenswürdig; so lobt auch der Apostel einige, «weil sie sich zuerst dem *Herrn* hingeben, dann aber auch *uns* nach dem Willen Gottes» (2 Kor 8, 5). *(Gr R 41)*

Es muß überhaupt in der Brüderschaft darauf gesehen werden, daß von Anfang an niemand über die Handlungsweise des Vorgesetzten nachgrüble und seine Vorkehrungen benörgle, ausgenommen solche, die dem Vorgesetzten an Rang und Einsicht näherstehen, die er dann auch unbedingt zur Beratung und Erwägung der gemeinschaftlichen Angelegenheiten beiziehen wird, gehorsam der Ermahnung dessen, der sagt: «Tue alles mit Rat» (Pred 32, 24). Denn haben wir ihm die Leitung unserer Seelen anvertraut, für die er Gott Rechenschaft zu geben hat, so wäre es durchaus unvernünftig, ihm hinsichtlich geringfügigster Dinge nicht zu trauen und nicht bloß für sich gegen den Bruder Verdacht zu hegen, sondern auch andere dazu zu verleiten. Damit dies nicht geschehe, soll jeder «bei dem bleiben, wozu er berufen ist» (1 Kor 7, 20), sich ganz mit der Besorgung seiner Obliegenheiten befassen und sich mit nichts anderem zu schaffen machen, in Nachahmung der heiligen Jünger des Herrn, von denen, obgleich der Vorfall mit der Samariterin Verdacht erregen konnte, doch keiner fragte: «Was suchst du, oder was redest du mit ihr?» (Joh 4, 26). *(Gr R 48)*

Jede Sünde muß dem Vorgesetzten angezeigt werden, entweder vom Sünder selbst oder von denen, die darum wissen, sofern sie diese nicht zu heilen imstande sind, wie es vom Herrn geboten ist. Denn eine Sünde, die verschwiegen wird, ist eine heimliche Krankheit der Seele. Wie wir nun keinen als Wohltäter bezeichnen möchten, der das Übel in den Körper verschließt, sondern weit eher den, der es durch Schmerz und Verwundung zutage fördert, damit das Schädliche entweder durch Erbrechen entfernt oder durch Aufdeckung des Leidens die Art der Heilung überhaupt erkannt werde: so führt auch die Verheimlichung der Sünde für den Kranken zum Tod. «Denn der Stachel des Todes», sagt der Apostel, «ist die Sünde» (1 Kor 15, 56). «Aber freimütiger Tadel ist besser als verheimlichende Freundschaft» (Spr 27, 5). Daher soll keiner das Heimliche eines anderen mitverheimlichen, damit er nicht statt eines Bruderfreundes ein Brudermörder und sein eigener Mörder werde. «Denn wer sich nicht durch die eigenen Werke heilt, der ist ein Bruder dessen, der sich selbst ins Verderben stürzt» (ebd 18, 9). *(Gr R 46)*

4. *Von den Strafen*

a) Von der Gesinnung des Strafenden

Keinesfalls darf der Vorsteher die Strafen mit Leidenschaft über die Fehlenden verhängen. Denn mit Wut und Zorn den Bruder zurechtweisen heißt nicht, ihn von der Sünde befreien, sondern sich selbst in Sünden verwickeln. Daher sagt der Apostel: «Mit Milde weise er die Widerstrebenden zurecht» (2 Tim 2, 24). Freilich muß er für die Ehre Gottes, die in der Übertretung des Gebots beleidigt wird, Eifer beweisen, aber auch mitleidsvolle Nächstenliebe für die Rettung des Bruders, der durch die Sünde Gefahr läuft, «denn die Seele, die sündigt, wird sterben» (Ez 18, 4). *(Gr R 50)*

b) Von der Art der Strafen

Die mit Leidenschaften Behafteten suche er nach Art der
Heilkunde zu bessern, indem er nicht dem Schwachen zürnt,
sondern die Krankheit bekämpft und sich den Leidenschaften widersetzt und wenn nötig zur Heilung der Seelen-
krankheit eine strengere Disziplin anwendet, gegen Ruhmsucht zum Beispiel Übungen der Demut verordnet, gegen
Geschwätzigkeit Stillschweigen, gegen übermäßiges Schlafen Wachen und Beten, gegen die leibliche Trägheit Arbeiten, gegen Unmäßigkeit im Essen das Fasten, gegen Murren
die Absonderung, so daß weder ein Bruder mit ihm zusammen arbeite noch seine Arbeit mit der der übrigen zusam-
mengelegt werde. *(Gr R 51)*

Die Arbeit eines Bruders, der bei der Verrichtung murrte
oder stolz befunden wurde, darf nicht mit den Werken solcher vereinigt werden, die demütigen Herzens und zer-
knirschten Geistes sind, ja sie darf von Frommen überhaupt
nicht angenommen werden, «denn was hoch ist vor den
Menschen, ist ein Greuel vor Gott» (Lk 16, 15). Daher ist
ihr Werk als ein verwerfliches Opfer abzulehnen, weil es
Unrecht ist, dieses dem Werk der übrigen beizumischen.
«Denn welche Gemeinschaft», sagt der Apostel, «hat die
Gerechtigkeit mit der Ungerechtigkeit?» (2 Kor 6, 14–15).
Es sei denn, er zeige, daß er sich durch aufrichtige Buße von
dem Fehler befreit hat. Dann mag die unter Murren ver-
fertigte Arbeit angenommen werden, nicht aber zum Ge-
brauch der Brüder, sondern zu einem anderen Zweck.
(Gr R 29)

*Sind die Gewissenhaften ebenso zu bestrafen wie die Gleichgültigen,
wenn beide in derselben Sünde angetroffen werden?*

Obgleich die Sünde des Gleichgültigen und des Gewissenhaften
dieselbe zu sein scheint, so besteht doch ein großer Unterschied
zwischen beiden. Denn der Gewissenhafte, eben weil er gewissenhaft ist und um das Wohlgefallen Gottes kämpft und ringt, ist
durch irgendeinen Unfall, ja fast wider Willen gestrauchelt und
gefallen. Der Gleichgültige dagegen, der weder auf sich noch auf
Gott Rücksicht nimmt und, wie schon der Name anzeigt, zwi-

schen Sündigen und Rechttun keinen Unterschied macht, krankt am ersten und größten Übel, entweder an der Verachtung Gottes oder am Unglauben an Gottes Dasein. Denn «sie geben vor, Gott zu kennen, leugnen ihn aber in ihren Werken»(Tit 1, 16). So muß auch die Art der Strafe gegen sie verschieden sein. Denn der Gewissenhafte bedarf gleichsam eines begrenzten Beistands und muß, worin er gefehlt hat, auch bestraft werden. Der Gleichgültige dagegen, der zugleich die ganze Schönheit der Seele zerstört hat und an den Hauptübeln selbst erkrankt ist, soll entweder als Verräter, wie ich schon sagte, oder als Ungläubiger betrauert, ermahnt und bestraft werden, bis man ihn davon überzeugen kann, entweder daß es einen gerechten Richter gibt, sodaß er in Furcht gerate, oder daß da überhaupt ein Gott ist, damit er erschüttert werde. Es ist auch gut zu wissen, daß die Fehler der Gewissenhaften oft auf Gottes Zulassung zu ihrem Nutzen geschehen. Denn Gott läßt sie manchmal fallen zur Heilung ihres früheren Hochmuts, wie es etwa von Petrus erzählt wird und ihm auch zugestoßen ist. *(Kl R 81)*

c) Von der Gesinnung des Bestraften

Die geheilt werden sollen, dürfen die Strafen nicht als Zeichen der Feindschaft aufnehmen und die Sorge, die der Vorgesetzte aus Barmherzigkeit zum Heil ihrer Seele anwendet, nicht als Tyrannei betrachten. Es wäre schändlich, wenn schon die Leibeskranken den Ärzten so viel Vertrauen schenken und diese, mögen sie schneiden und brennen und mit bitteren Arzneien belästigen, für ihre Wohltäter halten, wir hingegen für die Ärzte unserer Seelen, wenn sie uns durch eine strenge Lebensweise retten wollen, nicht die gleiche Gesinnung hegten, da doch der Apostel sagt: «Und wer ist es, der mich erfreut, wenn nicht jener, der durch mich betrübt ist?» (2 Kor 2, 2). Und ferner: «Siehe, wie hat diese gottgefällige Betrübnis so großen Ernst bei euch gewirkt!» (ebd 7, 11). Daher müssen wir auf das Ende schauen und den für unseren Wohltäter halten, der uns in eine Gott wohlgefällige Traurigkeit versetzt. *(Gr R 52)*

1. *Von der Notwendigkeit der Arbeit*

Da unser Herr Jesus Christus sagt: «der Arbeiter» – nicht einfach jeder, auch nicht der erste beste – «ist seiner Nahrung wert» (Mt 10, 10), und auch der Apostel zu arbeiten und mit den eigenen Händen Gutes zu tun befiehlt, damit wir den Notleidenden mitzuteilen hätten, so geht daraus klar hervor, daß man fleißig arbeiten muß. Wir dürfen nicht glauben, daß das Ziel des frommen Lebens der Trägheit und Arbeitsscheu Vorschub leiste. Im Gegenteil, es ist ein Leben des Kampfes, größerer Bemühung und der Geduld in der Trübsal

Was brauche ich noch zu sagen, wie groß das Übel der Trägheit ist, da der Apostel ausdrücklich befiehlt, daß wer nicht arbeite, auch nicht essen solle? (2 Thess 3, 10). «Wir haben von keinem umsonst Brot gegessen, sondern in Mühsal und Elend Tag und Nacht gearbeitet» (ebd 8), obwohl ihm als Verkünder des Evangeliums gestattet war, vom Evangelium zu leben. Auch der Herr verbindet Trägheit mit Bosheit, indem er sagt: «Du böser und fauler Knecht!» (Mt 25, 26). Weil aber einige unter dem Vorwand des Gebets und Psalmengesangs die Arbeiten vernachlässigen[10], so soll man wissen, daß wohl manche anderen Dinge ihre Zeit haben, wie der Prediger sagt: «Jedes Ding hat seine Zeit» (Pred 8, 6), zum Gebet aber und zum Psalmengesang sowie zu mehreren anderen Dingen ist jede Zeit geeignet, sodaß wir, während die Hände zur Arbeit sich regen, zugleich mit der Zunge (soweit dies möglich und zur Erbauung des Glaubens nützlich ist, wo aber nicht, dann im Herzen) «durch Psalmen und Hymnen und geistliche Lieder Gott preisen», wie geschrieben steht (Kol 3, 16), und so während der Arbeit das Gebet verrichten und dem danken, der uns die Kraft der Hände zur Arbeit und die Weisheit des Verstan-

---

[10] Diese Anweisung war aktuell zu einer Zeit, da die Bewegung der Eusthatianer schon Anwandlungen zum Messalianismus aufweisen mochte

des zur Erlangung der Kenntnis verleiht, wie auch das Material für das Werkzeug und die von uns verfertigten Kunstgegenstände liefert, und ihn bitten, die Arbeit unserer Hände möchte ihren Zweck, Gott wohlzugefallen, erreichen. Geschieht dies aber nicht, wie sollen dann die Worte des Apostels miteinander übereinstimmen: «Betet ohne Unterlaß» und «Arbeitet Tag und Nacht»? (1 Thess 5, 17; 2 Thess 3, 8). *(Gr R 37)*

2. *Von der rechten Gesinnung bei der Arbeit*

Man soll wissen, daß der Arbeiter nicht darum werken soll, um sich durch seine Leistungen den Lebensbedarf zu verschaffen, sondern um das Gebot des Herrn zu erfüllen, der sagt: «Ich war hungrig, und ihr habt mich gespeist usw.» (Mt 25, 35). Für sich selber ängstlich besorgt zu sein, ist vom Herrn durchaus verboten. So soll ein jeder als Zweck der Arbeit die Unterstützung der Dürftigen im Auge haben und nicht die Beschaffung des eigenen Bedarfs. Auf diese Weise wird er dem Vorwurf der Eigenliebe entgehen und auch den Segen der Bruderliebe vom Herrn empfangen, der sagt: «Was ihr einem meiner geringsten Brüder getan habt, das habt ihr mir getan» (ebd 25, 40).

Wer seine Hoffnung auf sich oder auf den setzt, der die Sorge für den Lebensunterhalt übernommen hat, oder wer seine eigene oder seines Genossen Arbeit als zum Unterhalt hinreichend erachtet, der läuft Gefahr, weil er seine Hoffnung auf Menschen setzt, dem also lautenden Fluch zu verfallen: «Verflucht sei der Mensch, der auf Menschen vertraut, auf das Fleisch seines Armes sich stützt, dessen Herz sich abkehrt von Gott!» (Jer 17, 5). Durch die Worte «der auf Menschen vertraut» verbietet die Schrift, die Hoffnung auf einen anderen zu setzen, und durch die Worte «auf das Fleisch seines Armes sich stützt» auf sich selbst zu vertrauen. *(Gr R 42)*

Jeder soll sich an seine eigene Arbeit halten, ihr mit Fleiß obliegen und sie mit unermüdlichem Eifer und emsiger

Sorgfalt ohne Tadel verrichten, als ob Gott sie nachprüfte, damit er stets mit Zuversicht sagen kann: «Siehe, wie die Augen der Knechte auf die Hände ihrer Herren, so schauen unsere Augen auf den Herrn, unseren Gott» (Ps 122, 2). Er soll nicht von einer Beschäftigung zur anderen übergehen. Denn sich auf mehreres verteilen und vom einen zum anderen übergehen, ohne das eine zu vollenden, ist entweder das Zeichen eines wirklich leichtsinnigen Charakters oder es führt dazu.

Die Sorge für die Gerätschaften obliegt vorzüglich dem, zu dessen Handwerk sie benötigt werden. Trifft es sich aber, daß etwas liegen bleibt, so muß es als ein allen gemeinsamer Besitz von denen, die es zuerst wahrnehmen, mit geziemender Umsicht versorgt werden. Denn ist auch der Gebrauch derselben ein gesonderter, so ist doch das, was mit ihnen geschaffen wird, Gemeinschaftsgut. Die Gerätschaften eines anderen Handwerks verachten, als gingen sie einen nichts an, hieße sie als fremdes Gut erachten. Die Handwerker, welche die Gerätschaften gebrauchen, dürfen sich darüber auch keine Herrschaft anmaßen, so daß sie etwa dem Vorsteher der Brüderschaft nicht gestatteten, sich ihrer zu bedienen, oder sich herausnähmen, sie zu verkaufen, zu vertauschen und auf andere Weise fortzugeben oder zu den vorhandenen andere anzuschaffen. Denn wer sich einmal entschlossen hat, nicht mehr über seine eigenen Hände Herr zu sein, und es einem anderen anheimgegeben hat, ihre Tätigkeit zu bestimmen, wie handelte der seinem Entschluß gemäß, wenn er sich das alleinige Recht über sein Handwerkszeug anmaßt und darüber despotisch gebietet? *(Gr R 41)*

Wenn wir also gemäß dem Gebot des Herrn nicht um unseren Lebensunterhalt besorgt sein sollen, so ist also das Arbeiten überflüssig?

Da uns der Herr durch das Evangelium und die Apostel lehrt, es sei durchaus verboten, unseretwegen besorgt zu sein oder zu arbeiten, so muß man dem Gebot des Herrn gemäß umso eifriger für die Notdurft des Nächsten sorgen und arbeiten, zumal der Herr den Dienst, den man einem ihm Geweihten leistet, als ihm selbst erwiesen annimmt und dafür das Himmelreich verheißt. *(Kl R 207)*

Im allgemeinen kann die Auswahl der Berufe dahin bestimmt werden, daß wir solche betreiben sollen, die das Friedliche und Geräuschlose unseres Lebens nicht stören und weder viel Umtrieb zur Materialbeschaffung noch große Mühe beim Verkauf der angefertigten Sachen erfordern und für uns kein ungeziemendes und schädliches Zusammentreffen mit Männern oder Frauen veranlassen. Zum Weben sollen wir das wählen, was im gewöhnlichen Leben gebraucht wird, und nicht was von üppigen Menschen erdacht wurde, um die Jugend zu fangen und zu bestricken. Ebenso müssen wir auf die Anfertigung von Schuhen nur soviel Kunst anwenden, als dem Zweck entsprechend erforderlich ist. Bau-, Schreiner-, Schmiedehandwerk und Ackerbau sind an sich lebensnotwendig und von großem Nutzen, und es besteht unsererseits kein besonderer Grund, sie abzulehnen; dennoch müssen wir sie, soweit sie Lärm verursachen und das Zusammenleben der Brüder stören, meiden und solche Künste vorziehen, die unser Leben vor Zerstreuung bewahren, im Wohlgefallen des Herrn erhalten und solche, denen die Übung der Frömmigkeit doch ganz besonders am Herzen liegt, weder vom zeitigen Psalmengesang, noch vom Gebet und der übrigen Ordnung abhalten. Kommt aber bei jenen Berufen nichts vor, was den Hauptzweck unseres Lebens beeinträchtigt, so sind sie vielen anderen Beschäftigungen vorzuziehen, zumal der Ackerbau, der durch sich selbst das Nötige herbeischafft und die damit Beschäftigten vom vielen Umherschweifen und Hin- und Herlaufen bewahrt. Nur darf er, wie gesagt, weder von seiten der Nachbarn noch von seiten der Hausgenossen Lärm und Unruhe verursachen. *(Gr R 38)*

4. *Vom Verkauf der Erzeugnisse*

Auch ist darauf Bedacht zu nehmen, die Erzeugnisse nicht in die Ferne zu verkaufen noch zum Verkauf unter das Volk zu gehen. Denn es ist schicklicher und zur gegenseitigen Erbauung und zur genauen Beobachtung der täglichen Lebensordnung angezeigter, an einem Ort zu bleiben. Daher soll es uns recht sein, die Ware eher etwas unter dem Wert zu verkaufen, als geringen Gewinnes wegen auswärtige Orte zu besuchen. Ist dies aber erfahrungsgemäß unmöglich, so müssen wir Orte und Städte frommer Männer auswählen, damit die Reise für uns nicht fruchtlos verlaufe, und es müssen mehrere Brüder, von denen jeder seine eigene Ware mitbringt, in den bezeichneten Versammlungsorten zusammentreffen. Auch sollen sie die Reise gemeinsam machen, damit sie den Weg unter Psalmengesang und Gebeten zur gegenseitigen Erbauung zurücklegen. Haben sie den Ort erreicht, so sollen sie dieselbe Herberge wählen, sowohl zu gegenseitiger Überwachung, als um weder bei Tag noch bei Nacht die Gebetszeit zu versäumen, und damit der Umgang mit unverträglichen und habsüchtigen Menschen dem Einzelnen nicht schade. *(Gr R 39)*

Daß an Orten, wo Märtyrer verehrt werden, kein Markt stattfinden soll, zeigt uns die Schrift. Es ziemt sich nicht für Christen, an den Märtyrerstätten oder in deren Umgebung aus einer anderen Ursache zu erscheinen, als zum Gebet. Auch ist es uns nicht erlaubt, weil andere zuvor den bei den Heiligen bestehenden Brauch verletzt haben und nun, statt füreinander zu beten, zusammen vor Gott zu knien und zu weinen, ihm die Sünden abzubitten und für die Wohltaten zu danken, diese Zeit und diesen Ort zu einem Markt, einem Volksfest, einem allgemeinen Handelsplatz machen, diese nun auch selber nachzuahmen und durch unser Mittun in ihrem törichten Gebaren zu bestätigen. *(Gr R 40)*

Soll eine Brüderschaft, wenn sie mit einer anderen Geschäfte macht, den genauen Wert der Sache fordern?

Ob die Schrift den Brüdern erlaubt, untereinander zu kaufen und zu verkaufen, darüber weiß ich nichts zu sagen. Denn wir werden angewiesen, einander nach Bedürfnis mitzuteilen, wie geschrieben steht: «Euer Überfluß soll ihrem Mangel und ihr Überfluß eurem Mangel abhelfen, auf daß Gleichheit entstehe»

(2 Kor 8, 14). Tritt aber einmal eine solche Notwendigkeit ein, so muß der Käufer mehr als der Verkäufer dafür besorgt sein, keinen geringeren Preis zu geben als die Sache wert ist. Beide sollen aber des Wortes eingedenk sein: «Es ist nicht gut, einen gerechten Mann zu übervorteilen» (Spr 17, 26) *(Kl R 285)*

H. AUFNAHME UND ENTLASSUNG

1. *Von den Knabenschulen*

Da der Herr sagt: «Lasset die Kindlein zu mir kommen» (Mk 10, 14) und der Apostel den lobt, der von Kindheit an die heiligen Schriften gelernt hat, ferner die Kinder in der Lehre und Zucht des Herrn zu erziehen befiehlt, so halten wir jede Zeit, auch die des ersten Alters, für geeignet, die aufzunehmen, welche zu uns kommen, so daß wir nach dem Beispiel Jobs Väter der Waisen werden. Solche dagegen, die noch unter den Eltern stehen, nehmen wir nur auf, wenn sie uns von diesen selbst und vor vielen Zeugen zugeführt werden, damit denen, die gerne etwas finden möchten, die Veranlassung genommen und anderen, die uns verlästern, der ungerechte Mund gestopft werde. Wir sollen sie also aufnehmen, und zwar in der genannten Weise, aber nicht sogleich der Brüderschaft beizählen und einverleiben. Denn sollten sie ihrem Vorsatz nicht treu bleiben, soll der Lebensform selbst daraus kein Vorwurf erwachsen. Sie sollen als gemeinsame Kinder der Brüderschaft in aller Gottesfurcht erzogen werden, doch sind ihnen, sowohl den Knaben als den Mädchen, besondere Wohnungen und eine besondere Verpflegung anzuweisen, so daß sie gegen die Älteren nicht zu dreist und ausgelassen werden, sondern durch das seltene Zusammensein die Ehrfurcht ihnen gegenüber bewahren, ferner damit bei ihnen nicht auf Grund der Strafen, die allfälliger Pflichtverletzungen wegen über die Vollkommeneren verhängt werden, leichtfertiges Sündigen oder auch verborgener Stolz erzeugt werde, wenn sie in Dingen, die sie selber recht machen, die Älteren fehlen sehen.

Daher muß zur Vermeidung von derartigem und um der sonstigen Würdigkeit willen die Wohnung der Kinder von der der älteren Brüder abgesondert sein. So wird auch das Haus der Mönche (Asketen) durch die Erteilung des für die Jungen notwendigen Unterrichts nicht gestört. Hingegen sollen die für den Tag vorgeschriebenen Gebete von den Kindern und Älteren gemeinschaftlich abgehalten werden. Denn durch den Eifer der Älteren gewöhnen sich die Kinder an Innerlichkeit, wie auch die Älteren von den Kleinen bei ihren Gebeten nicht wenig unterstützt werden. Was dagegen Schlaf und Wachen, Zeit, Maß und Beschaffenheit der Nahrung angeht, so müssen den Kindern besondere Übungen und Speisen zugeteilt werden. Auch soll ihnen ein bejahrter Mann vorstehen, der erfahrener ist als die übrigen und das Zeugnis der Sanftmut besitzt, auf daß er mit väterlicher Milde und kluger Rede ihre Fehler bessere und gegen jeden das passende Heilmittel anwende, dergestalt, daß dasselbe Mittel sich nicht nur als Strafe für den Fehler, sondern auch als eine Übung der Seele in der Gelassenheit erweise.

Auch der wissenschaftliche Unterricht muß dem Zweck entsprechen. So müssen die Kinder gewöhnt werden, sich der Worte der Schrift zu bedienen, und statt Fabeln sollen ihnen Beispiele bewundernswürdiger Handlungen beigebracht werden. Auch in den «Sprichwörtern» sind sie zu unterweisen. Für das Behalten von Namen und Sachen sind ihnen Preise auszusetzen, so daß sie mit Freude und Lust, ohne Beschwerde und Anstoß das Ziel erreichen. Außerdem wird durch eine richtige Erziehung die Aufmerksamkeit des Geistes und die Gewöhnung, nicht mit den Gedanken herumzuschweifen, leicht erreicht, wenn sie von ihren Lehrern immer wieder gefragt werden, wo sie ihre Gedanken haben und womit sie sich geistig beschäftigen.

So muß die Seele, solange sie noch bildsam und zart ist und das in sie Gelegte sich wie in weiches Wachs leicht einprägt, gleich von Anfang an zu jeder Übung guter Taten angehalten werden, so daß, wenn Vernunft und Urteilskraft

hinzukommen, sie von den Anfangsgründen und überlieferten Eindrücken der Frömmigkeit den Ausgang nimmt.
Dann aber soll man auch das Ablegen des Gelübdes (*ὁμο-
λογία*) der Jungfräulichkeit gestatten, weil es nunmehr ge-
festigt ist und, da die Vernunft zur Reife gelangte, aus eigenem Entschluß und Urteil hervorgeht. Man nehme aber die
Vorsteher der Kirche zu Zeugen dieses Entschlusses, damit
die Reinheit des Leibes durch sie Gott als Weihegeschenk
dargebracht und die Handlung durch ihr Zeugnis bekräf-
tigt werde. «Denn auf Aussage zweier oder dreier Zeugen
wird jegliche Sache festgesetzt» (Mt 18, 16). Auf diese
Weise kann dann das Vorgehen der Brüder kein Vorwurf
treffen, und es wird auch denen, die sich Gott geweiht haben,
später aber das Gelübde brechen wollen, kein Vorwand gelassen, sich nicht schämen zu müssen. Wer jedoch sein
Leben nicht in Jungfräulichkeit zubringen will, als sei er
nicht imstande zu tun, was Gottes ist, der werde vor den selben Zeugen entlassen. Hat nun jemand nach langer Prüfung
und Überlegung (die ihm während mehrerer Tage anzustel-
len gestattet sein muß, damit es nicht den Anschein habe,
als suchten wir ihn zu überrumpeln) das Gelübde abgelegt,
so soll er aufgenommen und in die Zahl der Brüder einge-
reiht werden, so daß er fortan Wohnung und Unterhalt mit
den Älteren teilt.

Wir fügen hinzu, daß bestimmte Künste schon gleich von
Kindheit auf geübt werden sollen und daß, wenn Knaben zu
deren Erlernung fähig scheinen, sie nicht abgehalten werden
dürfen, den Tag bei den Lehrern der Kunst zuzubringen.
Nachts werden wir sie natürlich wieder zu ihren Altersge-
nossen schicken, mit denen zusammen sie auch immer die
Mahlzeiten einnehmen sollen. *(Gr R 15)*

2. Von der Aufnahme

Da der gütige Gott und unser Erlöser Jesus Christus ver-
kündigt und sagt: «Kommt alle zu mir, die ihr mühselig und
beladen seid, ich will euch erquicken» (Mt 11, 28), so ist es

nicht ungefährlich, solche abzuweisen, die durch uns zum Herrn kommen wollen, um sein süßes Joch und die Bürde seiner Gebote, die uns zum Himmel emporhebt, auf sich zu nehmen. Es darf aber nicht zugegeben werden, daß jemand mit ungewaschenen Füßen zu der ehrwürdigen Lehre hinzutrete. Sondern wie Jesus den Jüngling, der zu ihm kam, über sein früheres Leben befragte und, als er erfuhr, es sei in Ordnung gewesen, ihm gebot, das zur Vollkommenheit noch Fehlende hinzuzufügen, und ihm erst dann zu folgen erlaubte, so müssen offenbar auch wir das Vorleben jener kennenlernen, die bei uns eintreten wollen. Denen, die schon recht gewandelt sind, können wir die Lehren des vollkommenen Lebens beibringen, bei solchen aber, die entweder ein schlechtes Leben aufgeben oder aus einem gleichgültigen in das geordnete Leben der Gotteserkenntnis übergehen, gilt es zu untersuchen, wie beschaffen ihre Sitten und ob sie unbeständig und in ihren Urteilen schwankend sind.

Denn solche Menschen sind ihres Wankelmutes wegen verdächtig. Abgesehen davon, daß sie sich selbst nichts nützen, schaden sie den anderen, indem sie Schmähungen, Lügen und schändliche Verleumdungen gegen unser Werk ausstreuen. Da aber durch Sorgfalt alles gebessert wird und die Gottesfurcht die verschiedenartigen Gebrechen der Seele überwindet, so darf man an ihnen nicht sofort verzweifeln. Man muß sie zu den angemessenen Übungen anleiten, um mit der Zeit und auf Grund angestrengter Übungen ihre Gesinnung kennenzulernen und sie, falls wir einige Standhaftigkeit bei ihnen finden, ohne Gefahr zuzulassen; wenn aber nicht, sie zu verabschieden, solange sie noch draußen sind, so daß der Versuch nicht der Brüderschaft zum Nachteil gereicht. Auch muß man prüfen, ob jemand, der früher in Sünden verstrickt war, die verborgene Schande ohne Scheu bekennt und sein eigener Ankläger wird und damit auch die Genossen seiner bösen Werke beschämt und von sich weist. Übrigens müssen alle ohne Ausnahme darin geprüft werden, ob sie, ohne sich zu schämen, zu jeder Demütigung bereit sind, so daß sie auch die geringsten Arbeiten übernehmen. Besonders wenn einer von einem üppigen Leben zur Demut nach dem Beispiel unseres Herrn Jesus Christus herzueilt, soll man ihm einiges vorschreiben, was bei den Weltmenschen schmachvoll scheint, und genau darauf achten, ob er sich aus ganzem Herzen Gott als ein Diener darstellt, der sich nicht schämt.

Sklaven, welche noch unter dem Joch sind und zur Brüderschaft ihre Zuflucht nehmen, sind zu ermahnen und zu bessern und ihren Herren zurückzuschicken, nach dem Beispiel des seligen Paulus, der den Onesimus, nachdem er ihn durch das Evangelium gezeugt hatte, dem Philemon wieder zurückschickte. Ist aber der Herr schlecht und befiehlt dem Sklaven etwas Gesetzwidriges oder zwingt ihn zur Übertretung des Gebots unseres wahren Herrn Jesus Christus, so muß man dahin streben, daß der Name Gottes durch jenen Knecht nicht gelästert werde, indem er etwas täte, was Gott nicht gefällt. Dies wird erreicht, indem man ihn entweder auf geduldiges Ertragen der Leiden vorbereitet, die seiner warten, sofern er, wie geschrieben steht, Gott mehr gehorcht als den Menschen, oder indem die, die ihn aufgenommen haben, die seinetwegen über sie kommenden Anfechtungen auf eine Gott wohlgefällige Weise ertragen.

Wollen Verheiratete sich diesem Leben anschließen, so müssen sie gefragt werden, ob sie es mit beidseitiger Einwilligung tun nach der Anordnung des Apostels: «Der Mann hat kein Verfügungsrecht über seinen Leib usf.» (1 Kor 7, 4). Daher muß ein solcher, wenn er bei uns eintreten will, vor mehreren Zeugen aufgenommen werden. Denn nichts geht über den Gott schuldigen Gehorsam. Ist aber der eine Teil nicht einverstanden und widersetzt sich, indem er sich wenig um das Wohlgefallen Gottes kümmert, so denke man an den Apostel, der sagt: «Zum Frieden hat Gott uns berufen» (ebd 15), auf daß das Gebot des Herrn erfüllt werde: «Wenn jemand zu mir kommt, und seinen Vater, seine Mutter, sein Weib, seine Kinder usw. nicht haßt, so kann er mein Jünger nicht sein» (Lk 14, 26). Denn nichts geht über den Gehorsam gegen Gott. Wir wissen aber, daß bei vielen oft anhaltendes Gebet und unablässiges Fasten das Ziel eines keuschen Wandels erreicht hat, indem der Herr die durchaus Widerspenstigen oft durch körperliche Not dahin führte, sich für das Richtige zu entscheiden. *(Gr R 10–12)*

3. Vom Austritt

Denen, die einmal gelobt haben, gemeinsam miteinander zu leben, ist es nicht erlaubt, sich ohne weiteres zu entfernen; denn es kann einer nur zwei Gründe haben, nicht in seinem Entschluß zu verharren: entweder weil aus dem Zusammenleben für ihn Nachteil entspringt oder weil er unbeständigen und wankelmütigen Sinnes ist.

Wer sich nun wegen des Nachteils von den Brüdern trennen möchte, der halte die Ursache nicht bei sich geheim, sondern decke den Nachteil auf nach der vom Herrn überlieferten Weise: «Hat dein Bruder wider dich gesündigt, so geh hin und stelle ihn unter vier Augen zur Rede» (Mt 18, 15). Wird in der Folge das von ihm Verlangte gebessert, so hat er nicht allein die Brüder gewonnen, sondern entbehrt auch ihre Gemeinschaft nicht; sieht er aber, daß sie im Bösen verharren und sich keiner Besserung befleißen, so zeige er es denen an, die darüber zu urteilen vermögen, um dann, wenn er das Zeugnis mehrerer für sich hat, auszutreten. Nun trennt er sich aber nicht mehr von Brüdern, sondern von Fremden, da der Herr den im Bösen Verharrenden mit einem Heiden und öffentlichen Sünder vergleicht. «Ein solcher», sagt er, «sei dir wie ein Heide und öffentlicher Sünder» (Mt 18, 17).

Entzieht sich aber einer aus eigenem Leichtsinn der Gemeinschaft der Brüder, so soll er seine Schwäche heilen oder, falls er das nicht will, von den Brüdern nicht wieder aufgenommen werden. Wird aber auf Grund des Gebotes des Herrn der eine hierhin, der andere dorthin zu gehen veranlaßt, so trennen sie sich nicht, sondern walten nur ihres Amtes. Einen anderen Grund für die Trennung der Brüder läßt die Vernunft nicht zu; erstens deswegen nicht, weil dadurch der Name unseres Herrn Jesus Christus, der sie zusammengeführt hat, verunehrt wird; zweitens weil sie voreinander kein reines Gewissen haben können, sondern gegeneinander mißtrauisch sein werden. Dies aber widerspricht offen dem Gebot des Herrn, der sagt: «Wenn du deine Gabe zum Altare bringst und dich daselbst erinnerst, daß dein Bruder etwas gegen dich hat, so lasse deine Gabe vor dem Altare und geh hin und versöhne dich zuvor mit deinem Bruder und dann komm und opfere deine Gabe» (Mt 5, 23–24). (*Gr R 36*)

4. *Von der Entlassung*

Gehorcht einer lässig den Geboten des Herrn, so müssen anfangs alle mit ihm wie mit einem Kranken Mitleid haben, und der Vorgesetzte muß versuchen, durch besondere Ermahnungen seine Schwäche zu heilen. Beharrt er aber im Ungehorsam und nimmt keinerlei Zurechtweisung an, so muß er ihm vor der gesamten Brüderschaft einen nachdrücklichen Verweis erteilen und ihn durch unablässiges Ermahnen zu heilen suchen. Geht er auch dann nicht in sich und zeigt keine sittliche Besserung, so müssen wir ihn, weil er sein eigener Verderber ist, wie das Sprichwort sagt, zwar unter vielen Tränen und Seufzern, aber doch als ein unverbesserliches und ganz unnützes Glied nach dem Beispiel der Ärzte vom gemeinsamen Körper abschneiden. (*Gr R 28*)

Jeder, der in die Bruderschaft aufgenommen wurde und nachher sein Gelübde bricht, muß angesehen werden wie einer, der gegen Gott gesündigt hat, vor dem und in dem er das Gelübde getan hatte. «Wenn aber jemand», heißt es, «wider Gott sündigt, wer soll für ihn beten?» (1 Kg 2, 25). Denn wer sich Gott geweiht hat, dann aber zu einer anderen Lebensweise übergeht, der ist ein Kirchenräuber geworden, denn er hat sich selber gestohlen und die Gott geweihte Gabe geraubt. Diesem darf man die Tür der Brüder nicht mehr öffnen, selbst wenn er nur für kurze Zeit Obdach begehrte. Denn die Verordnung des Apostels befiehlt uns klar und deutlich, uns von jedem Unredlichen zu entfernen und mit ihm keine Gemeinschaft zu haben, damit er zu sich selbst komme» (2 Thess 3, 14). *(Gr R 14)*

I. VOM VERHALTEN IN VERSCHIEDENEN LAGEN

1. *Vom Umgang mit den Weltleuten*

Den einmal in die Brüderschaft Aufgenommenen darf der Vorgesetzte nicht gestatten, sich zu zerstreuen oder unter dem Vorwand, die Verwandten zu besuchen, sich von der Brüderschaft zu trennen und ein Leben ohne Zeugen zu führen oder sich um den Unterhalt der leiblichen Verwandten zu sorgen. Überhaupt ist es in einer Brüderschaft untersagt, das Wort «mein» und «dein» zu gebrauchen. Sagt doch die Schrift: «Denn alle Gläubigen waren ein Herz und eine Seele», und keiner sagte, was er besitze, sei sein Eigentum (Apg 4, 32). Somit sollen die leiblichen Eltern oder Brüder eines Mitglieds der Brüderschaft, wenn sie Gott wohlgefällig leben, von allen Brüdern als gemeinsame Eltern und Verwandte mit Ehrerbietung behandelt und gepflegt werden. «Denn wer immer den Willen meines Vaters tut, der im Himmel ist», sagt der Herr, «der ist mir Bruder, Schwester und Mutter» (Mt 15, 20). Wir halten indessen dafür, daß die Sorge für solche Sache des Vorgesetzten der Brüderschaft ist. Sind sie aber noch ihrer Gesinnung nach in weltliches Treiben verwickelt, so haben wir, die wir fern von Zerstreuung, was dem Herrn wert und gefällig ist, zu tun erstreben, keine Gemeinschaft mit ihnen. Kommen von unseren früheren Verwandten solche zu uns auf Besuch, die Gottes Gebote verachten und den Dienst der Frömmigkeit für nichts halten, so dürfen wir sie nicht aufnehmen, weil sie den Herrn nicht lieben, der sagt: «Wer mich nicht liebt, der beobachtet meine Gebote nicht» (Joh 14, 24). «Welche Gemeinschaft hat aber die Gerechtigkeit mit der Ungerechtigkeit? Oder was hat der Gläubige mit dem Ungläubigen zu tun?» (2 Kor 6, 4. 15).

Auch muß man sich ganz besonders angelegen sein lassen, denen, die noch in der Kampfschule der Tugend weilen, die Gelegenheit zur Sünde zu nehmen, von denen die größte die Erinnerung an das frühere Leben ist, damit ihnen nicht widerfahre, was geschrieben steht: «Sie kehrten in ihren Herzen nach Ägypten zurück» (Num 14, 4), was durch häufigen Verkehr mit Blutsverwandten sehr oft geschieht. Überhaupt darf man weder einem Verwandten noch einem Fremden erlauben, sich mit den Brüdern in ein Gespräch einzulassen, wenn wir von ihnen nicht die Überzeugung haben, daß das Gespräch Erbauung und Vervollkommnung der Seelen bewirkt. Sollte es aber nötig sein, mit den nun einmal Gekommenen zu reden, so möge es durch solche geschehen, denen die Gabe der Rede verliehen ist, weil sie imstande sind, mit Einsicht zu reden und zu hören, was die Erbauung des Glaubens fördert. *(Gr R 32)*

2. *Vom Umgang mit den Schwestern*

Wer einmal dem ehelichen Stand entsagt hat, wird sich viel eher der Sorgen entschlagen, die, nach dem Wort des Apostels, den Verheirateten in Anspruch nehmen, wie er nämlich seinem Weibe gefalle (1 Kor 7, 33), wohl aber wird er, wenn die Notwendigkeit es erfordert, auf Grund der jedem schuldigen Liebe zum Nächsten mit diesem zusammenkommen. Aber auch die, denen gestattet ist, einander zu sehen und zu beraten über das, was Gott wohlgefällt, mag es nun das leibliche Bedürfnis oder die Sorge für die Seelen betreffen, müssen in jeder Weise Würde und Anstand zur Schau tragen. Es sollen aber nicht weniger als zwei von jeder Seite sein; denn eine einzige Person gerät leicht in Verdacht, um nicht mehr zu sagen, und kann ihre Aussage weniger bekräftigen, wie denn auch die Schrift deutlich sagt, daß auf Aussage zweier oder dreier Zeugen jegliche Sache festgesetzt werde (Mt 18, 16). Es sollen aber auch nicht mehr als drei sein, damit die Tätigkeit, der wir uns nach dem Gebote unseres Herrn Jesus Christus gewidmet haben, keinerlei Hindernis erfahre.

Besteht aber die Notwendigkeit, daß von den anderen Brüdern oder Schwestern der Gemeinschaft irgendetwas auszurichten oder zu erfahren ist, was einen besonders angeht, so sollen sie nicht miteinander verhandeln, sondern die dazu erwählten älteren Brüder haben mit den erwählten älteren Schwestern ihre Angelegenheit an die Hand zu nehmen und durch diese soll das notwendige Gespräch stattfinden. Diese Ordnung soll aber nicht nur von Frauen gegenüber Männern oder Männern gegenüber Frauen, sondern auch bei Personen desselben Geschlechts geziemend beobachtet werden. *(Gr R 33)*

Darf der Vorsteher oft und lange mit der Vorsteherin reden, zumal wenn einige Brüder daran Anstoß nehmen?

Obwohl der Apostel sagt: «Warum denn soll meine Freiheit von einem anderen Gewissen gerichtet werden?» (1 Kor 10, 29), ist es doch gut, ihn nachzuahmen, wenn er sagt: «Wir haben uns dieser Freiheit nicht bedient, damit wir dem Evangelium Christi kein Hindernis bereiten» (ebd 9, 12), und nach Kräften möglichst selten und kurz zusammenzukommen. *(Kl R 109)*

3. Vom Verhalten auf der Reise

Das Reisen werde dem übertragen, der es ohne Schaden für seine Seele und zum Nutzen derer, mit welchen er zusammenkommt, durchzuführen versteht. Ist aber kein Geeigneter vorhanden, so ist besser, beim Mangel an Notwendigem sogar bis zum Tod jede Bedrückung und Not zu erdulden, als leiblichen Behagens wegen einen Schaden der Seele gering anzuschlagen. «Denn lieber wollte ich sterben», sagt der Apostel, «als daß mir jemand meinen Ruhm vereitelte» (1 Kor 9, 15), und dies in den erlaubten Dingen, wieviel mehr in den gebotenen! Indes läßt das Gesetz der Liebe auch dies nicht ohne Abhilfe. Denn trifft es sich, daß in einer Brüdergemeinde sich niemand findet, der mit Fug abgeschickt werden kann, so sollen die benachbarten den Mangel ersetzen. Sie sollen die Reise gemeinsam machen und sich nie voneinander trennen, so daß sowohl die seelisch Schwachen wie die leiblich Gebrechlichen durch die Gemeinschaft mit den Stärkeren gestützt werden. Auch muß dies schon lange zuvor von den Vorgesetzten angeordnet werden, damit man nicht in der Not und Eile ratlos und ohne Auswege dasteht.

Nach der Rückkehr soll der Vorgesetzte den Reisenden befragen, was er ausgeführt habe, mit welchen Leuten er zusammengekommen sei, was er mit ihnen gesprochen, was er bei sich gedacht, ob er den ganzen Tag und die ganze Nacht in der Furcht Gottes zugebracht, ob er gesündigt oder eine der Verordnungen übertreten habe, den äußeren Umständen nachgebend oder von seinem eigenen Leichtsinn hingerissen. Diese Sitte herrschte auch bei den Heiligen, wie die Apostelgeschichte überliefert, denn sie berichtet uns, wie Petrus bei seiner Rückkehr nach Jerusalem den dort Anwesenden von seinem Umgang mit den Heiden Rechenschaft gab, und wie Paulus und Barnabas nach ihrer Rückkehr die Gemeinde versammelten und ihr verkündigten, was Gott durch sie vollbracht hatte (Apg 11, 5f; 15, 12), und wie die ganze Menge schwieg und zuhörte, als Paulus und Barnabas erzählten, was Gott getan. Auch das ist noch zu bemerken, daß die Brüderschaften sich in jeder Weise vor dem Hausieren und Feilschen, sowie vor krämerischem Gewinn hüten müssen. *(Gr R 44)*

4. *Vom Verhalten in der Krankheit* [11]

Wie wir, solange wir im Paradies lustwandelten, weder der Kenntnis noch der Arbeit des Ackerbaus bedurften, so brauchten wir auch, vor dem Falle, solang wir der Schöpfungsgnade gemäß ohne Leiden waren, keine Heilkunde zu

[11] Basilius hatte auch Medizin studiert, was in dieser Regel deutlich wird, wo er von der «pneumatischen Medizin» der Wüstenväter Abstand nimmt. (Gregor von Nazianz: Leichenrede auf Basilius, PG 36, 525–528)

unserer Erleichterung. Als wir jedoch an diesen Ort verbannt wurden und hörten: «Im Schweiß deines Angesichts sollst du dein Brot essen» (Gen 3, 19), da machten wir nach langer Erfahrung und vielem Abmühen um die Erde aus der Kunst des Feldbaus ein Trostmittel in den traurigen Folgen jenes Fluches, weil uns Gott Einsicht und Verstand für jene Kunst verlieh. Ebenso hat er uns, als wir geheißen wurden, zur Erde zurückzukehren, von der wir genommen sind, und an das lästige Fleisch gefesselt wurden, das der Sünde wegen zum Untergang verdammt und darum den Krankheiten unterworfen ist, die Heilkunde gewährt, damit wir den Leidenden wenigstens etwas Erleichterung zu bieten vermöchten.

Denn die für die einzelnen Krankheiten geeigneten Kräuter sind nicht von selbst aus der Erde entsproßt, sondern offenbar nach dem Willen des Weltschöpfers dazu hervorgebracht worden, daß sie uns nützen. So ist die Anwendung der natürlichen Kraft in den Wurzeln und Blumen oder in den Blättern, Früchten und Säften, oder was aus Metallen oder aus dem Meer gewonnen wird zum Nutzen des Körpers, der Erfindung von Speisen und Getränken ähnlich. Was aber dabei Überflüssiges oder Unnützes erdacht worden ist, viel Umtrieb macht und gleichsam unser ganzes Leben der Sorge für das Fleisch zuwendet, das müssen die Christen vermeiden und sich bestreben, in der Heilkunst – wenn es einmal nötig ist, sie anzuwenden – nicht jeden Umstand von Gesundheit und Krankheit zu berücksichtigen, sondern deren Heilmittel gleichsam zur Ehre Gottes und als Beispiel der Seelenheilung zu gebrauchen. In Ermangelung ärztlicher Hilfe dürfen wir nicht alle Hoffnung in jene Kunst setzen, sondern sollen wissen, daß der Herr uns entweder nicht über unsere Kräfte versucht sein läßt (1 Kor 10, 13), oder, wie er selber das eine Mal den Kot bereitete, damit die Augen bestrich und im Teiche Siloe sich zu waschen befahl (Joh 9, 6), ein anderes Mal sich mit dem bloßen Willen begnügte und sprach: «Ich will, sei rein» (Mt 8, 3), einige aber auch in den Drangsalen kämpfen ließ, um sie durch die Versuchung bewährter zu machen, so auch mit uns verfährt, bald sichtbarer-, bald unsichtbarerweise, je nachdem er es für unsere Seelen zuträglicher findet. Gefällt es ihm, daß wir uns bei unseren Krankheiten materieller Hilfsmittel bedienen, so verzögert er die Heilung, um die Erinnerung an die Wohltat fester einzuprägen oder auch um uns, wie gesagt, zu bedeuten, wir sollten die Sorge für die Seele nicht vernachlässigen.

Keineswegs dürfen wir, da einige von der Heilkunde nicht den rechten Gebrauch machen, jede Anwendung derselben von der Hand weisen. Denn nicht deshalb, weil unmäßige Lüstlinge die Koch-, Back- und Webekunst zur Schwelgerei mißbrauchen und die Grenze des Bedarfs überschreiten, dürfen wir sogleich alle Künste verwerfen, sondern müssen im Gegenteil, was von jenen verderbt wurde, durch rechten Gebrauch wiedergutmachen. So ist es auch nicht vernünftig, wegen des schlechten Gebrauchs, der von der Heilkunde gemacht wird, dieses Geschenk Gottes abzuweisen.

Die Gefahr ist aber nicht gering, auf den irrigen Gedanken zu verfallen, jede Krankheit bedürfe der ärztlichen Hilfe. Denn nicht alle Krankheiten entstehen aus der Natur, aus einer fehlerhaften Lebensweise oder anderen körperlichen Ursachen, gegen die, wie wir sehen, hin und wieder die Heilkunde nützlich ist. Oft sind die Krankheiten auch Strafe für die Sünden und der Besserung wegen verhängt. «Denn wen der Herr lieb hat, den züchtigt er» (Spr 3, 12). Ferner: «Darum sind unter euch viele Kranke und Schwache und entschlafen viele» (1 Kor 11, 30). Solche nun müssen stillschweigend und auf ärztliche Hilfe verzichtend die über sie verhängten Leiden mit Geduld ertragen, sobald sie die eigenen Fehler erkannt haben, wie jener, der sagt: «Den Zorn des Herrn will ich tragen, denn ich sündigte wider ihn» (Mich 7, 9). Es treten aber auch manchmal Erkrankungen auf Begehren des Bösen Feindes ein, wenn nämlich der gütige Herr einen als großen Kämpfer mit diesem in einen Kampf stellt und dessen Prahlerei durch die überaus große Geduld seiner Diener zuschanden macht, was, wie wir uns erinnern, bei Job geschehen ist. Oder es werden auch von

Gott den im Leiden Ungeduldigen einige zum Vorbild gegeben, welche die Widerwärtigkeiten standhaft bis zum Tod auszuhalten vermochten; so Lazarus, der, sosehr er auch von Geschwüren bedeckt war, doch niemals weder den Reichen um etwas bat, noch über seinen Zustand murrte. Deshalb erlangte er auch die Ruhe in Abrahams Schoß, denn er hatte in seinem Leben das Böse empfangen. Unseres Erachtens können Heilige noch aus einem anderen Grunde von Krankheiten befallen werden, so zum Beispiel der Apostel: Damit es nicht den Anschein hätte, als überschreite er die Grenze des Menschlichen und man nicht dächte, er sei von der Natur besser ausgestattet, wie die Lykaonier meinten, die ihm Kränze und Stiere darbrachten (Apg 14, 12), war er zur Offenbarung seiner Menschlichkeit beständig krank. Selbst der Übergang des Leibes aus dem kranken in den gesunden Zustand soll ein Trost sein für uns, damit wir an der Seele nicht verzweifeln, als könne sie aus den Sünden nicht durch Buße in ihren früheren natürlichen Zustand zurückkehren. Daher ist die Arzneikunst weder gänzlich zu fliehen, noch ist alle Hoffnung auf sie zu setzen. Im Gegenteil, wie wir das Feld bebauen, Gott aber um die Früchte bitten, und wie wir dem Steuermann das Ruder anvertrauen, Gott aber um Errettung aus dem Meer anflehen, so sollen wir auch, wenn die Vernunft es rät, einen Arzt rufen, aber die Hoffnung auf Gott nicht aufgeben. Mir scheint die Heilkunst auch sehr viel zur Mäßigkeit beizutragen, denn sie beschränkt die Schwelgerei, tadelt die Völlerei, entfernt das Vielerlei der Speisen und den übertriebenen Aufwand an Gewürzen als unzuträglich und nennt die Genügsamkeit eine Mutter der Gesundheit, so daß uns auch in dieser Beziehung ihr Rat nicht unnütz ist. Mögen wir uns also der Vorschriften der Heilkunde bedienen oder sie aus den angeführten Gründen abweisen, immer müssen wir den Zweck im Auge behalten, Gott zu gefallen, der Seele zu nützen und das Gebot des Apostels zu erfüllen, der da sagt: «Ihr mögt essen oder trinken oder sonst etwas tun, tut alles zur Ehre Gottes!» (1 Kor 10, 31). (Gr R 55)

AUGUSTINUS

Die Regeln des heiligen Augustinus, übertragen von

P. DR. WINFRIED HÜMPFNER O.E.S.A.†

Mit Einführungen von

P. DR. WINFRIED HÜMPFNER†

und

P. D. DR. ADOLAR ZUMKELLER O.E.S.A.

EINFÜHRUNG

1. *Zur Überlieferung der Augustinerregel*[1]

Die Regel des heiligen Augustinus ist die älteste Mönchsregel des Abendlandes. Sie hat nicht bloß eine lange, sondern
eine komplizierte Geschichte, wie sie auch in auffallender
Form sich darstellt. Wir präsentieren diese Regel in zwei
getrennten Texten. Der erste Text bestand für sich allein
mehrere Jahre als die erste Regel des heiligen Augustinus
und bildete darnach zusammen mit dem heute noch geltenden zweiten Text sieben Jahrhunderte lang die Regel des
heiligen Augustinus.

Im Jahre nach seiner Taufe kehrte Augustinus im Herbst
388 nach Afrika zurück; seine vor der Überfahrt in Ostia
sterbende Mutter bezeichnet ihn als Mönch. Er hatte in Mailand das Mönchtum kennengelernt und beobachtete es noch
in Rom, weil er vorhatte, selbst als Mönch zu leben. Er

[1] Der Tod hat P. Hümpfner daran gehindert, die von ihm beab-
sichtigten Nachträge zu seiner Einführung in die Augustinerregel zu
machen. Vor allem wollte er zu den mittlerweile erschienenen Untersuchungen M. Verheijens Stellung nehmen, da sie zu teilweise anders
lautenden Ergebnissen führten. Auch P. Verheijen ist der Ansicht, daß
erster und zweiter Regeltext zusammengehören. Doch leugnet er aus
sprachlichen Gründen für den ersten Regeltext die unmittelbare Ur-
heberschaft Augustins und vermutet als Verfasser einen der Schüler
oder Freunde des Kirchenvaters, vielleicht Alipius. Augustinus habe
nachträglich den Schlußsatz (Ziffer 11) beigefügt und so den ersten
Regeltext mit seiner Autorität bestätigt; gleichzeitig habe er – ge-
wissermaßen als asketisch-moralischen Kommentar – den zweiten
Regeltext geschrieben und das Ganze seinen Mönchen von Hippo als
Klosterregel übergeben. Im übrigen ist auch Verheijen der Ansicht,
daß die Nonnenregel in Spanien entstand, führt aber Gründe für ein
höheres Alter dieses Textes an.

Zur Stellung M. Verheijens vgl. folgende Literatur: Les manuscrits
de la «Lettre CCXI de saint Augustin»; Revue du Moyen Age latin 8
(1952), 97–122. – Les Sermons 355–356 de saint Augustin et la Regula
Sancti Augustini; Recherches de Science Religieuse 41 (1953) 231–240.
– La «Regula Sancti Augustini»; Vigiliae Christianae 7 (1953) 27–56. –
La «Regula Puellarum» et la «Regula Sancti Augustini»; Augusti-
niana 4 (1954) 258-268. – Remarques sur le style de la Regula secunda
de s. Augustin. Son rédacteur; Augustinus Magister I, Paris 1954,
255-263.

richtete auf seinem Erbsitz in Tagaste mit seinen Freunden das erste Kloster im römischen Afrika ein. Es darf als sicher gelten, daß er noch vor Ablauf des ersten Jahres dieser klösterlichen Gemeinschaft in seiner Regel, unserem ersten (siehe unten S. 158 ff.) Text, genau die Grundsätze und das Ideal fixiert hat, die er gleichzeitig in begeisterter Schilderung in seinem Werk *De moribus ecclesiae catholicae*, c. 31 bis 33, als im katholischen Ordensleben beobachtet und verwirklicht darstellt. Die beiden Dokumente sind gleichzeitig demselben Geiste entsprungen i. J. 388/89. Diese älteste Regel des Abendlandes enthält auch die älteste bekannte Ordnung der kirchlichen Tagzeiten. Die Prim fehlt hier noch; sie wurde im Jahre 382 zum erstenmal in Bethlehem eingeführt und war in Italien, als Augustinus dort das Mönchtum und seine Gewohnheiten kennenlernte, noch unbekannt.

Ein paar Jahre später ergänzte er diese erste kurze Regel, die außer der grundsätzlichen Zielgebung für das klösterliche Leben nur alles Wesentliche für die äußere Ordnung des klösterlichen Tagewerkes und der Beziehungen untereinander und zur Umwelt enthielt, durch einen zweiten Text, der in ungefähr der gleichen Reihenfolge die das Leben des Ordensmannes ausfüllenden Aufgaben und Verpflichtungen asketisch-moralisch erläutert und begründet. Das tat er, nachdem er im Jahre 391 gegen seinen Willen vom Bischof von Hippo zum Priester geweiht worden war. Er wollte auch als Priester und Gehilfe des Bischofs im übrigen sein klösterliches Leben weiterführen. Der Bischof trug seinem Wunsche Rechnung und schenkte ihm ein Gartengrundstück vor der Stadt, das der Pfarrgemeinde gehörte. Hier richtete Augustinus sein zweites Kloster ein und schrieb den zweiten Text als Ergänzung des ersten zu einer einzigen Regel. Während im ersten Text der oberste Vorstand des Klosters, entsprechend dem allgemeinen Gebrauch, wie Augustinus in der oben erwähnten Schilderung feststellt, als der Vater («Pater monasterii») bezeichnet ist, wird er im Ergänzungsteil, im zweiten Text, der «Priester» genannt, «der für euch alle Sorge trägt». Augustinus ist jetzt Priester, aber noch nicht Bischof. Die Regel des heiligen Augustinus war also abgeschlossen vor dem Jahre 395. Aus der Form eines im Schlußkapitel verwerteten Schrifttextes können wir zuverlässig schließen, daß es noch vor dem Jahre 393 geschah.

Als Augustinus in seiner ersten Regel die Ordnung der klösterlichen Tagzeiten aufstellte, führte er den Psalmengesang mit Kehrvers und in Wechselchören ein, zwei Arten, die ein paar Jahre zuvor der heilige Ambrosius in Mailand als erster im Westen eingeführt hatte, und die auf Augustinus dort großen Eindruck gemacht hatten (*Confess.* lib. 9, 6. 2 u. 7, 1). Aber er getraute sich anscheinend als Laie nicht, die Hymnen in Afrika einzuführen nach dem Beispiel des heiligen Ambrosius, weil das etwas ganz Neues gewesen wäre. Da deren Gebrauch aber sehr rasch in den Kirchen des Westens übernommen wurde, erwähnt Augustinus nun als Priester in der Ergänzung seiner Regel, c. 3, neben Psalmengesang auch Hymnen.

Augustinus spricht es gelegentlich ganz klar aus, daß es in seiner Absicht gelegen, nicht bloß persönlich ein zurückgezogenes, klösterliches Leben zu führen, sondern die ideale Verwirklichung der christlichen Lebensordnung, die er im Mönchsleben erkannt und begeistert geschildert hatte, in sein heimatliches Afrika einzuführen und dort überall und unverfälscht blühen zu sehen[2]. Deshalb war es ihm selbstverständlich, die das Klosterleben begründenden und ordnenden Grundsätze und Vorschriften alsbald in einer Regel schriftlich niederzulegen. Für die in den beiden Teilen seiner Regel formulierten, wenn auch allgemein im Mönchtum der Kirche geltenden Grundsätze tritt er darum wenige Jahre später (im Jahre 400) mit seiner ganzen kraftvollen Persönlichkeit in einer eigenen Schrift ein[3], als einige von auswärts gekommene vagabundierende Mönche mit ungerechtfertigter Berufung auf das Evangelium gegen die Handarbeit, einen wesentlichen Punkt der Klosterordnung, Stimmung zu

---

[2] Vgl. Ep. 157, 39 und «De opere monachorum» 28, 36.
[3] «De opere monachorum» – Über die Handarbeit im Kloster.

machen suchten. Augustinus nimmt in einer Reihe von Stellen unverkennbar Bezug auf die Formulierung seiner Regel; ja er entschuldigt sich feierlich, daß er gerade in dem strittigen Punkte der Handarbeit auf einer Vorschrift der Regel besteht, in deren Erfüllung er nicht mit eigenem Beispiel vorangehen kann wegen seiner bischöflichen Amtspflichten, insbesondere der zeitraubenden Rechtspflege. Wir können es uns ersparen, im einzelnen darauf hinzuweisen, daß Augustinus auch sonst in Briefen (z. B. Ep. 48, al. 81) und anderen Werken (z. B. *Enarr. in ps.* 99; PL 34, 1177) auf den Text seiner Regel Bezug nimmt, lange bevor er sie wieder als solche im Umfang der beiden Texte vertritt, im Sermo 355 und 356, Ende des Jahres 425 und Anfang 426. Die Mönchsregel Augustins ist in seinen Werken in einer Weise verankert, die nicht bloß ihre Echtheit in beiden Texten garantiert, sondern auch ihre Entstehung in den ersten Jahren nach seiner Bekehrung bestätigt.

Da mehrere Mönche aus dem Kloster in Hippo zu Bischöfen in anderen Diözesen gewählt wurden und ihrerseits dort Klöster gründeten, wie übrigens auch Augustins Freund und Gönner, der Bischof Aurelius von Karthago, getan hat, war die Zahl der Klöster in Afrika bis zu seinem Tode auf rund 20 gestiegen[4]. Aus seinem Briefwechsel ergibt sich klar, daß er zeitlebens für alle der höhere Obere war, der «Priester, der für alle Sorge trägt», wie es in der Regel heißt. Seine Regel wurde in allen Klöstern befolgt, und sie blieb die einzige im römischen Afrika. Das Konzil von Karthago im Jahre 525 nimmt auf den Paragraphen 4 des ersten Teiles der Regel Augustins Bezug, indem es einfach von der Klosterregel spricht.

[4] P. Mesnage hat auch die inschriftlichen und baulichen Spuren des (augustinischen) Mönchtums in Afrika aus der Zeit der römischen, vandalischen und byzantinischen Herrschaftsperiode zusammengestellt («Le Christianisme en Afrique», in Revue Africaine, 57, Algier 1913, pp. 633–658). Es ergeben sich, die Zeit nach Augustinus miteingeschlossen, über 50 Klöster, selbst wenn wir ein Dutzend, für welche die Evidenz schwach ist, abstreichen und das Zeugnis des heiligen Possidius (Vita S. Aug., c. 11) nicht im allergeringsten pressen.

Die seit Augustins Tod in Afrika herrschenden Vandalen verfolgten Kirche und Klöster und veranlaßten im 5. und 6. Jahrhundert immer neue Gruppen von Mönchen, nach den übrigen Mittelmeerländern auszuwandern. Wir haben klar bezeugt, wie auf solche Weise das Mönchtum und die Regel des heiligen Augustinus nach Süditalien, Frankreich, Spanien und Portugal verpflanzt wurden. Beide lebten fort, bis im Jahre 1256 der Apostolische Stuhl die in verschiedenen Ländern bestehenden Einzelklöster oder losen Verbände von Klöstern unter dem Namen der Eremiten (= Mönche) nach der Regel des heiligen Augustinus zu einer straffen Organisation als Orden der Eremiten des heiligen Augustinus zusammenschloß nach dem Muster des Zisterzienserordens und der eben entstandenen Bettelorden der Franziskaner und Dominikaner.

Die Regel des heiligen Augustinus war in lebendigem Gebrauch, als die Reformbewegung des 11. Jahrhunderts in ihr so klar das ausgesprochen fand, was sie anstrebte: apostolicam enim vitam optamus vivere – und sie deswegen so begeistert aufgriff als Norm für die Reform des Klerus[5]. Allent-

---

[5] Ein schönes Beispiel für den ununterbrochenen Fortbestand der Regel bietet gerade Frankreich, wo die Reformbewegung am lebhaftesten war und wo die Annahme der Regel Augustins durch Kanonikerstifte im 11. Jahrhundert zuerst und am zahlreichsten bezeugt ist. Der Bischof von Le Mans hielt sich um 1145 berechtigt, das Eremitenkloster Fontis Giardi der großen Benediktinerabtei in Tours zu schenken. Die Eremiten ergriffen dagegen Rekurs an den Papst und machten geltend, daß man in ihrem Kloster von seiner Gründung an nach der Regel des heiligen Augustinus gelebt habe. Guillaume Bonjour verfolgte die Geschichte des Klosters zurück bis in die erste Hälfte des 6. Jahrhunderts und stellte fest, daß eine Auswanderung (sogar von Seelsorge-Klerus) von Afrika nach Frankreich durch einen Appell der afrikanischen Bischöfe nach Rom im Jahre 535 bezeugt ist. Vgl. Jordani de Saxonia, O. E. S. A., «Liber Vitasfratrum», ed. P. R. Arbesmann et P. W. Hümpfner, New York, Cosmiscian Science & Art Service Co., Inc., 1943 («Cassiciacum: Studies in St. Augustine and the Augustinian Order», American Series, Vol. I), p. LXXXII sq. Dort (pp. LXXXI–LXXXV) hat Hümpfner noch andere Belege beigebracht für den Fortbestand des augustinischen Mönchtums in Italien, der Schweiz, Spanien, Portugal; aber bloß im Sinne einiger klarer und leicht herauszuarbeitender Beispiele, nicht als ob das das ganze verfügbare Beweismaterial wäre.

halben tauchten Kanoniker- und Kollegiatstifte mit der Regel des heiligen Augustinus auf. Damit begann eine neue Blütezeit für diese Ordensregel. Das brachte aber auch einen Eingriff in ihren Eigenbestand mit sich, der ihr in der Folge viel Verkennung eintrug.

Im Jahre 1118 wandte sich das Augustinerchorherrenstift Springirsbach an den Papst, weil einige Vorschriften ihrer Regel, der Regel des heiligen Augustinus, Schwierigkeiten machten. Das dort vorgeschriebene Schema der Tagzeiten stimmte so gar nicht mit dem im Westen nunmehr fast allgemein herrschenden Schema des römischen Breviers überein; die Handarbeit ist dort nach Stunden genau festgelegt und nimmt einen viel breiteren Raum ein, als ihren Verhältnissen entsprechen würde; endlich ist in der Regel nur eine Mahlzeit täglich vorgesehen, was in den nördlicheren Gegenden schwer aufrechtzuerhalten scheint. Alle diese Vorschriften finden sich in unserem ersten Text. Der Papst nimmt ausdrücklich auf diese Vorschriften als Vorschriften des heiligen Augustinus Bezug und dispensiert; sie können das römische Offizium einführen; bezüglich Handarbeit und Fasten sollen sie sich nach den allgemeinen Gewohnheiten bei ihresgleichen richten; was sich auf den Fortschritt im Tugendleben bezieht in ihrer Regel, sollen sie aber beobachten. Dieser Art war zweifellos der erste Satz der ersten Regel; darum ist dieser Satz in sehr vielen Hss. des 12. und späterer Jahrhunderte an den Anfang des zweiten Regeltextes gestellt, während der gesamte übrige Text der ersten Regel aus dem Zusammenhang der Regel verschwindet. Jene drei Punkte, in denen der Papst dispensierte, bilden ja den Hauptinhalt der ersten Regel; was außerdem noch an positiven Grundsätzen dort ausgesprochen wird, ist im zweiten Text wieder aufgegriffen und konnte deshalb fallen gelassen werden. Die päpstliche Dispens für Springirsbach wurde bald von anderen Chorherrenstiften und auch sonst fast allgemein übernommen. So verschwand der Text der ersten Regel aus dem Zusammenhang der Regel des heiligen Augustinus, und später kannte man diese bloß noch ohne jenen Text und anerkannte jenen Text gar nicht mehr als augustinisch.

Für die Regel als solche allerdings machte das, was an sich eine Verstümmelung war, den Weg frei zu ihren neuen Erfolgen. Denn unser zweiter Text, die jetzige Regel, gibt die moralisch-asketische Ausdeutung und Begründung des klösterlichen Lebens, das immer von den gleichen Idealen getragen und bestimmt ist und immer die gleichen Hauptpflichten einschließt, wenn es auch in äußeren Formen bereichert und abgewandelt wird. Darum behielt die Regel Augustins ihren Wert und wurde in ihrem Bestand und in ihrer Bedeutung gar nicht berührt, als die praktischen, das äußere Leben ordnenden Bestimmungen des ersten Teiles, als von der Entwicklung überholt, im 12. Jahrhundert fallen gelassen und durch die nun in Gebrauch kommenden Konstitutionen (oder Consuetudines) ersetzt wurden. Im Gegenteil, sie war nun ein kurzer Regeltext, der von unzutreffenden praktischen Einzelvorschriften frei war, aber alles Grundsätzliche mit unvergleichlicher Tiefe in seinen inneren Zusammenhängen berührte und so das ganze Klosterleben in die höchste, ideale Zielgebung einordnete. Daher die große Beliebtheit, der sich die Regel des heiligen Augustinus erfreute. Sie wurde nicht bloß die Regel der Kanonikerstifte und der geistlichen Ritterorden; die neuentstehenden Orden der Prämonstratenser[6], der Predigerbrüder des heiligen Dominikus (Dominikaner), der Trinitarier, Mercedarier, Serviten, der Alexianer und anderer «Barmherziger Brüder» wählten die Regel des heiligen Augustinus; ebenso die den genannten entsprechenden weiblichen Orden der Augustiner-Chorfrauen, Prämonstratenserinnen, Dominikanerinnen, Zellitinnen und eine Reihe eigennamiger Frauenorden, wie der Ursulinen, Salesianerinnen (des heiligen Franz von Sales), die Frauen vom Guten Hirten, und in neuerer Zeit die verschiedenen Kongregationen der französischen Augustiner und Augustinerinnen von der Himmelfahrt Mariens, das

---

[6] Diese, 1120 gegründet, hatten übrigens anfangs die ganze Regel.

weitverbreitete Institut der armen Schulschwestern U.L.F. und viele andere Kongregationen für Unterricht oder Krankenpflege. Ein Benediktiner gab im Jahre 1514 in Druck die *Regeln des heiligen Augustinus … des Regelvaters von 34 Ordensgesellschaften;* Crusenius zählt 1623 43 verschiedene Orden und 28 Kongregationen mit der Regel des heiligen Augustinus. Viele davon bestehen nicht mehr; viele neue sind in der Zwischenzeit gegründet worden und haben die Regel des heiligen Augustinus als Leitstern erwählt[7].

Seit der Erfindung der Buchdruckerkunst tobte viel wissenschaftlicher Streit um die ursprüngliche Gestalt der Regel des heiligen Augustinus. Bei der Drucklegung der Werke Augustins wurde die Frage praktisch und verlangte eine Lösung.

Weil der nähere Sachverhalt der Ausscheidung des ersten Regeltextes aus dem Zusammenhang der lebendigen Regel des heiligen Augustinus um 1500 allgemein nicht mehr bekannt war, weil jener Text einen förmlichen Schluß aufweist und deshalb eine selbständige Regel zu sein scheint, weil er mit seinen kurzen praktischen Sätzen auf einen anderen Verfasser hinzuweisen scheint als die breitere Art des asketisch-moralischen zweiten Textes, kam man leicht dazu, ihn Augustinus abzusprechen, obwohl er in den älteren Hss. (bis zum 12. Jahrhundert) regelmäßig vor diesem Text stand und wohl auch durch ein davor stehendes *Incipit Regula S. Augustini* mit diesem zusammengehalten und für augustinisch erklärt zu werden schien. Das absprechende Urteil schien be-

---

[7] Zusammenstellungen finden sich u. a. bei P. A. Rodriguez, Catálogo de las ordenes y congregaciones religiosas, que militan o han militado bajo la apostólica regla del eximio doctor de la iglesia N. P. Agustin, in Archivo Histórico Hispano-Agustiniano XXV (1926) 89–101; ferner bei Max Heimbucher, «Die Orden und Kongregationen der katholischen Kirche», 3. Auflage, Paderborn 1933. – Heimbucher hat dort bezüglich der Regel des heiligen Augustinus einen krassen, älteren Irrtum festgehalten, weil er eine Reihe wertvoller neuerer Aufsätze, besonders vom Ende der zwanziger Jahre, nicht beachtet hatte. Wie bei ihm, findet man in allen Nachschlagewerken und Textbüchern irrige und verwirrte Ansichten über Regel und Mönchtum des heiligen Augustinus.

stätigt zu werden, als eine Münchner Handschrift aus dem
9. Jahrhundert wohl die geltende Regel, aber nicht jenen Text
aufwies. Schon vorher hatte man in Handschriften aus dem
13. Jahrhundert mit Briefen Augustins den geltenden Regeltext in weiblicher Form gefunden, auch ohne jenen ersten
Text, und zwar im Zusammenhang mit einem Brief an eine
Kommunität von Klosterfrauen. Danach schien für den ersten
Text Augustinus nicht als Verfasser in Frage zu kommen.

Gleichzeitig war damit eine neue Frage in bezug auf den
zweiten Text gegeben. Schon im 12. Jahrhundert hören wir
einmal sporadisch die Ansicht ausgesprochen, die Augustinerregel sei ursprünglich für Klosterfrauen geschrieben.
St. Possidius berichtet (*Vita S. Augustini*, c. 26), daß die ver-
witwete Schwester Augustins als Vorsteherin eines Frauenklosters ihr Leben beschloß. Nichts einfacher als anzunehmen, daß der Brief an dieses Frauenkloster gerichtet und
auch die Regel für dasselbe geschrieben war und mit dem
Briefe übersandt wurde. Erasmus von Rotterdam fiel es noch
auf, daß im Schlußkapitel der Regel die Klosterinsassen auf-
gefordert werden, als Liebhaber der geistigen Schönheit die
Regel zu beobachten, durch ihre Observanz den Wohlgeruch Christi zu verbreiten und bei allwöchentlicher Lesung
der Regel sich in ihr wie in einem Spiegel zu betrachten.
Schönheit, Parfüm und Spiegel, das sind Dinge, die Frauen
interessieren, sagt er. Darum ist die Regel wohl ursprünglich für Frauen geschrieben.

Demgegenüber wurde daran erinnert, daß es sich hier in
allen Fällen um Anspielungen auf die Heilige Schrift handelt,
die Augustin sehr vertraut sind, auch wo er ausschließlich
mit Männern zu tun hat; daß die Handschriften des Briefes
und Nonnenregeltextes sehr viel jünger sind (13. Jahrhundert) als die Handschriften der Männerregel (7. Jahrhundert);
daß dem sogenannten Brief ganz wesentliche Bestandteile
eines Briefes fehlen (Adressat, Anrede und Schluß); daß er
im Tone durch seine Härte von der Art Augustins auffällig
abweicht; daß er auf die Regel, deren erste Übergabe an die
Nonnen-Kommunität er begleitet hätte, gar keinen Bezug

nimmt. Außerdem wurde es als ganz unglaublich bezeichnet, daß Augustinus 40 Jahre lang im eigentlichen Verband oder doch engsten Zusammenhang mit seinem Kloster in Hippo und in ständiger Fühlung mit all seinen ca. 20 Männerklöstern in Afrika gelebt hätte und es nicht für notwendig gefunden hätte, deren Gemeinschaftsleben durch eine schriftlich festgelegte Norm zu ordnen, daß er auch für das Nonnenkloster in Hippo bis zum Jahre 423, in welches der Brief datiert wird, gewartet hätte und, so möchten wir betonen, für den feierlichen, bedeutsamen Akt der Überreichung der Klosterregel den grausam ungeschickten Augenblick gewählt hätte, wo er diese Kommunität scharf hätte tadeln müssen wegen Rebellion gegen die Oberin. Es gehörte ein heroischer Glaube an das menschlich Unmögliche dazu, diese Annahme als möglich, geschweige denn als wahrscheinlich zu betrachten.

P. Mandonnet hat 1934 in seiner Biographie des heiligen Dominikus, anknüpfend an eine bedeutende Untersuchung des gelehrten Augustiner-Chorherrn Eusebius Amort von 1747, die Geschichte der Ausschaltung des ersten Regeltextes aus dem Zusammenhang der Regel Augustins wieder herausgestellt, hat erneut auf die handschriftliche Überlieferung der beiden Regeltexte als einer einzigen Regel hingewiesen, welche auch durch die noch weiter zurückgehende Benutzung derselben in den Mönchsregeln des 6. und 7. Jahrhunderts (des heiligen Cäsarius, Benedikt, der Tarnatensis und anderer) bestätigt wird; hat aus dem inneren Befund der Texte die oben dargelegte Entstehung erklärt und besonders erneut die innerliche Zusammengehörigkeit betont: der erste Text allein ordnet wirklich das äußere Leben der Kommunität, war also eine kurze, aber in sich ausreichende Regel; nicht so der zweite Text, der sich mit der Ordnung des äußeren Lebens nicht befaßt, vielmehr an drei diesbezüglichen Punkten auf den vorausgehenden Text hinweist. Deshalb, schließt er, ist es undenkbar, daß Augustinus diesen zweiten Text allein als Regel für das Nonnenkloster in Hippo verfaßt haben sollte; höchstens könnte er später den allgemeinen, grundsätzlichen zweiten Teil seiner Regel für diese Nonnen adaptiert haben, wie er im Brief 211 vorliegt. Das ist er, wie andere vor ihm, gewillt anzunehmen.

P. Hümpfner hat sich die Schlußfolgerung Mandonnets, nicht aber seine letztere Annahme, zu eigen gemacht[8], und in einer umfassenden Untersuchung[9] die klare, feste Verankerung der beiden Regeltexte in Augustins Werken als Bestätigung ihrer Echtheit und Entstehungszeit herausgestellt; er hat in einer gründlichen Analyse der in den bisherigen Ausgaben der Regel benützten Handschriften nachgewiesen, daß die erwähnte Münchener Regel-Handschrift ohne den ersten Text[10], mit anderen Handschriften in Spanien ohne diesen Text und der ältesten Handschrift in Paris mit dem Texte, eine spanische Familie bilden, im Gegensatz zu den übrigen Handschriften; daß aus dieser spanischen Handschriften-Familie der Nonnenregeltext des Briefes 211 hervorgewachsen ist, also bestimmt nicht von Augustinus selbst adaptiert ist. Denn wir finden ihn zuerst und in den wesentlichen, charakteristischen Zügen fertig in einem Eskorialkodex des 10. Jahrhunderts (abgeschrieben von einer Vorlage aus dem 9. Jahrhundert), aber als Adaptierung der *beiden Texte* Augustins und innerhalb der spanischen Familie zunächst verwandt mit der Pariser Handschrift, die auch beide Texte bietet. Anderseits finden wir im gleichen Kodex zum erstenmal, und engstens verwandt mit der Münchener Handschrift, die Männerregel ohne den ersten Text. Als Adaptator des Nonnenregeltextes und Urheber der ersten Amputation des ersten Textes von der Regel Augustins läßt sich mit ziemlicher Sicherheit der westgotische Adelige, Mönch und Klostergründer, der heilige Fruktuosus feststellen, der als Erzbischof von Braga ca. 665 starb. Er hat in den ampu-

---

[8] Zuerst in Jordani de Saxonia, O. E. S. A., «Liber Vitasfratrum» (vgl. oben S. 141, Anm.) pp. LXXVIII–LXXX.

[9] Nicht im Druck erschienen. Das Manuskript befindet sich im «Augustinus-Institut» der deutschen Augustiner zu Würzburg.

[10] Die Handschrift enthält die Regelsammlung des Benediktinerabtes St. Benedikt von Aniane (dem Stammsitz dieses westgotischen Edelmannes an der spanisch-französischen Grenze).

tierten Text drei Sätze eingefügt, die später in die meisten Druckausgaben übernommen wurden, und bei der Adaptierung der Nonnenregel zwei Perioden eingefügt und drei Sätze verändert und erweitert im Hinblick auf Frauen. Es besteht kein Anlaß, diese Eingriffe in unserem Text zu erwähnen. Wen sie interessieren, der findet sie in den kritischen Ausgaben der Regel[11].

Wir wissen, daß anfangs des 7. Jahrhunderts in Spanien ein Frauenkloster mit der Regel des heiligen Augustinus bestand, dem Florentina, die Schwester der Heiligen Isidor und Leander von Sevilla, angehörte. Nicht lange darnach finden wir den heiligen Fruktuosus beschäftigt, die Regel für Nonnen zu adaptieren. Im 13. Jahrhundert tauchen eine Reihe von Handschriften auf mit der Nonnenregel in der aus seiner Arbeit hervorgegangenen Form. Das alles spricht dafür, daß die Regel durch alle Jahrhunderte auch in Frauenklöstern in Gebrauch war; selbstverständlich schon in den Frauenklöstern in Hippo[12] und im römischen Afrika über-

[11] Von Paul Schröder in «Archiv für Urkundenforschung», IX (1926), 271–306; von Donatien de Bruyne in «Revue Bénédictine», XLII (1930), 316–342; von A. C. Vega, «La Regla de San Agustin. Edición crítica precedita de un estudio sobre la misma y los Códices de El Escorial», El Escorial, 1933. Der Nonnenregeltext mit Epistel 211 durch Alois Goldbacher in der Wiener Väterausgabe, CSEL 57, 359–371. In der Rekonstruktion des Textes greifen alle diese Herausgeber daneben, weil sie das Verhältnis der Handschriften nicht richtig einschätzen. Den ersten zuverlässigen Text bietet Hümpfner in Jordani de Saxonia, «Liber Vitasfratrum ...» (cf. oben S. 141, Anm.), Appendix B und C (pp. 491–504).

[12] Augustinus veranlaßte als erster in Afrika die in der Welt zerstreut lebenden gottgeweihten Jungfrauen zu klösterlichem Zusammenleben; diese Tatsache findet ihren Widerschein in seinem Traktat «De sancta virginitate» – Über die heilige Jungfräulichkeit, den er im Jahre 401 schrieb, nachdem seine Regel schon über ein Jahrzehnt bestanden hatte. In seinem Brief 210 an eine Klosterfrauen-Kommunität, mit Mutter Felizitas an der Spitze und einem Frater Rusticus, anscheinend als Hausgeistlichen, nimmt er ganz augenscheinlich auf den Text seiner Regel Bezug. Augustins Schwester starb als Vorsteherin eines Frauenklosters. Mehrere Nonnenklöster bestanden zu Augustins Lebzeiten nicht bloß in seiner Diözese (vgl. S. Possid., Vita s. Aug., c. 26 und 31), sondern auch in anderen Diözesen Afrikas (z. B. in Tagaste, Uzalis); weitere wurden anscheinend erst nach seinem Tode gegründet (z. B. in Thabraca, Satafi, Tebessa, das Monasterium Bavagaliense).

haupt. Aber sie war nicht ursprünglich für eines dieser Klöster geschrieben, und eine Adaptierung wurde wohl gar nicht als notwendig empfunden.

Jedenfalls hat Hümpfner in der genannten Untersuchung das Rätsel um den sogenannten Brief 211, den man als an ein Frauenkloster in Hippo gerichtet betrachtete, anscheinend endgültig gelöst. Das Schriftstück, das als Brief Augustins keine Form und keinen Zusammenhang, einen befremdenden Ton und ein unglaubliches Verhalten, schließlich auffällig schlechte handschriftliche Bezeugung aufweisen würde, paßt ausgezeichnet in den Zusammenhang des Lebens und zu der Art des oben genannten Adaptators Fruktuosus, und so ist auch seine Überlieferung im Zusammenhang mit der Adaptation selbst die natürlichste von der Welt.

Vor die oben erwähnte Adaptierung der ganzen Regel Augustins für Nonnen in dem Eskorialkodex ist eine kurze Vorwort-Epistel gestellt, angeblich vom «Herrn Bischof Augustinus». Sie enthält Sätze aus dem sogenannten Brief 211. Diese Vorwort-Epistel ist ein Versuch geblieben. Vielleicht muß auch der sogenannte Brief 211 als ein Versuch betrachtet werden, als eine bloße lateinische Stilübung; daher ohne Adressat, Anrede und Schluß. Augustins Brief 210 hat anscheinend unserem Briefschreiber vorgelegen. Der «Brief» konnte aber von Fruktuosus auch wirklich an eine dort vorausgesetzte Kommunität von Klosterfrauen gerichtet worden sein.

Fruktuosus war Mitbegründer eines Nonnenklosters, dessen Gründerin bald starb; er führte die geistliche Betreuung dieses Klosters von seinem nicht sehr weit entfernten Kloster aus schriftlich, seine Klosterschüler waren die Briefboten; er war gewohnt, mit seinen Schwierigkeiten ins Gebet zu flüchten und sie durch Gott austragen zu lassen, wie es auch der Schreiber des sogenannten Briefes 211 tat, obwohl die Nonnen ihn eingeladen, zu kommen und den Streit zu schlichten. Augustinus, der sich täglich mit Streitfällen und fanatischen Gegnern auseinanderzusetzen hatte, hätte sich dessen nicht geweigert aus Besorgnis, er möchte der Situation nicht Herr werden; bei Fruktuosus hingegen können wir auch sonst diesen harten Ton nachweisen, der im Brief 211 mit der Art Augustins kontrastiert. Endlich ist das Vorhandensein eines Praepositus in Augustins Nonnenkloster keineswegs bezeugt, ja ganz unwahrscheinlich; für das Nonnenkloster des Fruktuosus hingegen ist der Praepositus virginum ausdrücklich bezeugt. Der sogenannte Brief 211 ist also vielleicht ein Brief des heiligen Fruktuosus, nicht aber des heiligen Augustinus.

So haben alle Fragen, die mit der Regel des heiligen Augustinus im Zusammenhang stehen, ihre Lösung gefunden, und wir können uns endlich wieder unbeirrt dem Genusse der inneren Werte dieser Regel hingeben. Sie ist ein aufschlußreicher Zeuge der religiösen Entwicklung und der seltenen Tiefe und Geistesgröße des Verfassers.

P. DR. WINFRIED HÜMPFNER

2. *Zum geistigen Gehalt der Augustinerregel*

Der heilige Augustinus lebt in der Vorstellung des modernen Menschen als der Gottsucher, als der Bischof, als der Gottesgelehrte. Augustinus, den Mönch und Mönchsvater, hat man fast völlig vergessen. Und doch ist seine Persönlichkeit nur vom Mönchtum her ganz zu verstehen. Schon vom Tage seiner Bekehrung an strebt er nach christlich-monastischer Vollkommenheit. Sein Übertritt zum Christentum war eine Conversio im eigentlichen Sinn: Bekehrung zum Mönchtum[13]. Zeitlebens wollte er nichts anderes als «Diener Gottes», das heist Mönch sein[14]. Auch der Bischof Augustinus lebt und stirbt als «Armer Christi», als Mönch in der Gemeinschaft von Mönchen[15].

---

[13] Vgl. Conf. l. 8 c. 12 n. 30, MPL, 32, 762f. und Possidius, Vita Sancti Augustini c. 2, MPL. 32, 35.

[14] Vgl. Epist. 5, MPL. 33, 67; Epist. 21, MPL. 33, 88ff.; Sermo 355 n. 2, MPL, 39, 1569.

[15] Vgl. Sermo 356 n. 13, MPL. 39, 1579f. und Possidius, c. 22 und c. 31, MPL. 32, 51 und 64.

Deshalb ist aber die Augustinerregel weit mehr als nur eine gelegentliche Stellungnahme des Kirchenvaters zum Asketentum seiner Zeit. In gedrängter Kürze gibt sie ein Bild dessen, was er selbst in seinem klösterlichen Leben zu verwirklichen suchte. Sie enthält das Programm seines Lebens. Nicht zu Unrecht hat man sie als das asketische Vermächtnis des Heiligen bezeichnet[16].

Der gewaltige Einfluß der Augustinerregel auf das katholische Ordensleben wird verständlich, wenn man die Schönheit und Weite des von Augustinus vorgezeichneten *monastischen Lebensideals* ins Auge faßt[17].

Das Programm augustinischen Klosterlebens ist kurz und treffend im Anfangssatz der Regel ausgedrückt: «Das erste Ziel eures gemeinschaftlichen Lebens ist, in Eintracht zusammenzuwohnen und ein Herz und eine Seele in Gott zu haben.» Es geht dem Heiligen um die Verwirklichung einer heiligen, *in Gott gegründeten Gemeinschaft*. Sie ist getragen von übernatürlicher Liebe, die im Bruder Gottes Tempel sieht und Gott selbst in ihm zu ehren sucht[18]. Als Vorbild schwebt Augustinus die Güter- und Liebesgemeinschaft der ersten Christen in Jerusalem vor Augen. Es ist sein sehnlicher Wunsch, ihr in seinen Klöstern zu neuem Leben zu verhelfen[19]. Wo immer er von seinem monastischen Lebensideal

---

[16] Monceaux P., Saint Augustin et Saint Antoine. Contribution à l'histoire du monachisme (Miscellanea Agostiniana II, Rom 1931, 61–89) 86.

[17] Einblick in Augustins monastisches Lebensideal geben vor allem folgende Schriften: Alleingespräche, Buch 1 Kap. 10; Von den Sitten der katholischen Kirche, Kap. 64ff.; Bekenntnisse, vor allem im achten und neunten Buch; Gegen Faustus, Buch 5 Kap. 9; Über die Handarbeit der Mönche; Brief 5, 48, 60, 78, 83, 111, 125, 126, 157, 211, 243; Erklärungen zu Ps. 83, Ps 99, Ps 103, Ps 132 und die Predigten 355 und 356; ferner die Augustinus-Vita des heiligen Possidius. – Eine deutsche Übersetzung dieser Texte mit ausführlicher Darstellung des augustinischen Mönchsideals bietet unser Buch: «Das Mönchtum des heiligen Augustinus», Würzburg, Augustinusverlag 1950. Unser umfangreicher Kommentar zur Augustinerregel ist im gleichen Verlag 1956 erschienen.

[18] Regel 2. Kap. Vgl. auch Sermo 355 n. 1, MPL. 39, 1568f.; n. 6, MPL. 39, 1573; Sermo 356 n. 10, MPL. 39, 1578.

[19] Vgl. En. in ps. 132 n. 2, MPL. 37, 1729; Sermo 356 n. 1f., MPL. 39, 1575; Possidius, Vita sancti Augustini c. 5, MPL. 32, 37.

spricht, ist deshalb dieses «ein Herz und eine Seele» der Apostelgeschichte das immer wiederkehrende Motiv[20]. Auch seine Erklärung des Wortes Monachus findet hier die Lösung: Jene nennt man Mönche, die durch ihr einträchtiges Beisammensein gleichsam zum «monos», das heißt zu einem einzigen Wesen wurden und nur ein Herz und eine Seele in Gott besitzen[21].

Hingabe an die Gemeinschaft bedeutet *für den Einzelnen* Loslösung vom eigenen Ich und seinem selbstischen Begehren. In ihr verwirklicht sich die wahre christliche Liebe; durch sie gelangt der Einzelne zu immer größerer religiössittlicher Vollendung. Seine tiefe biblische Begründung findet dieses augustinische Gemeinschaftsideal in dem Herrenwort (Mt 18, 20): «Wo zwei oder drei in meinem Namen versammelt sind, da bin ich mitten unter ihnen» und in dem johanneischen Gedanken, daß sich die Gottesliebe in der Liebe zum Nächsten entfalten und bewähren muß[22].

Nicht minder groß ist die Bedeutung, die der Heilige seinem monastischen Gemeinschaftsideal *für die Kirche* zuerkennt. Das Mönchtum ist am Gewand des Herrn – der Kirche – der prächtigen Halsborte zu vergleichen; denn die brüderliche Liebe der Mönche ist es, durch die das Haupt – Christus – Eingang findet, wenn es sich mit der Kirche wie mit einem Gewand bekleidet. Durch die Liebesgemeinschaft der Mönche soll Christus immer mehr in Welt und Kirche Eingang finden[23]. Augustinus sieht in ihr ein bevorzugtes Glied am Herrenleib, eine ecclesia Christi im Kleinen, ein Abbild des himmlischen Jerusalem, eine Vorwegnahme der Gemeinschaft der Heiligen im Jenseits. Sie soll dieses irdische Leben überdauern und hinüberreichen in die Ewigkeit[24].

---

[20] Vgl. auch De opere monachorum c. 25 n. 32, MPL. 40, 572; Contra Faustum l. 5 c. 9, MPL. 42, 225 u.a.

[21] En. in ps. 132 n. 6, MPL. 37, 1732f.

[22] Vgl. In Joannis Evang. tract. 65 n. 2, MPL. 35, 1809.

[23] En. in ps. 132 n. 9, MPL. 37, 1734.

[24] Vgl. Ep. 188 n. 3, MPL. 33, 849; De opere monachorum c. 25 n. 32, MPL. 40, 572; Sermo 355 n. 1, MPL. 39, 1568.

Diese beherrschende Idee der christlichen Liebesgemeinschaft formt Augustins Mönchsideal auch in den Einzelzü-
gen. In *drei große Forderungen* faßt er selbst einmal das «Gesetz der Gemeinschaft» zusammen: Der Mönch soll frei
sein vom Verlangen nach eigenem Hab und Gut, mit
seiner Hände Arbeit zum Unterhalt der Gemeinschaft
beitragen und ohne Widerspruch dem Oberen Gehorsam
leisten[25].

Die erste und unerläßliche Voraussetzung des augustinischen Gemeinschaftsideals ist die Verwirklichung voller *persönlicher Armut*. Bestimmend für des Heiligen Auffassung
von klösterlicher Armut ist seine bewußte Anlehnung an
das Vorbild der apostolischen Urgemeinde (Apg 4, 32. 35):
«Niemand betrachtete etwas von seiner Habe als sein Eigentum, sie hatten alles miteinander gemeinsam ... Einem jeden
wurde davon nach Bedarf zugeteilt[26]». Die Armut soll dem
Mönch helfen, von kleinlicher Ichsucht freizuwerden, um
sich in selbstloser Liebe dem Dienst an den Brüdern zu
widmen. Sie soll ihn loslösen von der Anhänglichkeit an
irdisches Gut zu ungeschmälerter Hingabe an Gott.

Der Verzicht auf Hab und Gut kennt keine Grenze und
Ausnahme. Die Gütergemeinschaft soll bis ins kleinste
durchgeführt werden. Der einzelne verzichtet nicht nur auf
das, was er besaß, er wird auch unfähig, fürderhin Eigentum
zu erwerben. Was er durch seine Arbeit verdient oder was
man ihm schenkt, ist Gut der Gemeinschaft. Keiner kann
darauf Anspruch erheben oder darüber nach Belieben verfügen. Mit Nachdruck fordert Augustinus, daß die Armut
nicht nur äußerlich gelobt, sondern auch innerlich vollzogen
wird. Es soll ein freudiger Verzicht des Herzens sein[27].

Der persönlichen Armut des Einzelnen entspricht die *Armut der Gemeinschaft*. Sie äußert sich im Geiste der Einfach-

[25] De opere monachorum c. 16 n. 19, MPL. 40, 564.
[26] Vgl. Regel 1. Kap.; De sancta virginitate c. 45 n. 46, MPL. 40,
423; Sermo 355 n. 2 und n. 6, MPL. 39, 1569 ff.; Sermo 356 n. 1, MPL.
39, 1574; Possidius c. 5, MPL. 32, 37.
[27] Regel 1. und 8. Kap. Vgl. Sermo 356 n. 12, MPL. 39, 1579.

heit, der das ganze klösterliche Leben beseelt. Freilich ist sie nicht gleichbedeutend mit drückender Not[28].

Die zweite fundamentale Forderung verlangt selbstlose *Sorge und Arbeit für die Gemeinschaft*. Wenn man im klösterlichen Lebensideal des Heiligen die Armut gleichsam das Tor zur Liebe nennen kann, so findet Augustinus hier den sicheren Führer zur Vollendung in der Liebe. Er scheut sich nicht, die Sorge für die Gemeinschaft als Maßstab für den inneren Wert des Einzelnen, als Gradmesser seines Fortschritts im Guten zu bezeichnen. Denn nirgends anders zeigt sich stärker die Selbstlosigkeit und Echtheit seiner Liebe[29]. Als selbstloser Dienst an der Gemeinschaft ist die Zeit der Arbeit ebenso gut verwendet, als wenn man sie nach eigenem Belieben Gebet und heiliger Lesung widmen würde[30].

Lebendiges Bewußtsein der Mitverantwortung für das Wohl und Wehe der Gemeinschaft gibt dem Leben des Mönches sein Gepräge. Es läßt ihn freudig seine ganze Arbeitskraft in den Dienst der Gemeinschaft stellen, es macht ihn besorgt und mitverantwortlich für das Seelenheil des Anderen, es fordert von ihm auch die harte Pflicht der brüderlichen Zurechtweisung, es erheischt vor allem stete Rücksichtnahme auf den Bruder und bereitwilliges Verzeihen von Kränkungen und Beleidigungen. Erst diese edle Rücksicht aufeinander gibt dem Zusammenleben den harmonischen Einklang. Augustinus fordert sie von allen und für alle: Der Reiche soll sie mit dem Armen üben, der Arme mit dem Reichen, der Gesunde mit dem Kranken, der Obere mit dem Untergebenen und selbst der Untergebene mit dem Oberen[31].

Gehorsam ist die dritte große Forderung der Gemeinschaft an den Einzelnen. Gestützt auf reiche eigene Erfahrung zeichnet der Heilige das Verhältnis von Oberen und Unter-

---

[28] Vgl. Possidius c. 22, MPL. 32, 51 f.; De opere monachorum c. 17 n. 20, MPL. 40, 565.

[29] Regel 8. Kap.

[30] De opere monachorum c. 25 n. 32, MPL. 40, 571 f.

[31] Regel 2., 5., 7., 10. und 11. Kap.

gebenen im Kloster als eine geistig-übernatürliche Vater-Sohnschaft. Verantwortungsbewußtsein und sorgende Liebe, die auch im Befehlen und Verbieten, im Tadeln und Bestrafen nur das Beste der Untergebenen im Auge haben, sind bestimmend für dieses Idealbild des klösterlichen Oberen. Er ist nicht Herrscher und Gebieter, sondern nach jenem Wort des Herrn nur Diener seiner Untergebenen. Der Mönch sucht in ihm Gott selbst zu ehren. Heilige Ehrfurcht, gepaart mit Liebe und Vertrauen, ist die Grundhaltung, in der er ihm begegnet. Aus dieser Haltung erwächst ein freier, freudiger Gehorsam. Voll Mitleid gehorcht der Untergebene dem Oberen, um ihm die schwere Last der Verantwortung vor Gott zu erleichtern[32].

Armut, Sorge für die Gemeinschaft und Gehorsam sind die Fundamente, auf denen Augustins klösterliches Gemeinschaftsideal ruht; in Sammlung und Gebet, Askese und Keuschheit erhält es seine wesentlichen und unentbehrlichen Stützen.

Selbst ein Mann des Gebetes, hat Augustinus zeitlebens in seinen Klöstern den Geist *der Innerlichkeit und des Gebetes* zu fördern gesucht. Neben dem gemeinsamen Chorgebet steht in der Tagesordnung das Privatgebet des Einzelnen[33].

Askese ist für Augustinus Hilfsmittel, «den alten Menschen auszuziehen und sich in Gott zu erneuern». Der Mönch soll von den geschöpflichen Dingen nur soviel beanspruchen, als er zum Leben und zur Erfüllung seiner Lebensaufgaben benötigt. Doch ist der Heilige in dem, was er der Allgemeinheit als Gesetz auferlegt, denkbar milde und rücksichtsvoll, so sehr er es billigt und wünscht, wenn einer über dieses Mindestmaß hinausgeht. Immer aber gilt der Grundsatz: Über allem die Liebe. «Ohne sie ist alles eitel, mit ihr und durch sie alles vollkommen[34].»

---

[32] Regel 11. Kap.
[33] Regel 3. Kap. Vgl. auch Epist. 48 n. 3, MPL. 33, 188 f.; Epist. 130, MPL. 33, 494 ff.
[34] Regel 4. Kap. Vgl. De moribus ecclesiae cath. c. 19 ff. n. 36 ff., MPL. 32, 1326 ff. und c. 33 ff. n. 71 ff., MPL. 32, 1340 f.

Keuschheit soll den Mönch zur vollen und ungeteilten Hingabe an Gott befähigen. Erst in dieser Hingabe an Gott wird der asketische Verzicht auf die Ehe sittlich und religiös wertvoll. Alleinentscheidend ist die Enthaltsamkeit des Herzens. Das Ideal gottgeweihter Jungfräulichkeit bedeutet Augustinus ein übermenschliches, engelgleiches Leben, das schon hier im vergänglichen Fleische ganz auf die Betrachtung des Ewigen und Unvergänglichen ausgerichtet ist. Unermeßliche Freude in und über, mit und durch Christus wird einst ihr Lohn sein[35]. Freilich kann die Herzensreinheit nur durch weise Vorsicht und Bewachung der Sinne bewahrt werden. Sie ist nicht nur der Schatz des Einzelnen, sondern auch ein hohes Gut der Gemeinschaft, das deshalb in gemeinsamer Sorge gehütet werden muß. Einer sei dem anderen Schutz und Wächter. Das ganze klösterliche Milieu soll vergeistigt sein, so wie es sich für Freunde der geistigen Schönheit ziemt[36].

Zur vollen Verwirklichung ist dieses Mönchsideal in der Gestalt des heiligen Augustinus selbst gelangt. Es ist das Spiegelbild seiner eigenen Persönlichkeit.

Die christliche Kunst hat Augustinus das flammende Herz beigegeben als Ausdruck seiner *Gottesliebe*. Liebe ist das Grundanliegen seiner Regel. Liebe ist ihm nicht nur die Krönung allen klösterlichen Tugendstrebens, sie ist auch die Seele des Lebens in Gemeinschaft; denn Leben in Gemeinschaft will nichts anderes als Ausdruck der Liebe sein: «Über allem leuchte die Liebe, die nicht vergeht[37].»

Die Liebe ist nicht Menschenwerk, sondern ungeschuldete Gabe Gottes. Der «Doctor gratiae» kann nicht anders als auch in seinem monastischen Schrifttum mit besonderem Nachdruck die absolute Notwendigkeit der *Gnade* betonen. Das ganze klösterliche Leben von der Berufung bis zur Vollendung ist freies Geschenk der göttlichen Gnade, dem der

[35] Vgl. De continentia n. 5, MPL. 40, 352 und De virginitate c. 8 n. 8, c. 13 n. 12 und c. 27 n. 27, MPL. 40, 400 ff.
[36] Regel 6., 7., 9., 10. und 12. Kap.
[37] Regel 8. Kap. Vgl. auch 1., 10. und 11. Kap.

Mensch in tiefer Demut begegnen muß. Gott ist der Spender alles Guten. Ihm soll deshalb Dank sagen, wer das erfüllt, wozu er sich in der Profeß verpflichtet hatte[38].

Diese Grundhaltung der Liebe äußert sich auch im Geiste milder Güte und großzügiger Weite, der – lange vor St. Benedikt und seiner Regel – gerade für Augustins monastisches Lebenswerk bezeichnend ist. Bei aller Betonung des Grundsätzlichen zeigt seine Regel eine Großzügigkeit der Linienführung und eine *Diskretion* in den Einzelvorschriften, die überrascht[39]. Sie wird den Bedürfnissen des Einzelnen und den Gegebenheiten des Lebens voll gerecht; denn über allem steht die Liebe und nur die Liebe.

Menschenkenntnis und Diskretion, Gedankentiefe und klare Ausrichtung des klösterlichen Lebens auf das Hochziel aller Frömmigkeit – die Liebe – geben dieser ältesten Klosterregel des Abendlandes ihre überzeitliche und weltweite Bedeutung.

P. D. DR. ADOLAR ZUMKELLER

---

[38] Regel 12. Kap. und En. in ps. 132 n. 10f., MPL. 37, 1735; vgl. Viller-Rahner, Askese und Mystik in der Väterzeit, Freiburg i. Br., 1939. 251 ff.
[39] Regel 1., 4. und 5. Kap.

DIE ERSTE REGEL
DES HEILIGEN AUGUSTINUS

1. Vor allen Dingen, geliebteste Brüder, soll Gott geliebt werden, sodann der Nächste; denn das sind die Hauptgebote, die uns gegeben worden sind.

2. Wie wir aber in Psalmen zu Gott beten sollen, will ich beschreiben: zur Matutin sollen drei Psalmen gebetet werden, der 62ste, 5te und 89ste; zur Terz[40] zuerst ein Psalm mit Kehrvers[41], dann zwei Psalmen in Wechselchören[42], eine Lesung und das Schlußgebet; in gleicher Weise zur Sext und Non; zur Vesper aber ein Psalm mit Kehrvers, vier Psalmen in Wechselchören, noch ein Psalm mit Kehrvers, eine Lesung und das Schlußgebet. Zu geeigneter Zeit nach der Vesper sollen die Lektionen gelesen werden, wobei alle sitzen; darnach aber sollen die gebräuchlichen Psalmen vor dem Schlafengehen[43] gebetet werden. Die Nokturnen sollen bestehen während der Monate November, Dezember, Januar und Februar aus zwölf Psalmen in Wechselchören, sechs Psalmen (in einfachem Responsorialvortrag)[44] und drei Lesungen; im März, April, September und Oktober aus zehn Psalmen in Wechselchören, fünf Psalmen (in einfachem Responsorialvortrag) und drei Lesungen; im Mai, Juni, Juli und August

---

[40] Die Prim fehlt: eine Bestätigung, daß diese Regel im Jahre 388/89 geschrieben wurde; denn die Prim wurde im Jahre 382 in Bethlehem zum erstenmal eingeführt und war in Italien noch unbekannt, als Augustinus dort das Mönchtum und das Officium divinum kennenlernte.

[41] Nach Art des Psalmes 94 am Anfang der Matutin, besonders im Officium *per annum.* Augustinus nimmt darauf Bezug im Sermo 176, 1 (PL 38, 950); En. in psal. 119, 1 (PL 37, 1596).

[42] Die erste Einführung dieser Art, wie der vorausgenannten, im Okzident durch den heiligen Ambrosius hatte Augustinus zwei oder drei Jahre zuvor in Mailand miterlebt (Confess. IX, 7, 1).

[43] Diese Psalmen konstituieren wesentlich die kanonische Hore, die im folgenden Jahrhundert endgültig die Bezeichnung Completorium erhielt.

[44] Vers für Vers von den Vorsängern vorgetragen und vom Chor der Gesamtheit wiederholt. Das war die altgewohnte und bis dahin einzige Art in der Westkirche.

aus acht Psalmen in Wechselchören, vier Psalmen (in einfachem Responsorialvortrag) und zwei Lesungen.

3. Die Mitbrüder sollen vom Morgen bis zur Sext arbeiten; und von der Sext bis zur Non sollen sie der Lesung obliegen. Zur Zeit der Non aber sollen sie die Bücher zurückgeben und sollen, nachdem sie gegessen haben, bis zur Vesper im Garten oder, wo immer sonst es notwendig ist, Arbeiten verrichten.

4. Niemand soll etwas als sein Eigentum in Anspruch nehmen, sei es ein Kleid oder irgendeine Sache; denn wir haben den Wunsch, nach der Art der Apostel zu leben.

5. Niemand soll etwas mit Murren ausführen, damit er nicht unter dem gleichen Gericht zugrunde gehe, wie Gott es über die Murrenden verhängt hat[45].

6. Sie sollen treu gehorchen, ihrem «Vater[46]» nächst Gott Ehre erweisen, ihrem «Vorgesetzten[47]» mit Achtung begegnen, wie es Heiligen geziemt.

7. Während sie bei Tische sitzen, sollen sie schweigen und auf die Lesung hören. Wenn aber etwas benötigt wird, soll der Vorgesetzte sich um ihre Bedürfnisse kümmern. Am Samstag und Sonntag sollen der Gewohnheit gemäß diejenigen, die Wein haben wollen, solchen erhalten.

8. Muß jemand zur Besorgung irgendeines Geschäftes fürs Kloster ausgeschickt werden, so sollen zwei gehen. Außerhalb des Klosters soll niemand ohne Erlaubnis etwas essen oder trinken; denn das gehört nicht zur Klosterordnung[48]. Wenn Mitbrüder hinausgeschickt werden, um die Arbeiten

---

[45] Die Israeliten in der Wüste; Maria, die Schwester des Moses; Kore, Dathan und Abiron (Num. 11. 12. 14. 16; dazu 1 Kor 10, 10).

[46] «Pater monasterii» war nach Augustins dieser Regel gleichzeitiger Feststellung die gebräuchliche Bezeichnung des Klostervorstandes; das östliche Wort Abbas, Abt, setzte sich aber fast überall durch, wurde bald auch in Afrika, anscheinend von Augustinus selbst noch gebraucht (vgl. Epist. 157: ad Eudoxium abbatem).

[47] «Praepositus», das spätere Propst, bezeichnet einen zweiten, dem Vater oder Abt untergeordneten Vorgesetzten.

[48] Diesen Grundsatz hatte Augustinus vom heiligen Ambrosius empfohlen bekommen; er hielt strenge daran fest (vgl. Possidius: Vita S. Aug., c. 27; Sermo 355).

des Klosters zu verkaufen, sollen sie sich gewissenhaft an die ihnen gegebenen Weisungen halten, eingedenk, daß sie Gott beleidigen, wenn sie seine Diener kränken. Ebenso sollen sie, wenn sie etwas kaufen, was das Kloster braucht, gewissenhaft und treu handeln als Diener Gottes.

9. Ein unnötiges Wort soll bei ihnen nicht zu hören sein. Vom Morgen an sollen sie bei ihren Arbeiten sitzen, nach den Gebeten der Terz sollen sie wieder an ihre Arbeit gehen; sie sollen nicht herumstehen und Geschichten erzählen, außer es handelt sich um etwas, was der Seele zum Nutzen ist. Während sie bei der Arbeit sitzen, sollen sie schweigen, wenn nicht etwa die Arbeit selbst die Notwendigkeit mit sich bringt, daß einer etwas rede.

10. Würde aber einer nicht mit aller Kraft, unterstützt durch die Barmherzigkeit Gottes, versuchen, diese Vorschriften zu erfüllen, vielmehr sie hartnäckig mißachten, dann soll er, falls er auf wiederholte Mahnung sich nicht bessert, wissen, daß er verdientermaßen der Strafdisziplin des Klosters verfallen ist. Wenn es sich mit seinem Alter verträgt, wird er sogar Schläge bekommen.

11. Wenn ihr aber um Christi willen diese Vorschriften treu und gewissenhaft beobachtet, werdet ihr selbst Fortschritte machen, und uns wird euer Heil Anlaß sein zu nicht geringer Freude. Amen.

DIE REGEL DES HEILIGEN AUGUSTINUS

Vor allen Dingen, geliebteste Brüder, soll Gott geliebt werden, sodann der Nächste; denn das sind die Hauptgebote, die uns gegeben worden sind.

Das ist es, was wir euch im Kloster gebieten. Das erste Ziel eures gemeinschaftlichen Lebens ist, in Eintracht zusammenzuwohnen und *ein Herz und eine Seele* in Gott zu haben. Deshalb nennt nichts euer eigen, sondern alles gehöre euch gemeinsam, und durch euren Obern werde jedem von euch Nahrung und Kleidung zugeteilt, nicht allen in gleicher Weise, weil ihr nicht alle die gleiche Gesundheit habt, sondern vielmehr jedem so, wie er es nötig hat. So lest ihr ja in der Apostelgeschichte: *Alles hatten sie gemeinsam und jedem wurde zugeteilt, je nachdem er es bedurfte* (Apg 4, 32. 35).

Die in der Welt Vermögen besaßen, sollen es nach ihrem Eintritt ins Kloster gerne sehen, daß es Gemeingut wird. Die aber in der Welt nichts besaßen, sollen nicht im Kloster das suchen, was sie nicht einmal draußen haben konnten; was sie aber wegen ihrer Schwächlichkeit brauchen, sollen sie erhalten, selbst wenn ihre Armut in der Welt so groß war, daß sie nicht einmal das Notwendige finden konnten. Nur sollen sie sich nicht deswegen glücklich schätzen, weil sie Nahrung und Kleidung gefunden haben, wie sie es draußen nicht hatten finden können.

ZWEITES KAPITEL

Sie sollen auch nicht den Kopf hochtragen, weil sie in die Gesellschaft von Männern kommen, denen sie in der Welt näherzutreten nicht gewagt hatten; ihr Herz soll vielmehr nach oben gerichtet sein und irdische Eitelkeit nicht suchen. Sonst wären am Ende die Klöster bloß den Reichen zum Nutzen, nicht aber den Armen, insofern nämlich die Reichen dort sich verdemütigen, die Armen hingegen dort aufgeblasen würden.

Anderseits sollen aber auch diejenigen, welche in der Welt etwas zu bedeuten schienen, ihre Mitbrüder nicht geringschätzen, die aus armen Verhältnissen in die heilige Gemeinschaft gekommen sind. Sie sollen so gesinnt sein, daß sie sich eher auf ihr Zusammenleben mit armen Mitbrüdern etwas zugute tun als auf die hohe Stellung ihrer reichen Eltern. Auch sollen sie sich nicht überheben, wenn sie der Gemeinschaft einen Teil ihres Vermögens zugeführt haben; sonst könnten sie über ihren Reichtum stolzer werden, weil sie ihn dem Kloster zuwenden, als wenn sie in seinem Genusse in der Welt lebten. Was nützt es denn, sein Vermögen an die Armen hinzugeben und arm zu werden, wenn die unglückliche Seele wegen der Verachtung des Reichtums hochmütiger wird als sie es vorher gewesen in seinem Besitze? Lebt also alle in Eintracht und Liebe beisammen und ehrt in euch gegenseitig Gott, dessen Tempel ihr geworden seid!

DRITTES KAPITEL

Obliegt eifrig dem Gebete zu den festgesetzten Stunden und Zeiten. Im Oratorium oder Bethause soll niemand etwas anderes tun als das, wofür es da ist, wovon es auch seinen Namen hat, damit nicht solche, die etwas anderes dort tun zu müssen glauben, jene stören, welche auch außerhalb der vorgeschriebenen Stunden in ihrer freien Zeit beten wollen.

Wenn ihr in Psalmengesang und Hymnen zu Gott betet, soll das auch im Herzen lebendig sein, was mit dem Munde ausgesprochen wird; und singet nichts als das, was nach der bestehenden Vorschrift[49] gesungen werden soll; was aber nicht für den Gesang geschrieben ist, soll man auch nicht singen.

---

[49] nisi quod *legistis* esse cantandum: bezieht sich auf das in der ersten Regel n. 2 aufgestellte Officium. Hymnen werden dort noch nicht erwähnt, weil sie vom heiligen Ambrosius in Mailand während des letzten Jahres des Aufenthaltes Augustins daselbst zuerst in der Westkirche eingeführt wurden und Augustinus als Laie anscheinend nicht wagte, diese Neuerung in Afrika einzuführen.

stels [127], daß ein solcher Mensch dem Verderben des Fleisches übergeben sei, damit der Geist am Tage des Herrn gerettet werde. Sein Essen nehme er allein ein, im Maße und zur Stunde, wie es der Abt als zuträglich für ihn bestimmt hat. Wer ihm begegnet, soll ihm nicht den Friedensgruß anbieten. Auch werde die Speise, die er erhält, nicht gesegnet.

SECHSUNDZWANZIGSTES KAPITEL

Von jenen, die ohne Erlaubnis mit Ausgeschlossenen verkehren

Nimmt sich ein Bruder heraus, ohne Erlaubnis des Abtes mit einem Ausgeschlossenen irgendwie zu verkehren, mit ihm zu reden oder ihm eine Mitteilung zukommen zu lassen, so soll er in gleicher Weise der Strafe der Ausschließung verfallen.

SIEBENUNDZWANZIGSTES KAPITEL

Von der Sorge, die der Abt den Ausgeschlossenen
gegenüber zeigen soll

Größte Sorge trage der Abt für fehlende Brüder; denn «nicht die Gesunden bedürfen des Arztes, sondern die Kranken [128].» Deshalb muß er wie ein kluger Arzt verfahren und alle Heilmittel anwenden. Er soll «Sympäkten» [129] schicken, das heißt ältere, erfahrene Brüder, die den wankenden Bruder ganz unvermerkt trösten, ihn zu demütiger Genugtuung bewegen und ihn aufrichten, damit er nicht durch übermäßige Traurigkeit zur Verzweiflung getrieben werde [130]. Vielmehr soll sich, wie der Apostel ebenfalls sagt, «die Liebe an ihm bewähren» [131], und alle mögen für ihn beten.

Der Abt muß ganz besondere Sorge darauf richten und mit aller Klugheit und Umsicht darnach streben, daß er keines der ihm anvertrauten Schafe verliere. Er muß wissen,

---

[127] 1 Kor 5, 5   [128] Mt 9, 12
[129] Eigentlich: Genossen bei sportlichen und militärischen Übungen. Aus dem folgenden Zusatz ergibt sich, daß St. Benedikt sich der Ableitung des Wortes nicht bewußt ist ($\sigma\acute{v}\nu$–$\pi\alpha\acute{\iota}\zeta\varepsilon\iota\nu$ = mit-spielen).
[130] 2 Kor 2, 7   [131] Ebd v. 8

daß er die Sorge für kranke Seelen übernommen hat, nicht Gewaltherrschaft über gesunde. Und er fürchte sich vor der Drohung des Propheten, durch dessen Mund Gott spricht: «Was euch fett erschien, habt ihr für euch genommen, was aber schwach war, habt ihr verworfen[132].» Er ahme das rührende Beispiel des Guten Hirten nach, der die neunundneunzig Schafe im Gebirge zurückließ, sich aufmachte, um das *eine* verirrte Schäflein zu suchen. Er hatte mit dessen Schwäche so großes Mitleid, daß er es auf seine heiligen Schultern nahm und dann zur Herde zurücktrug[133].

ACHTUNDZWANZIGSTES KAPITEL

Von denen, die trotz öfterer Zurechtweisung
sich nicht bessern wollen

Ist ein Bruder wegen eines Fehlers öfters zurechtgewiesen, ja sogar ausgeschlossen worden und bessert er sich trotzdem nicht, so treffe ihn eine noch schärfere Strafe: man schreite zu körperlicher Züchtigung. Bessert er sich auch jetzt noch nicht, oder wollte er etwa, was ferne sei, von Hochmut aufgeblasen, seine Handlungsweise gar noch rechtfertigen, dann verfahre der Abt wie ein kluger Arzt: wenn er lindernde Mittel angewendet hat, die Salben der Ermahnung, die Arznei der Heiligen Schriften und zuletzt das Brennmittel der Ausschließung oder körperlicher Züchtigung, und muß er trotzdem sehen, daß alle diese Anstrengungen nichts erreicht haben, so greife er zu einem noch wirksameren Mittel, nämlich zu seinem und aller Mitbrüder Gebet für ihn, auf daß der Herr, der alles vermag, dem kranken Bruder die Gesundheit schenke. Bringt auch dieses Mittel keine Heilung, so gebrauche der Abt das Eisen zum Abschneiden nach dem Wort des Apostels: «Schaffet den Bösen weg aus eurer Mitte[134].» Und anderswo: «Will der Treulose gehen, so gehe er[135],» damit nicht *ein* krankes Schaf die ganze Herde anstecke.

---

[132] Ez 34, 3 f.
[133] Vgl. Lk 15, 4 f.

[134] I Kor 5, 13
[135] I Kor 7, 15

NEUNUNDZWANZIGSTES KAPITEL

Ob Brüder, die das Kloster verlassen haben,
wieder aufgenommen werden sollen

Will ein Bruder, der aus eigener Schuld das Kloster verlassen hat, wiederum zurückkehren, dann muß er zuerst versprechen, sich in dem Punkte vollständig zu bessern, dessentwegen er ausgetreten ist. Dann nehme man ihn an den letzten Platz auf, damit dadurch seine Demut erprobt werde. Tritt er abermals aus, so werde er höchstens dreimal in dieser Weise aufgenommen. Hierauf aber muß er wissen, daß ihm jede Möglichkeit zur Rückkehr verschlossen ist.

DREISSIGSTES KAPITEL[136]

Wie Knaben[137] in jüngerem Alter bestraft werden sollen

Jedes Alter und jede Bildungsstufe verlangt eine entsprechende Behandlung. So oft sich demnach Knaben, jüngere Brüder oder solche, die nicht fassen können, wie schwer die Strafe der Ausschließung ist, verfehlen, so züchtige man sie für ihre Vergehen durch strenges Fasten oder man bestrafe sie mit empfindlichen Schlägen, damit sie sich bessern.

EINUNDDREISSIGSTES KAPITEL

Von den Eigenschaften, die der Cellerar[138] besitzen soll

Als Cellerar des Klosters soll aus der klösterlichen Gemeinschaft einer ausgewählt werden, der weise ist, reif an Charakter, nüchtern, mäßig im Essen, nicht hochmütig, nicht ungestüm, nicht verletzend, nicht saumselig, nicht verschwenderisch; vielmehr soll er Gott fürchten und für die ganze Klostergemeinde wie ein Vater sein.

[136] Vgl. auch Kap. 59 und 70

[137] Es handelt sich um Kinder, die sehr jung dem Kloster von den Eltern zur Erziehung anvertraut wurden oder mit der Bestimmung, sich später dem Mönchsstand zu weihen.

[138] Cellerar ist der Wirtschaftsverwalter des Klosters.

Er trage Sorge für alles. Ohne Auftrag des Abtes tue er nichts. Was ihm aufgetragen wird, daran halte er sich. Er mache die Brüder nicht unwillig. Stellt ein Bruder vielleicht eine unvernünftige Forderung an ihn, so kränke er ihn nicht durch unfreundliches Benehmen, sondern er weise die unvernünftige Bitte mit Hinweis auf die Gründe bescheiden zurück.

Er habe acht auf seine Seele, indem er sich stets an jenes Wort des Apostels erinnert: «Wer sein Amt gut verwaltet, erwirbt sich eine ehrenvolle Stellung[139].»

Der Kranken, Kinder, Gäste und Armen nehme er sich mit besonderer Sorge an, in der festen Überzeugung, daß er am Tage des Gerichtes über alle diese Rechenschaft ablegen muß.

Alle Geräte und alle Güter des Klosters betrachte er wie heilige Altargefäße. Nichts halte er für gleichgültig. Er sei weder geizig noch ein Verschwender und Vergeuder des Klostergutes; vielmehr tue er alles mit Maß und nach dem Auftrag des Abtes.

Vor allem sei er demütig. Wem er das Verlangte nicht geben kann, dem schenke er wenigstens ein freundliches Wort wie geschrieben steht: «Ein gutes Wort geht über die beste Gabe[140].»

Für alles, was ihm der Abt aufträgt, sei er besorgt; in das aber, was dieser ihm vorenthalten hat, mische er sich nicht ein. Ohne Hochfahrenheit und Zögern gewähre er den Brüdern, was für die Nahrung festgesetzt ist, damit sie nicht zum Bösen (= Murren) verführt werden. Er soll daran denken, was nach göttlichem Ausspruch[141] der verdient, der eines der Kleinen ärgert.

Ist die Klostergemeinschaft zahlreicher, dann sollen ihm Gehilfen zur Unterstützung gegeben werden. So kann er dann das ihm anvertraute Amt mit ruhigem Herzen verwalten. Zur gegebenen Zeit werde verabreicht, was zu geben ist, und erbeten, was zu erbitten ist, damit niemand im Hause Gottes beunruhigt und erzürnt werde.

---

[139] 1 Tim 3, 13   [140] Sir 18, 17   [141] Mt 18, 6

ZWEIUNDDREISSIGSTES KAPITEL

Von den Werkzeugen und andern Gegenständen des Klosters

Was das Vermögen des Klosters an Werkzeugen, Kleidern und irgendwelchen andern Dingen betrifft, so vertraue der Abt es solchen Brüdern an, auf deren Lebenswandel er sich verlassen kann. Er weise sie an, was sie zu überwachen und wieder einzusammeln haben, je nachdem er es für gut findet. Der Abt führe ein Verzeichnis darüber, damit er wisse, was er zuweist und was er zurückerhält, wenn die Brüder im Gebrauch dieser Gegenstände einander nachfolgen.

Behandelt einer die Sachen des Klosters unreinlich oder nachlässig, so werde er zurechtgewiesen; bessert er sich nicht, dann verfalle er der in der Regel vorgesehenen Strafe[142].

DREIUNDDREISSIGSTES KAPITEL

Ob die Mönche Eigentum haben dürfen

Vor allem muß dieses Übel mit der Wurzel aus dem Kloster ausgerottet werden, daß nämlich einer es wage, ohne Erlaubnis des Abtes etwas zu verschenken oder zu empfangen, noch etwas als eigen zu besitzen: durchaus nichts, weder ein Buch noch eine Schreibtafel noch einen Griffel, ganz und gar nichts. Es ist ja den Mönchen nicht einmal erlaubt, über ihren Leib und ihren Willen frei zu verfügen. Sie sollen vielmehr alles Notwendige vom Abte des Klosters erwarten. Es ist keineswegs gestattet, etwas zu eigen zu haben, was der Abt nicht gegeben oder wozu er nicht die Erlaubnis gegeben hat.

Alles sei allen gemeinsam, wie geschrieben steht[143], und keiner nenne etwas sein eigen oder nehme etwas für sich in Anspruch. Zeigt es sich, daß einer diesem überaus schlimmen

---

[142] Was bereits in den Kapiteln 23 und 28 dargelegt wurde. Vgl. dazu S. 196, Anm. 34
[143] Apg 4, 32

Laster huldigt, dann werde er einmal und ein zweites Mal gewarnt. Bessert er sich nicht, so unterliege er der Bestrafung.

VIERUNDDREISSIGSTES KAPITEL

Ob alle in gleicher Weise das Notwendige erhalten sollen

Man verfahre nach dem Wort der Schrift: «Einem jeden wurde nach seinen Bedürfnissen zugeteilt[144].» Damit wollen wir nicht sagen, es dürfe das Ansehen der Person gelten – das verhüte Gott –, sondern man berücksichtige die Schwachen. Wer weniger braucht, der danke Gott und werde nicht unwillig; wer aber mehr nötig hat, der verdemütige sich wegen seiner Schwäche und überhebe sich nicht ob der liebevollen Sorge für ihn. So bleiben alle Glieder im Frieden.

Vor allem darf nicht das Übel des Murrens aus irgendeinem Grunde durch irgendein Wort oder Zeichen sich kundtun. Ergibt es sich, daß einer hierin gefehlt hat, so treffe ihn eine strengere Strafe.

FÜNFUNDDREISSIGSTES KAPITEL

Vom Wochendienst in der Küche

Die Brüder sollen einander gegenseitig bedienen. Keiner sei vom Küchendienst entschuldigt, außer er sei krank oder durch eine Beschäftigung von großer Wichtigkeit verhindert. Denn durch diese Übung erwirbt man sich größeres Verdienst und mehr Liebe.

Den Schwachen aber gebe man Gehilfen, damit sie ihren Dienst ohne Widerwillen verrichten. Es sollen überhaupt alle Hilfe erhalten, je nach der Größe der klösterlichen Gemeinschaft und der örtlichen Lage.

Ist die Gemeinschaft größer, dann sei der Cellerar vom Dienste in der Küche entschuldigt; ebenso, wie schon erwähnt, jene, die wichtigere Aufgaben zu besorgen haben. Die übrigen sollen einander in Liebe bedienen.

Wer den Wochendienst beendet, nehme am Samstag die Reinigung vor: er wasche die Tücher, womit sich die Brüder Hände und Füße abtrocknen. Unterstützt von dem, der den Dienst beginnt, wasche er allen Brüdern die Füße. Das Gerät seines Dienstes stelle er dem Cellerar gereinigt und in gutem Zustand zurück. Dieser weise es dem neu in Dienst Tretenden zu. So wird er stets wissen, was er gibt und was er zurückbekommt.

Die Brüder, die den Wochendienst besorgen, erhalten eine Stunde vor der Mahlzeit über das festgesetzte Maß hinaus etwas zu trinken und zu essen, damit sie während der Mahlzeit ihre Mitbrüder ohne Murren und ohne zu große Anstrengung bedienen können.

An den Festtagen jedoch warten sie bis nach der Messe[145].

Die zum Wochendienst antretenden Brüder wie auch jene, die ihn beenden, werfen sich am Sonntag gleich nach dem Schluß des Frühgottesdienstes im Gotteshause vor allen nieder und bitten um das Gebet. Der Abtretende bete den Vers: «Gepriesen seist du, Herr und Gott, der du mir geholfen und mich getröstet hast[146].» Ist dieser Vers dreimal gebetet[147], so erhält der, der den Wochendienst beschließt, den Segen. Dann folge der, welcher den Dienst beginnt und spreche: «Gott, merke auf meine Hilfe; Herr, eile mir zu helfen[148].» Auch dieser Vers werde dreimal von allen wiederholt. Nach empfangenem Segen beginne der Mönch mit seinem Dienst.

SECHSUNDDREISSIGSTES KAPITEL

Von den kranken Brüdern

Um die Kranken soll man vor allem und über alles besorgt sein. Man diene ihnen so, wie wenn man wirklich Christus

---

[144] Apg 4, 35
[145] Resp. bis nach der heiligen Kommunion
[146] Ps 85, 17
[147] Das folgende zeigt, daß der Vers dreimal vom Chor wiederholt wird.
[148] Ps 69, 2

dienen würde; er selbst hat ja gesagt: «Ich war krank und ihr habt mich besucht[149].» Und :«Was ihr einem dieser Geringsten getan habt, das habt ihr mir getan[150].»

Die Kranken ihrerseits sollen bedenken, daß man ihnen aus Liebe zu Gott dient. Sie sollen auch nicht durch übermäßige Forderungen die Brüder, die sie bedienen, unwillig machen. Aber auch solche Kranke sind geduldig zu ertragen, da sich an ihnen ein reichlicherer Lohn verdienen läßt. Es sei also eine wichtigste Sorge für den Abt, daß die Kranken in keiner Weise vernachlässigt werden.

Man weise kranken Brüdern eine eigene Zelle und einen gottesfürchtigen, eifrigen und besorgten Wärter zu.

Man gebe den Kranken Gelegenheit zu Bädern, sooft es für sie förderlich ist; den Gesunden aber und besonders den jüngeren, gestatte man es seltener. Auch erlaube man den ganz schwachen Kranken zur Stärkung den Genuß des Fleisches. Sobald es ihnen aber besser geht, sollen sich alle in gewohnter Weise des Fleisches enthalten.

Es liege dem Abte sehr am Herzen, daß Cellerare und Wärter die Kranken nicht vernachlässigen. Denn es fällt alles auf ihn zurück, was die Untergebenen sich zuschulden kommen lassen.

SIEBENUNDDREISSIGSTES KAPITEL

Von den Greisen und Kindern

Obwohl die menschliche Natur schon von selbst zum Mitleid neigt gegen die beiden Altersstufen der Greise und der Kinder, so soll doch auch das Ansehen der Regel für ihr Wohl vorsorgen. Man berücksichtige stets ihre Schwächlichkeit und verpflichte sie durchaus nicht zur vollen Strenge der Regel hinsichtlich der Nahrung. Man übe gegen sie vielmehr liebevolle Rücksicht und gestatte ihnen, schon vor der festgesetzten Stunde zu speisen.

[149] Mt 25, 36
[150] Mt 25, 40

Vom Wochendienst des Lesers

Bei der Mahlzeit der Brüder darf die Lesung nie fehlen. Es soll aber nicht irgendeiner, der zufällig das Buch in die Hand bekommt, lesen, sondern es werde ein Leser für die ganze Woche bestimmt, der am Sonntag seinen Dienst beginnt. Wer in seinen Dienst eintritt, bitte nach der Messe und der Kommunion alle um ihr Gebet, auf daß Gott den Geist des Stolzes von ihm fernhalte. Dreimal soll von allen im Gotteshaus der Vers gebetet werden, den er selbst zuerst spricht: «Herr, öffne meine Lippen, und mein Mund wird dein Lob verkünden[151].» Dann empfange er den Segen und beginne mit seinem Lesedienst.

Tiefstes Stillschweigen soll herrschen, so daß man kein Flüstern und kein Wort außer der Stimme des Lesers hört. Was die Brüder beim Essen und Trinken brauchen, sollen sie einander so reichen, daß keiner um etwas zu bitten hat. Ist aber gleichwohl etwas notwendig, so verlange man es lieber durch ein wahrnehmbares Zeichen als durch Worte. Auch nehme sich keiner heraus, daselbst eine Frage zu stellen, sei es über das Gelesene selbst, sei es über sonst etwas, damit kein Anlaß (d.h. zur Zerstreuung) gegeben werde, außer wenn vielleicht der Obere etwas zur Erbauung sagen will.

Der Bruder, der während der Woche den Lesedienst versieht, erhalte vor dem Beginn der Lesung den Mischwein[152] wegen der heiligen Kommunion[153] und damit ihm nicht vielleicht das Nüchternsein beschwerlich falle. Hernach esse er mit den Küchen- und Tischdienern der Woche.

Die Brüder sollen aber nicht der Reihe nach vorlesen oder singen, sondern nur die, welche die Zuhörer zu erbauen vermögen.

---

[151] Ps 50, 17
[153] Diese Vorschrift galt nur für Sonn- und Festtage, an denen die heilige Messe gefeiert wurde und die Mönche zur Kommunion gingen.

Vom Maße der Speisen

Es genügen, wie uns scheint, für die tägliche Hauptmahl-zeit, sei sie nun zur sechsten oder neunten[154] Stunde, für alle Tische[155] zwei gekochte Speisen; dies mit Rücksicht auf die Schwäche der einzelnen. So mag, wer von der einen Speise vielleicht nicht essen kann, sich an der andern sättigen. Zwei gekochte Speisen sollen also für alle Brüder genügen. Ist noch Obst oder frisches Gemüse vorhanden, so werde ein drittes Gericht dazugegeben. Ein gutgewogenes Pfund[156] Brot genüge für den Tag, speise man nun einmal oder zu Mittag und zu Abend. Ißt man auch zu Abend, so behalte der Cellerar einen Drittel des Pfundes auf, um es zur Abend-mahlzeit zu geben.

War die Arbeit vielleicht anstrengender als gewöhnlich, so kann der Abt, falls es ihm gut scheint, noch etwas mehr gewähren. Vor allem aber muß Unmäßigkeit vermieden wer-den und niemals soll bei einem Mönch Übersättigung vor-kommen. Nichts widerspricht ja so sehr der Würde eines jeden Christen, wie die Unmäßigkeit, wie der Herr sagt: «Habet acht, daß ihr euere Herzen nicht mit Schwelgerei beschwert[157].»

Knaben in jüngeren Jahren reiche man nicht das gleiche Maß an Nahrung, sondern ein geringeres als den Erwach-senen, indem man in allem auf Sparsamkeit achtet. Vom Ge-nuß des Fleisches vierfüßiger Tiere sollen sich alle enthalten, mit Ausnahme der schwächlichen Kranken.

---

[152] Entweder handelt es sich dabei um Wein, der mit Wasser ge-mischt wurde, oder um einen Trunk mit etwas Brot dazu.

[154] 6. Stunde = 12 Uhr mittags; 9. Stunde: verschieden nach der Jahreszeit (14 bis 16 Uhr)

[155] Also für die ganze Klosterfamilie

[156] Es ist unmöglich, das Maß dieses «Pfundes» nach heutigem Gewicht zu bestimmen. Das römische Pfund betrug 327 Gr.

[157] Lk 21, 34

Vom Maße des Getränkes

«Jeder hat seine besondere Gabe von Gott, der eine von dieser, der andere von jener Art[158].» Deshalb bestimmen wir nur
mit einer gewissen Ängstlichkeit das Maß der Nahrung für
andere. Indes glauben wir mit Rücksicht auf die Schwachen, es genüge für jeden im Tage eine Hemina Wein[159].
Wem Gott aber die Kraft gibt, sich davon zu enthalten, der
darf wissen, daß er besonderen Lohn empfangen wird.

Wenn Ortsverhältnisse, Arbeit oder Sommerhitze mehr
erheischen, so stehe es im Ermessen des Abtes, mehr zu
geben. Doch soll er stets darauf achten, daß keine volle Sättigung oder Trunkenheit vorkomme. Wir lesen[160] freilich,
daß der Wein für Mönche überhaupt nicht passe; doch da die
Mönche unserer Tage sich davon nicht überzeugen lassen,
wollen wir uns wenigstens dazu verstehen, nicht bis zur
vollen Befriedigung zu trinken, sondern etwas weniger:
«Der Wein verleitet ja selbst Weise zur Sünde.[161]»

Wenn es die örtliche Armut mit sich bringt, daß sich das
oben erwähnte Maß nicht oder viel weniger oder überhaupt
gar nichts beschaffen läßt, dann mögen die dort Wohnenden
Gott preisen und nicht murren. Vor allem warnen wir alle
vor dem Murren.

EINUNDVIERZIGSTES KAPITEL

Zu welchen Stunden[162] man speisen soll

Vom heiligen Osterfest bis Pfingsten speisen die Brüder zur
sechsten Stunde und am Abend. Haben die Mönche keine

[158] 1 Kor 7, 7
[159] Die römische Hemina faßte 0,27 Liter, das Maß auf dem Markte
annähernd 0,5 Liter.
[160] Im Leben der ägyptischen Wüstenväter, 5. Buch 4, 31
[161] Sir 19, 2
[162] Der Tag (von Sonnenaufgang bis -untergang) zerfiel in 12 «Stunden» = gleiche Zeitabschnitte, die im Sommer länger, im Winter
kürzer waren.

Feldarbeiten und ist die Sommerhitze nicht allzu drückend, so fasten sie von Pfingsten an während des ganzen Sommers am Mittwoch und Freitag bis zur neunten Stunde[163]; an den übrigen Tagen speisen sie zur sechsten Stunde zu Mittag. Haben sie Feldarbeiten zu besorgen oder ist die Sommerhitze sehr groß, so behalte man das Mittagessen zur sechsten Stunde dauernd bei; der Abt soll dafür sorgen. Er bestimme alles so maßvoll, daß die Seelen gerettet werden, und daß die Brüder ihre Arbeit ohne berechtigten Grund zur Klage verrichten. Vom 14. September[164] an bis zum Beginn der Fastenzeit essen die Brüder stets zur neunten Stunde[165]. Während der Fastenzeit aber bis Ostern speisen sie gegen Abend. Die Vesper jedoch werde so früh gehalten, daß die Brüder bei Tisch kein Lampenlicht brauchen, sondern alles noch bei Tageslicht beendet werden kann. Ob man nun zweimal ißt oder nur einmal (in der Fastenzeit), so werde zu jeder Zeit die Stunde dafür so angesetzt, daß alles noch bei Tageslicht geschieht.

ZWEIUNDVIERZIGSTES KAPITEL

Daß nach der Komplet[166] *niemand mehr sprechen darf*

Allzeit müssen sich die Mönche des Schweigens[167] befleißigen, ganz besonders aber während der Nachtstunden. Darum sollen alle Brüder zu jeder Zeit, mag ein Fasttag sein oder schon um Mittag gegessen werden – und zwar im letzten Falle gleich nach dem Abendessen –, an *einem* Ort versammelt, sich niedersetzen. Dann lese einer aus den Collationen[168] oder den Lebensbeschreibungen der Väter[169] oder sonst etwas

---

[163] Im Sommer begann die neunte Stunde gegen 14.30 und dauerte bis gegen 15.40.
[164] Also vom Anfang des Herbstes
[165] Zwischen 14 bis 16 Uhr, je nach dem Monat
[166] Das letzte Gebet nach Erfüllung der Tagesarbeit
[167] Vgl. das 6. Kap.
[168] Collationes Cassians (zirka 360–435): Unterredungen mit berühmten Wüstenvätern in Ägypten
[169] Berühmte Lebensbeschreibungen von Mönchen, verfaßt von verschiedenen Autoren

vor, das die Zuhörer erbaut; man lese aber nicht aus dem Heptateuch[170] oder den Büchern der Könige vor. Denn für schwache Gemüter wäre es nicht gut, zu dieser Stunde jene Abschnitte der Schrift zu hören; man mag sie zu andern Zeiten lesen.

An Fasttagen nun sollen sich die Brüder nach gesungener Vesper und einer kurzen Pause alsogleich zur Lesung aus den Collationen, wovon wir gesprochen haben, einfinden. Man lese vier oder fünf Blätter oder soviel die Zeit erlaubt. Während der Dauer dieser Lesung kommen alle zusammen, wenn vielleicht ein Bruder noch einen Auftrag zu besorgen hatte.

Sind nun alle versammelt, dann beten sie die Komplet. Nach der Komplet ist es keinem mehr erlaubt, irgendetwas zu reden. Würde sich einer finden, der diese Regel des Stillschweigens verletzt, so werde er streng bestraft. Eine Ausnahme bilde nur die notwendige Rücksicht auf Gäste oder irgendein Auftrag des Abtes an einen Bruder. Aber selbst unter diesen Umständen geschehe es mit äußerstem Ernst und vollkommener Zurückhaltung.

DREIUNDVIERZIGSTES KAPITEL

Von denen, die zu spät zum Chorgebet oder zu Tisch kommen

Sobald man das Zeichen zur Stunde des Gottesdienstes vernommen hat, verlasse man alles, was man in Händen hat, und beeile sich herbeizukommen, jedoch mit Würde, damit man keinen Anlaß zu Leichtfertigkeit gebe. Nichts soll also dem Gottesdienste vorgezogen werden.

Wenn einer beim Nachtgottesdienst nach dem «Ehre sei dem Vater» des 94.Psalmes, der deshalb etwas gedehnt und ganz langsam gesungen werden soll, herbeikommt, dann darf er nicht seinen Platz im Chor einnehmen, sondern den letzten; oder er soll an einem Ort, den der Abt eigens für so Nachlässige bestimmt hat, stehen, damit er von ihm und den übri-

---

[170] Die 5 Bücher Moses', das Josue- und Richterbuch

gen gesehen werde. Er bleibe dort bis zum Schluß des Chorgebetes und leiste dann durch öffentliche Genugtuung Buße.

Wir halten es deshalb für angezeigt, solche am letzten oder an einem abgesonderten Platze stehen zu lassen, damit alle sie sehen können, und daß sie wenigstens durch diese Beschämung gebessert werden. Wenn sie nämlich außerhalb des Chores verblieben, könnte vielleicht einer sich hinlegen, um zu schlafen oder doch draußen sich niedersetzen und die Zeit mit Erzählen vertreiben wollen und so dem Bösen Feind Gelegenheit (zur Versuchung) geben. Sie sollen also hineingehen, damit sie nicht das ganze Chorgebet versäumen und für die Zukunft sich bessern.

Wer bei den Gebetsstunden unter Tag nach dem Vers und dem «Ehre sei dem Vater» des ersten Psalmes, den man nach dem Vers betet, ankommt, der bleibe, wie oben gesagt, am letzten Platze stehen: er soll nicht wagen, sich dem Chor der Psallierenden anzuschließen, bevor er Genugtuung geleistet hat, außer wenn der Abt die Schuld nachläßt und die Erlaubnis zur Teilnahme gibt. Aber auch in diesem Falle muß er den begangenen Fehler gutmachen.

Wer bei Tisch noch nicht vor dem Vers zugegen ist, so daß alle miteinander den Vers sprechen und beten und sich zu gleicher Zeit zu Tische setzen können, wer also aus Nachlässigkeit oder durch seine Schuld nicht rechtzeitig kommt, der soll bis zu zwei Malen dafür getadelt werden. Wenn er darauf sich nicht bessert, so darf er nicht mehr am gemeinsamen Tisch teilnehmen, sondern er hat, gesondert von allen andern, zu essen, und es werde ihm sein Anteil an Wein entzogen, bis er Genugtuung geleistet und sich gebessert hat. Auf gleiche Weise verfahre man gegen einen, der beim Verse nach dem Essen nicht zugegen ist.

Es erlaube sich auch keiner, vor der festgesetzten Stunde oder später etwas zu essen oder zu trinken. Wenn der Abt einem etwas anbietet und dieser es nicht annimmt, dann soll er, falls er später das Zurückgewiesene oder etwas anderes gerne hätte, nichts erhalten, bis er entsprechende Genugtuung geleistet hat.

VIERUNDVIERZIGSTES KAPITEL

Wie die Ausgeschlossenen Genugtuung leisten sollen[171]

Wer wegen schwerer Verfehlungen von Chor und gemeinsamem Tisch ausgeschlossen ist, soll während der Zeit, da
im Gotteshaus das Chorgebet gefeiert wird, vor der Türe
des Chores niedergeworfen liegen, ohne etwas zu sagen, das
Angesicht zur Erde gekehrt, hingestreckt zu den Füßen aller,
wenn sie das Gotteshaus verlassen. Dies tue er solange, bis
der Abt die Buße für genügend hält. Befiehlt es ihm dann der
Abt, so komme er, um sich zu Füßen des Abtes und aller
Mitbrüder niederzuwerfen und sie um ihr Gebet zu bitten.
Und dann werde er, wenn es der Abt befiehlt, in den Chor
aufgenommen, und zwar an den Platz, den der Abt bestimmt.
Es ist ihm indes nicht erlaubt, ohne neuen Befehl des Abtes
einen Psalm anzustimmen, eine Lesung oder sonst etwas vorzutragen. Auch werfe er sich beim Chorgebet am Schluß
jeder Gebetsstunde auf dem Platz, an dem er steht, zur Erde
nieder. So leiste er Genugtuung, bis der Abt ihn wiederum
heißt, nunmehr von dieser Buße abzulassen.

Wer wegen geringer Verfehlungen nur vom gemeinsamen
Tisch ausgeschlossen wird, leiste im Chore Genugtuung. Er
tue dies, solange der Abt es verlangt, bis er den Segen erteilt
und spricht: «Es ist genug.»

FÜNFUNDVIERZIGSTES KAPITEL

Von denen, die im Chor Fehler machen

Wenn einer beim Vortragen eines Psalmes, eines Responsoriums, einer Antiphon oder einer Lesung einen Fehler begeht und sich nicht durch Genugtuung vor allen verdemütigt, dann soll er einer schwereren Strafe unterliegen; denn
er wollte ja nicht durch einen Akt der Demut gutmachen,
was er durch Nachlässigkeit verschuldet hat. Knaben erhalten für solche Fehler Schläge.

---

[171] In diesem Kapitel finden wir deutliche Anklänge an die altkirchliche Bußpraxis.

SECHSUNDVIERZIGSTES KAPITEL

Von denen, die sich sonstwie verfehlen

Wenn einer bei irgendeiner Arbeit, in der Küche, im Keller, in einem Dienste, in der Bäckerei, im Garten, bei der Ausübung eines Handwerkes oder sonst an irgendeinem Ort einen Fehler begeht, etwas zerbricht oder verliert oder sonst sich irgendwo etwas zuschulden kommen läßt und nicht sofort kommt und sich selbst vor dem Abt und der Gemeinschaft über seinen Fehler anklagt[172] und Buße tut, wenn vielmehr sein Vergehen durch einen andern bekannt wird, dann treffe ihn eine härtere Strafe.

Handelt es sich aber um eine geheime Sünde, dann offenbare er sie nur seinem Abte oder den geistlichen Vätern[173], die es verstehen, eigene und fremde Wunden zu heilen, ohne sie aufzudecken und an die Öffentlichkeit zu bringen.

SIEBENUNDVIERZIGSTES KAPITEL

Vom Zeichen zum Gottesdienste

Die Angabe der Zeit zum Gottesdienst bei Tag und bei Nacht sei Aufgabe des Abtes[174]. Er gebe das Zeichen entweder selbst oder beauftrage damit einen pünktlichen Bruder, auf daß alles zur festgesetzten Stunde vollzogen werde.

Psalmen und Antiphonen stimmen nach dem Abte jene der Reihe nach an, die damit betraut wurden. Keiner wage es, zu singen oder zu lesen, außer er sei in der Lage, diesen Dienst zur Erbauung der Zuhörer zu verrichten. Wer den Auftrag dazu vom Abte erhalten hat, soll diese Aufgabe mit Demut, Würde und Ehrfurcht erfüllen.

---

[172] Diese Übung hat zur Entstehung des «Culpakapitels» geführt, wobei man sich an gewissen Tagen im Kapitelsaal vor versammelter Klostergemeinde über äußere Fehler anklagt.

[173] Mönche, die durch ihr Alter, ihre Erfahrung und ihre Kenntnisse im asketischen Leben die Jüngeren zur Vollkommenheit zu führen imstande sind.

[174] Der Anfang der einzelnen Gebetsstunden verschob sich mit den Jahreszeiten. Vgl. Seite 239 Anm. 162

Von der täglichen Handarbeit

Müßiggang ist ein Feind der Seele. Deshalb müssen sich die Brüder zu bestimmten Zeiten der Handarbeit und zu bestimmten Zeiten wiederum der Lesung göttlicher Dinge widmen. Wir glauben daher durch folgende Bestimmung beide Arten von Beschäftigung ordnen zu können:

Von Ostern bis zum 14. September gehen die Brüder früh-morgens nach der ersten Stunde[175] bis ungefähr zur vierten Stunde hinaus, um sich mit der notwendigen Arbeit zu befassen. Von der vierten Stunde an aber bis ungefähr zur sechsten Stunde obliegen sie der Lesung.

Haben sie sich nach der sechsten Stunde vom Tisch erhoben, dann sollen sie in tiefem Schweigen auf ihren Betten ausruhen. Will etwa einer etwas für sich lesen, so kann er dies tun, vorausgesetzt, daß er einen andern nicht stört. Die Non wird früher, um die Mitte der achten Stunde gebetet. hernach begeben sie sich wiederum bis zur Zeit der Vesper an die Arbeit, die noch zu verrichten ist.

Bringt es die örtliche Lage mit sich, daß die Brüder selber die Feldfrüchte einernten müssen, so sollen sie deswegen nicht unwillig werden. Denn dann sind sie ja in Wahrheit Mönche, wenn sie von ihrer Handarbeit leben, nach dem Beispiel unserer Väter und der Apostel. Alles aber geschehe mit Maß wegen der Kleinmütigen.

Vom 14. September bis zum Beginn der Fastenzeit widmen sie sich am Morgen bis zum Ende der zweiten Stunde der Lesung. Dann werde die Terz gebetet. Hierauf beschäftigen sie sich bis zur neunten Stunde mit der ihnen zugewiesenen Arbeit. Beim ersten Zeichen zur Non verlasse jeder seine Arbeit, um bereit zu sein, wenn das zweite Zeichen ertönt. Nach dem Essen aber obliegen sie ihrer Lesung oder dem Psalmenstudium.

[175] Zwischen 6 bis 7 Uhr

Während der ganzen Fastenzeit aber widmen sie sich von frühmorgens bis zum Ende der dritten Stunde ihren Lesungen, und dann befassen sie sich bis zum Ende der zehnten Stunde mit der ihnen angewiesenen Arbeit.

Für diese Tage der Fastenzeit erhalte jeder ein Buch aus der Bibliothek, das er von Anfang an ganz lesen soll. Diese Bücher sind bei Beginn der Fastenzeit auszuteilen. Vor allem aber sollen einer oder zwei ältere Brüder bestimmt werden, die zu der für die Lesung bestimmten Zeit im Kloster umhergehen. Sie sollen nachsehen, ob sich nicht vielleicht ein träger Bruder finde, der seine Zeit durch Müßiggang oder Geschwätz verliert, anstatt eifrig zu lesen, und so nicht bloß sich selber schadet, sondern auch noch andere stört. Fände sich ein solcher, was Gott verhüte, so soll er einmal und ein zweites Mal zurechtgewiesen werden. Bessert er sich nicht, so unterliege er der durch die Regel bestimmten Strafe, und zwar so, daß die andern dadurch abgeschreckt werden. Auch soll kein Bruder zu ungehöriger Stunde mit einem andern verkehren.

Am Sonntag sollen alle der Lesung obliegen, ausgenommen jene, die mit den verschiedenen Diensten beauftragt sind. Wäre einer so nachlässig und träge, daß er weder studieren noch lesen kann oder mag, so übertrage man ihm eine Arbeit, die zu verrichten er imstande ist, damit er nicht unbeschäftigt sei. Kranken und schwächlichen Brüdern werde eine solche Arbeit und Beschäftigung zugewiesen, daß sie einerseits nicht müßig seien, andererseits aber auch nicht durch übermäßige Anstrengung bei der Arbeit niedergedrückt werden oder sich ihr heimlich entziehen. Der Abt muß auf ihre Schwächlichkeit Rücksicht nehmen.

NEUNUNDVIERZIGSTES KAPITEL

Von der Beobachtung der Fastenzeit

Das Leben des Mönches sollte zwar allzeit eine Fastenbeobachtung sein; da aber nur wenige einen solchen Grad der

Vollkommenheit besitzen, ermahnen wir alle Brüder, während der Fastenzeit in vollkommener Reinheit zu leben und in diesen heiligen Tagen zugleich alle Nachlässigkeiten der übrigen Zeiten zu tilgen. Das tun wir dann in würdiger Weise, wenn wir uns vor allen Fehlern hüten, uns dem Gebete unter Tränen und der Lesung widmen und uns der Zerknirschung des Herzens und der Enthaltsamkeit befleißen.

Wir wollen also während dieser Tage unserer gewohnten Dienstpflicht etwas hinzufügen: besondere Gebete, Abbruch an Speise und Trank. Ein jeder bringe aus freien Stücken in der Freude des Heiligen Geistes Gott etwas über das ihm auferlegte Maß dar: er entziehe seinem Körper etwas an Speise, an Trank, an Schlaf, an Unterhaltung, an Scherz, und erwarte in der Freude geistlicher Sehnsucht das heilige Osterfest.

Was aber ein jeder darbringen will, das unterbreite er seinem Abte; es geschehe mit seinem Gebet (Segen) und nach seinem Willen: denn alles, was ohne Erlaubnis des geistlichen Vaters geschieht, gilt als Überheblichkeit und eitle Ruhmsucht, nicht als Verdienst. So geschehe denn alles mit der Zustimmung des Abtes.

FÜNFZIGSTES KAPITEL

Von den Brüdern, die in weiter Entfernung vom Gotteshaus arbeiten oder auf Reisen sind

Brüder, die sehr weit weg arbeiten und nicht zur festgesetzten Stunde zum Gotteshaus kommen können – der Abt befinde darüber, daß es wirklich so ist –, sollen den Gottesdienst auf ihrer Arbeitsstätte verrichten und in Gottesfurcht ihr Knie beugen. In gleicher Weise sollen die Brüder, die mit einem Auftrag unterwegs sind, die festgesetzten Gebetsstunden nicht vorübergehen lassen; sie sollen sie vielmehr so gut wie möglich für sich halten und nicht versäumen, ihre Dienstpflicht zu leisten.

EINUNDFÜNFZIGSTES KAPITEL

Von den Brüdern, die sich nicht sehr weit entfernen

Ein Bruder, der mit irgendeinem Auftrag ausgeschickt wird und hofft, am gleichen Tage ins Kloster zurückzukehren, erlaube sich nicht, auswärts zu essen, auch wenn er noch so sehr von jemand dazu eingeladen würde, es sei denn, der Abt gebe die Erlaubnis dazu. Handelte er anders, so werde er ausgeschlossen.

ZWEIUNDFÜNFZIGSTES KAPITEL

Vom Oratorium[176] des Klosters

Das Oratorium sei, was sein Name besagt. Es werde dort nichts getan oder aufbewahrt, das sich für diesen Ort nicht schickt. Nach Schluß des Gottesdienstes sollen sich alle in tiefem Schweigen entfernen und Gott die schuldige Ehrfurcht erweisen, so daß ein Bruder, der vielleicht noch allein für sich zu beten wünscht, durch das ungehörige Benehmen eines andern daran nicht gehindert wird. Auch wenn sonst einer still für sich beten will, trete er einfach ein und bete, nicht mit lauter Stimme, sondern unter Tränen und mit Innigkeit. Wer also dies nicht tun will, dem sei es, wie schon gesagt, nicht erlaubt, nach Beendigung des Chorgebetes im Oratorium zu verbleiben, damit nicht ein anderer gestört werde.

DREIUNDFÜNFZIGSTES KAPITEL

Von der Aufnahme der Gäste

Alle Gäste, die zum Kloster kommen[177], werden wie Christus aufgenommen; denn er wird einst sprechen: «Ich war fremd, und ihr habt mich beherbergt[178].» Allen erweise man die ihnen

[176] Vgl. 7. Kap. Seite 206 Anm. 89
[177] Der lateinische Ausdruck bezeichnet ein «unangemeldetes Ankommen».
[178] Mt 25, 35

gebührende Ehre, besonders den Glaubensgenossen[179] und den Pilgern. Sobald also ein Gast angemeldet ist, gehen ihm der Obere und die Brüder in vollkommener Erfüllung christlicher Liebespflicht entgegen. Zuerst sollen sie miteinander beten und einander den Friedenskuß geben. Diesen Friedenskuß aber biete man wegen der Blendwerke des Teufels[180] erst an, nachdem man vorher gebetet hat. Bei der Begrüßung selbst zeige man vor allen Gästen große Demut: Wenn sie kommen und wenn sie gehen, verneige man vor ihnen das Haupt oder werfe sich ganz zur Erde nieder und verehre so in ihnen Christus, den man in ihnen ja auch aufnimmt.

Nach dem Empfange führe man die Gäste zum Gebete. Dann setze sich der Obere oder ein anderer in seinem Auftrag zu ihnen, und man lese ihnen zur Erbauung aus der Heiligen Schrift vor. Hierauf erweise man ihnen alle Gastfreundschaft. Der Obere soll eines Gastes wegen das Fasten brechen, wenn nicht ein besonderer Fasttag ist, der nicht gebrochen werden darf. Die Brüder jedoch fahren im gewohnten Fasten fort.

Der Abt gieße den Gästen Wasser über die Hände. Die Fußwaschung nehme der Abt zusammen mit der ganzen Gemeinschaft an den Gästen vor. Nach der Fußwaschung beten sie: «Wir haben, o Gott, deine Barmherzigkeit aufgenommen inmitten deines Tempels[181].» Ganz besondere Aufmerksamkeit zeige man bei der Aufnahme von Armen und Pilgern, da in ihnen Christus ganz besonders aufgenommen wird. Bei den Reichen bewirkt nämlich bereits das Gebieterische ihres Auftretens Ehrerbietung.

Die Küche für den Abt und die Gäste sei für sich; so stören die Gäste, die zu unbestimmten Zeiten ankommen und im Kloster niemals fehlen, das Leben der Brüder nicht. Den Dienst in dieser Küche übertrage man jeweils für ein Jahr

---

[179] Der Ausdruck lehnt sich an Gal 6, 10 an; es ist nicht leicht zu ersehen, was St. Benedikt damit genau bezeichnen will.

[180] Anspielung auf Berichte aus dem Leben der Wüstenväter, denen sich der Teufel in Gestalt von Gästen nahte.

[181] Ps 47, 10

zwei Brüdern, die ihn gut erfüllen können. Je nach Bedürfnis gebe man ihnen Gehilfen, auf daß sie ohne Murren ihrer
Aufgabe nachkommen. Haben sie dann wiederum weniger
zu tun, so gehen sie dorthin zur Arbeit, wo es ihnen befohlen wird.

Und nicht bloß bei diesen Brüdern, sondern auch bei den
übrigen Aufgaben im Kloster befolge man die Regel: Wo es
nötig ist, sollen den Brüdern Gehilfen gegeben werden. Finden sie aber keine genügende Beschäftigung mehr, so sollen
sie sich bei andern Arbeiten, die man ihnen überträgt, betätigen.

Auch werde die Sorge für die Gastwohnung einem Bruder
übertragen, dessen Seele von Gottesfurcht erfüllt ist: dort
seien Betten in genügender Anzahl. So wird das Gotteshaus
von Weisen und weise verwaltet werden.

Niemand darf ohne Erlaubnis mit den Gästen verkehren
und reden; begegnet einer einem Gaste oder sieht er ihn,
so gehe er, nachdem er um den Segen gebeten hat[182], seines
Weges mit der Bemerkung, es sei ihm nicht erlaubt, sich
mit Gästen zu unterhalten.

VIERUNDFÜNFZIGSTES KAPITEL

Ob ein Mönch Briefe oder etwas anderes empfangen dürfe

Es soll dem Mönche durchaus nicht gestattet sein, von
seinen Eltern oder von sonst jemand, auch nicht von einander ohne Erlaubnis des Abtes Eulogien[183] oder sonstige
kleine Geschenke zu empfangen oder zu geben. Auch wenn
einem Mönche von seinen Eltern irgend etwas zugeschickt
wird, darf er nicht wagen, es anzunehmen ohne vorherige
Anzeige beim Abte. Ist der Abt mit der Annahme einver-

---

[182] «Benedicite» wurde zur Zeit des heiligen Benedikt als Begrü-
ßungsformel gebraucht.

[183] Darunter verstand man gesegnete Brote, Wein oder sonstige
kleine Geschenke, die man besonders nach der heiligen Messe zum
Zeichen der Vereinigung im gleichen Glauben und Gebete einander
schenkte.

standen, so steht es in der Befugnis des Abtes zu bestimmen, wer es erhalten soll; der Bruder aber, dem es geschickt wurde, werde nicht unwillig, um nicht dem Teufel dadurch einen Anlaß (zur Versuchung) zu geben. Wer sich herausnimmt, anders zu handeln, unterliege der in der Regel festgesetzten Strafe.

FÜNFUNDFÜNFZIGSTES KAPITEL

Von der Bekleidung und dem Schuhwerk der Brüder

Die Kleider werden den Brüdern entsprechend der örtlichen Lage und dem Klima gegeben[184]; denn in kalten Gegenden braucht man mehr, in warmen hingegen weniger. Der Abt hat dieser Verschiedenheit Rechnung zu tragen. Wir glauben aber, daß in Gegenden mit mittleren Temperaturen für jeden Mönch eine Kukulle und eine Tunika genügen: Die Kukulle für den Winter sei dichtwollig, jene für den Sommer glatt oder abgetragen. Dazu kommt ein Skapulier[185] für die Arbeit, ferner als Fußbekleidung Strümpfe und Schuhe[186].

Über Farbe und grobe Beschaffenheit aller dieser Gegenstände sollen sich die Mönche nicht beklagen. Sie sollen sich mit dem zufrieden geben, was man in der Gegend, in der sie wohnen, finden oder sich wohlfeil beschaffen kann.

[184] Die Frage nach der ursprünglichen Tracht der Benediktiner ist schwer zu beantworten. Die Kleidung der Mönche scheint nicht stark verschieden gewesen zu sein von jener der einfachen Bauern und Arbeiter. «Tunica»: das Untergewand wurde seit langem in Rom von jedermann getragen. Zur Zeit des heiligen Benedikt war sie lang und besaß Ärmel. Man hielt sie mit einem Gürtel zusammen, der auch dazu diente, sie bei der Arbeit oder beim Gehen heraufzuziehen. «Cuculla» war das Obergewand, wohl ein weiter Kapuzenmantel. Heute bezeichnet man damit das weite Obergewand der Benediktiner, das bei den liturgischen Funktionen getragen wird.

[185] Ein kurzes, die Schultern und den Rücken deckendes Kleid, das Schutz vor Beschmutzung, vielleicht auch vor Regen bieten konnte (eine Art «Arbeitsschürze»).

[186] Die Bedeutung der Ausdrücke für die Fußbekleidung zur Zeit des heiligen Benedikt läßt sich auch nicht eindeutig feststellen. «Caligae» waren richtige, feste Schuhe oder Sandalen.

Der Abt sorge für das Maß der Kleider, auf daß sie denen, die sie tragen, nicht zu kurz seien, sondern gerade passen. Erhält einer neue Kleider, so gebe er die alten stets sofort zurück, damit man sie in der Kleiderkammer für die Armen aufbewahren kann. Es genügt ja für den Mönch, zwei Tuniken und zwei Kukullen zu haben zum Wechseln für die Nacht, und damit man sie waschen kann. Was darüber hinaus ginge, wäre überflüssig und müßte entfernt werden. Auch die alte Fußbekleidung und alles, was abgebraucht ist, geben sie zurück, wenn sie Neues erhalten.

Wer auf Reisen geschickt wird, erhält aus der Kleiderkammer Unterkleider[187]. Bei der Rückkehr gebe man sie gewaschen dorthin zurück. Auch seien Kukullen und Tuniken (für die Reise) etwas besser als gewöhnlich; die Mönche erhalten diese bei ihrer Abreise aus der Kleiderkammer und geben sie nach ihrer Rückkehr wieder ab.

Für die Betten genüge eine Matte, ein grobes Tuch, eine Wolldecke[188] und ein Kopfkissen. Diese Betten hat der Abt öfters zu durchsuchen, um nachzusehen, ob sich nicht etwa Eigentum darin finde. Sollte sich bei einem etwas finden, das er nicht vom Abte erhalten hat, dann werde er sehr strenge bestraft. Und um dieses Laster des Sondereigentums mit der Wurzel auszurotten, gebe der Abt alles, was nötig ist, nämlich Kukulle, Tunika, Strümpfe, Schuhe, Gürtel[189], Messer, Griffel, Nadel[190], Tüchlein und Schreibtafel. Damit wird jeder Ausrede, man brauche etwas, vorgebeugt.

Der Abt denke indes stets an jenen Ausspruch in der Apostelgeschichte: «Einem jeden wurde nach seinem Bedarfe zugeteilt[191].» So muß denn auch der Abt auf die

---

[187] «Femoralia» ist eine Neubildung; der Ausdruck entspricht wohl einer Art Hosen.
[188] «Sagum» war ein großes, rechteckiges Tuch, womit der Strohsack (matta) bedeckt wurde. «Lena» ist eine warme wollige Decke.
[189] «Bracile» ist etwas Ähnliches wie die femoralia, um die Lenden und die Oberschenkel getragen.
[190] «Acus» ist wohl das gleiche wie fibula (Spange, um die Tunika zusammenzuhalten).
[191] Apg 4, 35

Schwäche der Bedürftigen Rücksicht nehmen und nicht auf
das Übelwollen der Mißgünstigen. Er denke aber bei allen
seinen Entscheidungen, an die Rechenschaft vor Gott.

SECHSUNDFÜNFZIGSTES KAPITEL

Vom Tische des Abtes

Der Abt speise immer mit den Gästen und Fremden. Sind
jedoch keine Gäste da, so kann er nach freiem Ermessen aus
der Zahl der Brüder rufen, wen er will. Zur Aufrechterhal-
tung der Ordnung aber lasse er stets einen oder zwei der
Älteren bei den Brüdern.

SIEBENUNDFÜNFZIGSTES KAPITEL

Von den Handwerkern im Kloster

Sind Handwerker im Kloster, so sollen sie in aller Bescheidenheit ihr Handwerk ausüben, wenn der Abt es gestattet.
Überhebt sich aus ihnen einer wegen der Kenntnisse in
seinem Handwerk, weil er nämlich glaubt, dem Kloster zu
nützen, so enthebe man ihn von dieser Beschäftigung. Er
darf sich ihr nicht von neuem widmen, außer er habe
sich verdemütigt, und der Abt gebe ihm wiederum die Erlaubnis.

Soll etwas von diesen Arbeiten der Handwerker verkauft
werden, so mögen die, welche den Verkauf besorgen, sich
wohl hüten vor Unredlichkeit. Stets sollen sie an Ananias
und Saphira[192] denken, aus Furcht, es könnte der Tod, den
diese am Leibe erlitten haben, sie und alle, die mit dem
Klostergut unredlich umgehen, an der Seele treffen.

Hinsichtlich der Preise darf sich nicht das Übel der Habsucht einschleichen. Man verkaufe vielmehr stets etwas
billiger als Weltleute,«auf daß in allem Gott verherrlicht
werde[193].»

[192] Vgl. Apg 5, 1–11
[193] 1 Petr 4, 11

Vom Verfahren bei der Aufnahme von Brüdern

Einem, der neu ankommt, um sich dem klösterlichen Leben zu widmen, gewähre man den Eintritt nicht ohne weiteres. Man handle vielmehr nach dem Worte des Apostels: «Prüfet die Geister, ob sie aus Gott sind[194].» Kommt also einer und klopft beharrlich an und wird es klar, daß er Unbilden und die Erschwerung des Eintritts in Geduld erträgt und auch nach vier bis fünf Tagen auf seiner Bitte beharrt, so gewähre man ihm den Eintritt. Für einige wenige Tage bleibe er in der Wohnung der Gäste. Hierauf aber komme er in die Zelle der Novizen, wo diese ihre Übungen halten, essen und schlafen.

Es werde für sie ein älterer Bruder bestimmt, der es versteht, Seelen zu gewinnen. Dieser überwache sie mit aller Sorgfalt. Er soll darauf achten, ob der Novize wahrhaft Gott suche, ob er Eifer habe für den Gottesdienst, für den Gehorsam und bei Verdemütigungen. Man mache ihn mit allem Rauhen und Harten bekannt, wodurch man zu Gott gelangt.

Verspricht er, bei seinem Entschlusse zu verharren, dann werde ihm nach zwei Monaten diese Regel von Anfang an ganz vorgelesen, und man sage zu ihm: «Siehe, das Gesetz, unter dem du Kriegsdienst leisten willst; vermagst du es zu beobachten, so tritt ein; kannst du dies aber nicht, so gehe frei von dannen.» Beharrt er auf seinem Vorhaben, dann führe man ihn in die oben erwähnte Wohnung der Novizen und prüfe ihn weiterhin in aller Geduld.

Nach Ablauf von sechs Monaten lese man ihm von neuem die Regel vor, damit er wisse, wozu er sich verpflichtet. Bleibt er immer noch fest, so werde ihm nach vier Monaten wiederum die gleiche Regel vorgelesen. Verspricht er dann nach reiflicher Überlegung, alles zu beobachten und allen Befehlen nachzukommen, dann werde er in die Gemein-

[194] 1 Joh 4, 1

schaft aufgenommen. Er muß jedoch wissen, daß es ihm fortan kraft der Regel nicht mehr erlaubt ist, aus dem Kloster auszutreten oder das Joch der Regel von seinem Nacken abzuschütteln, das er während einer so langen Prüfungszeit zurückweisen oder auf sich nehmen konnte.

Der Aufzunehmende aber gelobe im Gotteshaus in Gegenwart aller vor Gott und seinen Heiligen Beständigkeit[195], klösterlichen Tugendwandel und Gehorsam. Sollte er einmal anders handeln, so muß er wissen, daß er von dem verurteilt wird, den er verspottet.

Über sein Gelöbnis[196] stelle er eine Urkunde aus auf den Namen der Heiligen, deren Reliquien dort sind und auf den Namen des anwesenden Abtes. Diese Urkunde schreibe er mit eigener Hand oder, falls er nicht schreiben kann, bitte er einen andern, für ihn zu schreiben; der Novize aber füge dann sein Handzeichen hinzu und lege sie mit eigener Hand auf den Altar. Hat er die Urkunde dort niedergelegt, dann beginne der Novize selbst alsogleich den folgenden Vers: «Nimm mich auf, o Herr, nach Deinem Wort und ich werde leben; und laß mich nicht zuschanden werden in meiner Hoffnung[197].» Dreimal antworte die ganze Klostergemeinde auf diesen Vers und füge dann das «Ehre sei dem Vater» hinzu. Hierauf werfe sich der Novize zu Füßen eines jeden nieder mit der Bitte, für ihn zu beten. Von diesem Tage an gilt er nunmehr als Glied der Gemeinschaft.

Besitzt er Eigentum, so soll er es entweder zuvor den Armen verteilen, oder er vermache es durch eine feierliche Schenkung dem Kloster, ohne sich irgend etwas vorzubehalten. Denn er muß wissen, daß er von diesem Tage an nicht einmal über seinen Leib frei verfügen kann.

---

[195] Beständigkeit: Die Benediktiner legen ihre Gelübde auf ein bestimmtes Kloster ab, zu dem sie für immer gehören. Diese Beständigkeit ist selber Gegenstand eines eigenen Gelübdes.

[196] Gelöbnis: Ist ein nach römischem Recht verpflichtendes Versprechen, zu dem man sich durch die schriftliche «Petitio»: Urkunde, Erklärung (ausgestellt auf den Namen eines Heiligen und des Abtes) bekennt.

[197] Ps 118, 116

Alsbald lege er im Gotteshaus die Kleider, die er trägt, ab, und man bekleide ihn mit dem Klostergewand. Die Kleider aber, die er abgelegt hat, sollen in der Kleiderkammer aufbewahrt werden, damit man ihm, wenn er etwa eines Tages auf Anstiften des Teufels das Kloster verlassen wollte – Gott möge dies verhüten –, das Klostergewand ausziehen könne, und er so entlassen werde.

Man gebe ihm aber seine Urkunde, die der Abt vom Altare weggenommen hat, nicht zurück, sondern man bewahre sie im Kloster auf.

NEUNUNDFÜNFZIGSTES KAPITEL

Von den Söhnen der Reichen und der Armen,
die dargebracht werden[198]

Wenn vielleicht ein Reicher seinen Sohn im Kloster darbringen will, und das Kind noch sehr jung ist, so verfassen seine Eltern die oben erwähnte Erklärung. Bei der Darbringung hüllen sie die Urkunde und die Hand des Knaben in das Altartuch ein und bringen ihn auf diese Weise dar.

Hinsichtlich des Vermögens müssen sie in der betreffenden Urkunde unter Eid versprechen, weder selbst noch durch eine vorgeschobene Person noch auf irgendeine andere Weise je ihm irgendetwas zu schenken oder ihm Gelegenheit zu geben, etwas zu eigen zu haben. Wollen sie dies nicht tun, sondern dem Kloster ein Almosen als Entgelt anbieten, so sollen sie über das, was sie dem Kloster zu geben gedenken, eine schriftliche Schenkung ausstellen und sich, wenn sie wünschen, die Nutznießung vorbehalten. Auf diese Weise soll jede Möglichkeit ausgeschlossen werden, daß dem Knaben eine Aussicht bleibe, die ihn blenden und ,was ferne sei, ins Verderben stürzen könnte, wie uns die Erfahrung gelehrt hat.

In gleicher Weise sollen auch Ärmere verfahren. Wer jedoch gar nichts besitzt, stelle einfach die Urkunde aus und

---

[198] Nach dem Recht der väterlichen Gewalt war es auch zur Zeit des heiligen Benedikt Sitte, Kinder im Kloster Gott aufzuopfern. Es handelt sich dabei kaum um Ablegung der eigentlichen Mönchsgelübde.

bringe seinen Sohn zusammen mit der Opfergabe vor Zeugen dar.

SECHZIGSTES KAPITEL

Von den Priestern[199], die ins Kloster eintreten wollen

Wenn einer aus dem Priesterstande um Aufnahme ins Kloster bittet, so willfahre man nicht gleich seiner Bitte. Beharrt er durchaus auf seinem Begehren, so wisse er, daß er die Regel in ihrer ganzen Strenge beobachten muß, und es soll ihm nichts erlassen werden; es gelte, was die Schrift sagt: «Freund, wozu bist du gekommen?[200]»

Es sei ihm jedoch gestattet, seinen Platz gleich nach dem Abte einzunehmen, den Segen zu erteilen[201] und die Messe zu feiern, aber nur, wenn es ihm der Abt erlaubt. Andernfalls nehme er sich durchaus nichts heraus, überzeugt, daß er dem Gesetz der Regel unterworfen ist und ein um so besseres Beispiel der Demut geben soll.

Und wenn etwa im Kloster eine Amtsbesetzung vorzunehmen oder eine Angelegenheit zu behandeln ist, so nehme er den Platz ein, der ihm nach der Zeit seines Eintritts ins Kloster zukommt, nicht den, der ihm mit Rücksicht auf seine Priesterwürde zugestanden wird.

Wenn Kleriker den gleichen Wunsch haben, ins Kloster aufgenommen zu werden, so weise man ihnen einen mittleren Platz an, vorausgesetzt, daß sie die Beobachtung der Regel und Beständigkeit geloben.

EINUNDSECHZIGSTES KAPITEL

Wie fremde Mönche aufzunehmen sind

Kommt ein fremder Mönch aus ferner Gegend an und wünscht er, als Gast im Kloster zu wohnen, so nehme man ihn für solange auf, als er es wünscht, vorausgesetzt, daß er zufrieden ist mit der örtlichen Lebensweise und nicht

[199] Die Mönche gehörten bis ins Mittelalter in der Großzahl dem Laienstande an.
[200] Mt 26, 50
[201] Die Segensformeln beim Chorgebet und bei Tisch

etwa durch seine unbescheidenen Ansprüche im Kloster Unruhe stiftet, sondern einfach zufrieden ist mit dem, was er vorfindet.

Sollte er in vernünftiger und bescheidener Weise etwas tadeln oder auf etwas aufmerksam machen, so überlege der Abt mit Klugheit, ob nicht gerade deshalb Gott ihn gesandt habe.

Will er dann seine Beständigkeit geloben, so verweigere man ihm diesen Wunsch nicht, ganz besonders, da man während seines Gastaufenthaltes seinen Lebenswandel kennenlernen konnte.

Hat man jedoch während dieser Zeit bemerkt, daß er anspruchsvoll und mit Fehlern behaftet ist, so darf er der Klostergemeinde nicht nur nicht eingegliedert werden, sondern man sage ihm auch in höflicher Art, er möge gehen, aus Furcht, er könnte durch seine Armseligkeit auch andere anstecken. Ist sein Benehmen hingegen nicht so, daß er weggeschickt zu werden verdient, soll er nicht nur auf seine Bitte hin als Glied in die klösterliche Gemeinschaft aufgenommen werden, sondern man lege ihm auch nahe, zu bleiben, auf daß durch sein Beispiel andere erbaut werden. Zudem dient man ja überall dem *einen* Herrn und leistet man dem *einen* König Kriegsdienst.

Der Abt darf ihm einen etwas höheren Platz anweisen, als ihm nach seiner Eintrittszeit zukommt, wenn er erkennt, daß er dies verdient. Das gleiche gelte nicht nur hinsichtlich eines Mönches, sondern auch was die Angehörigen des obgenannten Priester- und Klerikerstandes betrifft: der Abt darf sie an einen höheren Platz stellen, als es ihrem Eintritt entspricht, vorausgesetzt, er wisse, daß sie dessen würdig sind. Der Abt hüte sich aber wohl, aus einem andern, bekannten Kloster ohne Zustimmung des dortigen Abtes und ohne Empfehlungsschreiben je einen Mönch in die Klostergemeinde aufzunehmen. Es steht ja geschrieben: «Was du nicht willst, daß man dir tu, das tu auch keinem andern[202].»

---

[202] Tob 4, 16

Von den Priestern des Klosters

Wünscht der Abt, sich einen Priester oder Diakon weihen zu lassen, dann wähle er aus seinen Mönchen einen aus, der würdig ist, das priesterliche Amt zu verwalten. Der Geweihte hüte sich aber vor Überheblichkeit und Stolz. Er nehme sich nichts heraus ohne Erlaubnis des Abtes und wisse, daß er fortan noch mehr der klösterlichen Ordnung sich zu unterwerfen hat. Er nehme nicht seine Würde als Priester zum Anlaß, den Gehorsam gegen die Regel und die klösterliche Zucht zu vernachlässigen. Vielmehr mache er immer mehr Fortschritte im Herrn.

Stets nehme er den Platz ein, der ihm nach seinem Eintritt ins Kloster entspricht, außer beim Dienst am Altare, oder wenn vielleicht die Wahl der Gemeinschaft und der Wille des Abtes ihn seines verdienstvollen Lebens wegen zu einem höheren Rang erheben wollen. Doch auch in diesem Falle soll er wissen, daß er sich an die für die Dekane und Vorgesetzten bestimmte Regel zu halten hat. Wagte er, sich ihr zu entziehen, so werde er nicht als Priester, sondern als Aufrührer betrachtet. Und bessert er sich trotz wiederholter Ermahnungen nicht, so werde auch der Bischof zum Zeugen angerufen. Sollte er sich auch jetzt noch nicht bessern, so werde er, wenn seine Schuld offenbar ist, aus dem Kloster ausgestoßen. Aber nur in dem Fall, wenn seine Hartnäckigkeit so groß ist, daß er sich nicht unterwerfen und der Regel gehorchen will.

DREIUNDSECHZIGSTES KAPITEL

Von der Rangordnung in der Klostergemeinschaft

Die Brüder sollen die Rangordnung im Kloster so einhalten, wie die Zeit ihres Eintritts, das Verdienst ihres Lebens und die Anordnung des Abtes sie geregelt haben. Der Abt bringe aber die ihm anvertraute Herde nicht in Verwirrung. Er soll auch nicht, als ob er unumschränkte Macht besäße, irgend-

eine ungerechte Verfügung treffen. Vielmehr soll er stets
bedenken, daß er über all seine Entscheidungen und Handlungen einst Gott Rechenschaft ablegen muß.

So sollen denn die Brüder in der Reihenfolge, wie er (der
Abt) sie bestimmt hat oder wie sie ihnen an sich zukommt,
zum Friedenskuß[203] und zur Kommunion gehen, die Psalmen
anstimmen und im Chor ihren Platz einnehmen. Durchaus
nirgends darf das Alter die Rangordnung bestimmen oder
ein Vorrecht geben; hielten doch Samuel und Daniel, obschon sie noch jung waren, über Älteste Gericht.

Mit Ausnahme jener also, denen, wie gesagt, der Abt nach
weisem Ermessen einen höheren oder aus gewissen Beweg-
gründen einen niedereren Platz angewiesen hat, sollen alle
übrigen die Reihenfolge so einhalten, wie es der Zeit ihres
Eintritts entspricht: Wer zum Beispiel zur zweiten Tages-
stunde ins Kloster gekommen ist, muß wissen, daß er, welches auch immer sein Alter und seine Würde war, jünger ist
als jener, der zur ersten Stunde kam. Gegenüber Knaben soll
dabei überall und von allen die gebührende Ordnung ge-
wahrt werden.

Die Jüngeren sollen also die Älteren ehren, die Älteren die
Jüngeren lieben. Wenn sie einander anreden, ist es keinem
erlaubt, einen andern beim bloßen Namen zu nennen. Vielmehr sollen die Älteren die Jüngeren «Brüder», die Jüngeren
die Älteren aber «Nonnus[204]» nennen, was soviel heißt wie
«ehrwürdiger Vater».

Der Abt aber werde, da man im Glauben in ihm den Stellvertreter Christi erblickt, «Herr» und «Abt» genannt, nicht
weil er sich diesen Namen selber anmaßt, sondern aus Ehrfurcht und aus Liebe zu Christus. Daran möge er denken
und sich durch sein Benehmen einer solchen Ehre würdig
erweisen.

Wo immer die Brüder einander begegnen, bitte der Jüngere den Älteren um den Segen. Geht ein Älterer vorbei, so

[203] Empfang des Friedenskusses in der heiligen Messe
[204] Dieses Wort ägyptischen Ursprungs kam im Laufe der Jahrhunderte außer Gebrauch.

erhebe sich der Jüngere und biete ihm Platz zum Sitzen an.
Ein jüngerer Bruder erlaube sich auch nicht, sich wieder
hinzusetzen, bevor sein Älterer ihn dazu auffordert, auf daß
geschehe, wie geschrieben steht: «Kommet einander mit
Achtung entgegen[205].»

Knaben und Jünglinge halten im Chor und bei Tisch in
Ordnung ihre Reihenfolge ein. Draußen jedoch, wie überhaupt überall, soll man sie überwachen und in Zucht halten,
bis sie zum verständigen Alter kommen.

VIERUNDSECHZIGSTES KAPITEL

Von der Einsetzung des Abtes

Bei der Einsetzung eines Abtes gelte stets als Regel, jenen
zum Abt zu bestellen, den entweder die ganze Gemeinschaft,
erfüllt von Gottesfurcht, in Einmütigkeit erwählt oder ein,
wenn auch kleiner Teil nach besserer Einsicht. Die Einsetzung geschehe nach Würdigkeit des Lebenswandels und
nach Weisheit der Lehre, auch wenn der Betreffende in der
Rangordnung der Letzte sein sollte.

Sollte, was Gott verhüten möge, die ganze Klostergemeinschaft einhelligen Sinnes einen erwählen, der mit ihren Fehlern einverstanden wäre, und würden dem Bischof, zu dessen
Diözese das Kloster gehört, oder den Äbten und benachbarten Gläubigen in irgendeinem Punkte diese Übelstände
bekannt, dann sollen sie verhüten, daß das Einverständnis
der Verworfenen Oberhand gewinne. Vielmehr sollen sie
dem Hause Gottes einen würdigen Verwalter bestimmen.
Sie seien überzeugt, dafür einen guten Lohn zu empfangen,
vorausgesetzt, daß sie ihres Amtes in reiner Absicht und aus
Eifer für Gott walten; unterließen sie es hingegen, einzu-
schreiten, so würden sie sich einer Sünde schuldig machen.

Der erwählte Abt denke immer daran, welche Bürde er
übernommen hat und wem er Rechenschaft über seine Verwaltung ablegen muß. Er wisse, daß er mehr fürsorgen als

[205] Röm 12, 10

251

vorstehen soll. Er muß also bewandert sein im göttlichen Gesetz, damit er einen Schatz von Wissen besitze, aus dem er Altes und Neues schöpfen kann[206].

Er sei ferner keusch, nüchtern, milde; stets ziehe er Barmherzigkeit strengem Gerichte vor[207], damit er das gleiche erlange. Er hasse die Fehler, liebe aber die Brüder.

Bei Zurechtweisung handle er klug und ohne Übertreibung, damit nicht das Gefäß, das er allzu sauber vom Roste reinigen will, zerbreche. Er nehme sich stets in acht vor seiner eigenen Armseligkeit und denke daran, daß man ein geknicktes Rohr nicht ganz brechen darf. Damit sagen wir nicht, er solle Fehler weiterwuchern lassen. Vielmehr rotte er sie, wie wir schon gesagt haben[208], in kluger und liebevoller Art aus, wie er es für jeden einzelnen am zuträglichsten findet.

Er trachte auch darnach, mehr geliebt als gefürchtet zu werden. Er sei nicht ungestüm noch ängstlich, er soll nicht übertreiben und sei nicht hartnäckig, nicht eifersüchtig und zu argwöhnisch; sonst hat er nie Ruhe.

In seinen Anordnungen sei er umsichtig und besonnen. In den Aufgaben, die er überträgt – mag es sich nun um Aufträge geistlicher oder weltlicher Art handeln –, treffe er mit aller Klugheit eine Entscheidung. Er denke an die weise Mäßigung des heiligen Jakobus, der sagte: «Wenn ich meine Herden auf dem Marsche übermüde, erliegen sie alle an einem Tage[209].»

Dieses und ähnliche Beispiele weiser Maßhaltung, dieser Mutter der Tugenden, ahme er nach und ordne alles so maßvoll an, daß die Starken noch mehr zu tun wünschen, die Schwachen aber ihrer Pflicht nicht entlaufen.

Ganz besonders soll er diese Regel in allen Punkten beobachten, damit er nach guter Verwaltung vom Herrn das gleiche Wort vernehme wie der getreue Knecht, der seinen Mitknechten den Weizen zur rechten Zeit zuteilte: «Wahrlich, ich sage euch, über alle seine Güter wird er ihn setzen[210].»

---

[206] Vgl. Mt 13, 52   [208] Vgl. 2. Kap.   [210] Mt 24, 47
[207] Vgl. Jak 2, 13   [209] Vgl. Gen 33, 13

Vom Prior des Klosters

Oft kommt es vor, daß durch die Einsetzung des Priors schwere Ärgernisse in den Klöstern entstehen; wenn nämlich einer, vom schlimmen Geiste des Hochmuts aufgebläht, glaubt, er sei ein zweiter Abt und sich Willkürherrschaft anmaßt, dann nährt er dadurch Ärgernisse und verursacht Zwistigkeiten in der Klostergemeinde. Das ist besonders dort der Fall, wo der Prior vom gleichen Bischof[211] oder den gleichen Äbten eingesetzt wird, die den Abt bestellten.

Es ist leicht einzusehen, wie verkehrt dies ist; denn gleich von seiner Einsetzung an wird dem Prior Anlaß zur Überheblichkeit gegeben, indem ihm von seinem verkehrten Denken eingegeben wird, er sei der Gewalt seines Abtes nicht unterworfen; denn er sagt sich: «Du bist doch von den gleichen Leuten eingesetzt worden wie der Abt.»

Hieraus entstehen Neid, Streitigkeiten, Verleumdung, Eifersucht, Mißstimmigkeiten und Störung der klösterlichen Ordnung. Wenn nämlich Abt und Prior merken, daß sie in ihren Auffassungen auseinandergehen, so bringen sie notwendigerweise durch diese Zwietracht sowohl ihre eigene Seele in Gefahr, wie sie auch ihre Untergebenen ins Verderben stürzen, wenn sie für den einen oder den andern Partei ergreifen. Für die Gefahr, die ein solches Übel mit sich bringt, sind jene in erster Linie verantwortlich, die die Veranlassung zu einer derartigen Unordnung gegeben haben.

So kommen wir denn zur Überzeugung, es sei für die Erhaltung von Frieden und Liebe am ersprießlichsten, wenn die Leitung des Klosters ganz im Ermessen des Abtes liegt. Wenn möglich sollen alle Angelegenheiten im Kloster, wie wir oben dargelegt haben, nach der Anordnung des Abtes durch die Dekane besorgt werden. Werden die Geschäfte mehreren anvertraut, so kann ein einzelner sich nicht stolz erheben.

---

[211] Der Text der Regel schreibt zwar: «Priester». Aber aus dem Zusammenhang ergibt sich, daß damit der Bischof gemeint ist.

Erfordern es die örtlichen Verhältnisse oder wünscht es die Klostergemeinde aus vernünftigem Grunde in Bescheidenheit und findet es auch der Abt für angezeigt, so bestelle er den als Prior, den er selbst nach Beratung mit gottesfürchtigen Brüdern dazu ausersehen hat.

Der Prior aber führe mit Ehrerbietung aus, was ihm von seinem Abte aufgetragen wird, und er tue nichts gegen den Willen und die Anordnung des Abtes: denn je höher er über den andern steht, um so gewissenhafter muß er die Vorschriften der Regel beobachten.

Läßt sich der Prior irgendwelche Vergehen zuschulden kommen oder zu stolzer Überheblichkeit verleiten oder wird er der Verachtung der heiligen Regel überführt, so ermahne man ihn bis zu vier Malen. Bessert er sich nicht, so schreite man mit der in der Regel festgesetzten Strafe gegen ihn ein. Erfolgt auch so keine Sinnesänderung, dann werde er seines Amtes als Prior entsetzt und ein anderer, der würdig ist, dafür bestimmt. Ist er auch hernach in der Gemeinschaft nicht ruhig und gehorsam, so werde er sogar aus dem Kloster ausgestoßen.

Der Abt bedenke aber wohl, daß er über all seine Anordnungen Gott Rechenschaft abzulegen hat, damit nicht etwa die Flamme des Neides und der Eifersucht seine Seele verbrenne.

SECHSUNDSECHZIGSTES KAPITEL

Von den Pförtnern des Klosters

An die Pforte des Klosters stelle man einen älteren, verständigen Bruder, der Bescheid entgegenzunehmen und zu geben versteht. Sein gereiftes Alter bewahre ihn vor Umherschweifen.

Der Pförtner habe seine Zelle neben der Pforte, damit jene, die ankommen, dort stets jemand finden, der ihnen Bescheid geben kann. Sobald jemand anklopft oder ein Armer sich meldet, antworte er: «Gott sei Dank» oder «Segne mich». Dann beeile er sich, in aller Freundlichkeit, wie sie die Gottesfurcht eingibt, und mit Eifer der Liebe Auskunft zu erteilen. Hat der Pförtner Hilfe nötig, so erhalte er einen jüngeren Bruder.

Wenn immer möglich, soll das Kloster so angelegt sein, daß alles Notwendige, das heißt Wasser, Mühle, Garten und die Werkstätten, in denen die verschiedenen Handwerke ausgeübt werden, innerhalb der Klostermauern sich befinden. So brauchen die Mönche nicht draußen umherzugehen, was für ihre Seelen durchaus nicht zuträglich ist.

Wir wollen, daß diese Regel öfters in der Gemeinschaft vorgelesen werde, damit kein Bruder sich mit Unkenntnis entschuldigen kann[212].

SIEBENUNDSECHZIGSTES KAPITEL

Von den Brüdern, die auf Reisen geschickt werden

Brüder, die auf Reisen geschickt werden, sollen sich dem Gebete aller Mitbrüder und des Abtes empfehlen. Stets gedenke man nach dem Schlußgebet des Chorgebetes aller Abwesenden.

Kehren dann die Brüder von der Reise zurück, so werfen sie sich am Tage ihrer Heimkehr bei allen Gebetsstunden am Schlusse des Chorgebetes auf dem Boden des Oratoriums nieder. Sie sollen alle um ihr Gebet bitten, um so Verzeihung zu erlangen für alle Fehler, die sie vielleicht auf der Reise durch Blicke oder Anhören von Bösem oder durch unnütze Worte begangen haben.

Keiner nehme sich heraus, einem anderen zu erzählen, was immer er außerhalb des Klosters gesehen oder gehört hat; denn dies richtet großen Schaden an. Wagte es aber doch einer, so verfalle er der in der Regel festgesetzten Strafe. Die gleiche Strafe treffe jenen, der sich herausnimmt, die Umfriedung des Klosters zu verlassen oder irgendwohin zu gehen oder irgendetwas, und sei es auch noch so unbedeutend, ohne Auftrag des Abtes zu tun.

[212] Ursprünglich schloß die Regel wohl mit diesem Kapitel; die folgenden Kapitel bilden Nachträge, die sich aus der Praxis ergeben haben.

ACHTUNDSECHZIGSTES KAPITEL

Wenn einem Bruder Unmögliches aufgetragen wird

Wird einem Bruder vielleicht etwas Schweres oder gar Unmögliches aufgetragen, so nehme er den Befehl des Obern in aller Sanftmut und im Gehorsam an. Kommt er aber zur Überzeugung, daß die auferlegte Last das Maß seiner Kräfte übersteigt, so lege er seinem Vorgesetzten die Gründe seines Unvermögens ruhig und in geeigneter Form dar, ohne Hochfahrenheit, Widersetzlichkeit oder Widerspruch. Hält der Obere auch nach dieser Vorstellung an seiner Entscheidung und seinem Befehle fest, dann sei der Untergebene überzeugt, daß es für ihn so gut ist, und er gehorche aus Liebe und im Vertrauen auf Gottes Beistand.

NEUNUNDSECHZIGSTES KAPITEL

Daß niemand im Kloster sich herausnehme,
einen andern zu verteidigen

Es ist zu verhüten, daß im Kloster bei irgendwelcher Gelegenheit sich einer herausnehme, einen andern Mönch zu verteidigen oder sich gleichsam als seinen Beschützer aufzuspielen, auch wenn beide durch Blutsverwandtschaft eng miteinander verbunden sind. In keiner Weise darf ein Mönch so etwas wagen, weil dies Anlaß zu schwersten Ärgernissen geben kann. Übertritt einer diese Vorschrift, so werde er sehr strenge bestraft.

SIEBENZIGSTES KAPITEL

Daß niemand sich herausnehme,
einen andern ohne weiteres zu schlagen

Jede Gelegenheit zur Anmaßung werde im Kloster vermieden. Wir bestimmen ferner, daß es keinem erlaubt sei, einen seiner Mitbrüder auszuschließen oder zu schlagen, außer wenn der Abt ihm dazu die Vollmacht gegeben hat.

Wer einen Fehler begeht, soll in Gegenwart aller zurechtgewiesen werden, damit auch die andern Furcht bekommen[213].

Knaben bis zum 16. Altersjahr sollen von allen Brüdern
in Zucht gehalten und überwacht werden. Es geschehe aber
auch dies maßvoll und in vernünftiger Weise. Wer sich ohne
Erlaubnis des Abtes irgendetwas herausnimmt gegen einen
älteren Bruder oder gegen die Knaben sich maßlos zum Zorn
hinreißen läßt, der unterliege der in der Regel bestimmten
Strafe; denn es steht geschrieben: «Was du nicht willst, daß
man dir tu, das tu auch keinem andern[214].»

EINUNDSIEBENZIGSTES KAPITEL

Daß die Brüder einander gehorchen sollen

Das Gut des Gehorsams müssen alle nicht nur dem Abte
erweisen, sondern auch einander sollen die Brüder gehorsam
sein. Die Brüder seien überzeugt, daß sie auf diesem Wege
des Gehorsams zu Gott gelangen.

Nichts soll also dem Befehle des Abtes oder der von ihm
bestellten Vorgesetzten vorangehen, und wir gestatten
nicht, daß private Aufträge einem solchen Befehl vorgestellt
werden. Im übrigen sollen alle Jüngeren ihren Älteren in
aller Liebe und Bereitwilligkeit gehorchen.

Findet sich einer, der streitsüchtig ist, so werde er ge-
züchtigt. Wird ein Bruder wegen eines, wenn auch ganz
geringen Grundes vom Abte oder von irgendeinem Älteren
irgendwie getadelt, oder fühlt er, daß ein Älterer gegen ihn
erzürnt oder auch nur ein wenig erregt ist, dann werfe er
sich alsogleich zu dessen Füßen auf die Erde nieder, um Genugtuung zu leisten, bis jene Erregung sich durch den Segen
legt. Würde einer aus Geringschätzung dies nicht tun, so
unterliege er körperlicher Züchtigung oder er werde, falls
er hartnäckig bleibt, aus dem Kloster ausgestoßen.

[213] Vgl. 1 Tim 5, 20   [214] Tob 4, 16

Vom guten Eifer, den die Mönche haben sollen

Wie es einen schlimmen Eifer der Bitterkeit[215] gibt, der von
Gott trennt und zur Hölle führt, so gibt es auch einen guten
Eifer, der uns vom Bösen trennt und zu Gott und zum ewi-
gen Leben führt.

Diesen Eifer sollen die Mönche mit feuriger Liebe betätigen: Sie sollen einander mit Ehrerbietung zuvorkommen[216].
Körperliche oder geistige Gebrechen anderer sollen sie in
aller Geduld ertragen; in heiligem Wettstreit sollen sie einander gehorchen. Keiner strebe nach dem, was er für sich
selbst, sondern für den andern von Vorteil hält[217]. Die brüderliche Liebe sollen sie einander in reiner Gesinnung erweisen,
Gott in Liebe Ehrfurcht entgegenbringen, ihrem Abt in
aufrichtiger und demütiger Hingabe zugetan sein, durchaus
nichts Christus vorziehen, der uns alle zum ewigen Leben
führen möge[218].

DREIUNDSIEBENZIGSTES KAPITEL

*Daß nicht alle Vorschriften zur Vollkommenheit
in dieser Regel enthalten sind*

Wir haben diese Regel geschrieben, damit wir durch ihre
Beobachtung in den Klöstern eine gewisse sittliche Würde
und einen Anfang im klösterlichen Tugendwandel an den
Tag legen. Wer aber nach einer vollkommenen Lebensfüh-
rung strebt, für den bestehen die Lehren der heiligen Väter,
deren Beobachtung den Menschen zur Höhe der Vollkommenheit führt. Welche Seite nämlich oder welches Wort der
von Gott beglaubigten Schriften des Alten und Neuen Te-
stamentes ist nicht eine überaus sichere Richtschnur für das

---

[215] Vgl. Jak 3, 14
[216] Vgl. Röm 12, 10
[217] Vgl. 1 Kor 10, 24.33; Phil 2, 4
[218] Diese Worte lassen vermuten, daß das 73. Kapitel erst später
angefügt wurde.

menschliche Leben? Oder welches Buch der heiligen katholischen Väter verkündet uns nicht laut, wie wir auf geradem Wege zu unserem Schöpfer gelangen können? Und die Collationen der Väter[219] und die Instituta[220] und ihre Lebensbeschreibungen[221], wie auch die Regel unseres heiligen Vaters Basilius, was sind sie anderes, als Tugendwerkzeuge für gute und gehorsame Mönche? Uns Trägen, Schlechten und Nachlässigen aber sind sie Grund zum Erröten und zur Beschämung.

Wer immer du also dem himmlischen Vaterlande zueilest, befolge mit der Hilfe Christi diese einfache Regel für Anfänger. Und dann wirst du schließlich unter Gottes Schutz zu den oben erwähnten höheren Gipfeln der Weisheit und der Tugenden gelangen.

Es schließt die Regel.

[219] Vgl. 42. Kap. Seite 230 Anm. 168
[220] Satzungen, Einrichtungen. Es handelt sich um eine Art Mönchsregel; Verfasser ist ebenfalls Cassian.
[221] Vgl. 42. Kap. Seite 230 Anm. 169

FRANZISKUS

Die Regeln des franziskanischen Ersten Ordens (die sogenannte « Erste Regel ohne Bulle» und die endgültige, d. h. dritte, mit Bulle be-stätigte Regel des heiligen Franziskus von Assisi) übertragen und eingeleitet von

DR. P. LAURENTIUS CASUTT, OFM CAP.

Franziskus von Assisi (1181 [1182?]–1226) gehört zu den Lieblingen der ganzen Welt. Ungläubige und Protestanten verehren ihn nicht viel weniger als die Katholiken. Wie erklärt sich dieses seltsame Phänomen? Der Poverello besitzt gewisse Züge, die alle ansprechen: Eine bezaubernde Natürlichkeit, eine sonnige Lebensauffassung, zarte Liebe zu allen Geschöpfen, ein sangesfrohes Gemüt, große Achtung vor der persönlichen Eigenart des Einzelnen, kühne Unternehmungslust, viel Freiheit für weltweite Aktivität oder eremitorische Abgeschiedenheit, bewußte Ablehnung einengender Normen, urevangelische Frische. Manche Bewunderer greifen nur das eine oder andere Element nach eigenem Belieben heraus und halten sich trotzdem für franziskanische Seelen, während die echte Nachfolge alles umfassen müßte, was der Heilige seinen Jüngern vorschrieb[1]. Kann nicht die Regel am besten Auskunft geben über die grundlegenden Forderungen und den Geist des heiligen Franziskus?

Die Geschichte der franziskanischen Regeln

wird zeigen, daß eine knappe Antwort gar nicht so leicht ist. Denn als Franziskus im Alter von ungefähr 23 Jahren seine Lebenswende vollzog, dachte er nicht daran, Gleichgesinnte zu gewinnen. Er glaubte vielmehr, seine Lebensaufgabe erschöpfe sich in der persönlichen Nachahmung

---

[1] Für den weiteren Rahmen dieser Studie sei verwiesen auf Casutt L., «Franciscus von Assisi» und «Franziskaner» in: Schweizer Lexikon III (Zürich 1946) 554ff.; 615ff.; Ders., Das Erbe eines großen Herzens. Studien zum franziskanischen Ideal, Graz-Salzburg-Wien 1949; Ders., Die älteste franziskanische Lebensform. Untersuchungen zur Regula prima sine bulla, Graz-Wien-Köln 1955. – Werkbuch zur Regel des heiligen Franziskus, herausgegeben von den deutschen Franziskanern, Werl i. W. 1955, 9ff.; Esser Kaj., OFM, Ordo Fratrum Minorum. Über seine Anfänge und ursprünglichen Zielsetzungen, in: Franziskanische Studien 42 (1960) 97–129. 297–355; 43 (1961) 171–215(wird fortgesetzt).

Christi, worunter er ritterlich-tapfere Habelosigkeit, demütige, liebende Dienstbereitschaft und Bemühungen um Erneuerung seiner Umwelt aus dem Geiste des Evangeliums verstand. Doch im Jahre 1208 (1209?) schlossen sich ihm elf Männer an – fast alle angesehene, reiche Bürger und Adelige –, die in der gleichen Art und Weise zu leben und zu wirken wünschten. Um die kirchliche Bestätigung ihrer «Lebensform» zu erhalten, benötigten sie eine schriftliche Darlegung ihres Vorhabens. «Niemand zeigte mir, was ich zu tun hätte; doch der Allerhöchste selbst offenbarte mir, daß ich nach der Form des Evangeliums leben solle», sagt er rückblickend in seinem Testament. Daher wählte Franziskus zur Grundlage jene Evangelienstellen, die ihm und seinen Gefährten Weg und Inhalt ihrer neuen Daseinsform erschlossen hatten. Natürlich fügte er noch weitere Bestimmungen bei, die zur Kennzeichnung der Gemeinschaft der zwölf «Minderbrüder»[2] notwendig schienen und aus den Erfahrungen des ersten Jahres hervorgingen. Bei dieser ersten schriftlichen Fixierung handelte es sich bloß um einen Entwurf[3] der «vita evangelii»; nicht um eine Regel im üblichen Stile. Zudem wußte der jugendliche Ordensgründer wohl, daß der damalige Papst und die römische Kurie neuen religiösen Bewegungen besondere Vorschriften machten. Sicher ist, daß die Verhandlungen mit Innozenz III. recht

[2] Zum Verständnis dieser Bezeichnung muß man vorerst an die politischen Zustände in Assisi denken. Es gab dort zwei Parteien: Die «Maiores», d. h. die Größeren (= Adeligen) und die «Minores», d. h. die Geringeren, Minderen (= freie Stadtbürger der verschiedenen Berufe). Wie hätte es sich mit der Dienst- und Demutsauffassung der Brüderschaft Franzens vereinbaren lassen, sich «Maiores» zu nennen, wenngleich er auf geistlichem Gebiet «semper ad maiora – immer auf das Größere hin» strebte, wie sein erster Biograph schreibt? – Überdies ließ sich Franziskus bei der Wahl des Ordensnamens wohl inspirieren vom Evangelium, das die «minores», d. h. die Armen, Bedürftigen usw. als Lieblinge Christi beschreibt (Lk 9, 48. 22, 26; Mt 25, 45).

[3] Nach dem zeitgenössischen Chronisten Roger von Wendover hatte Franziskus sein Vorhaben bloß auf einem Zettel notiert. Wegen des damaligen abgekürzten Schreibverfahrens, besonders bei Schriftworten, ergäbe die Umschrift einige Seiten.

verwickelt sich gestalteten, vor allem, weil die Armutsidee und Lebensform der zwölf Apostel aus Umbrien sich von den damaligen Armutsbewegungen in entscheidenden Punkten unterschieden. Es ist daher erstaunlich, daß die «vita evangelii» des Poverello wenigstens mündlich und auf Zusehen hin anerkannt und bestätigt wurde[4], auch wenn er zusätzliche Verordnungen vorgeschrieben erhielt[5], die seiner «Lebensform» stärker den Charakter einer kirchlichen Regel aufprägten.

Diese «Regula non bullata» – später so genannt, weil sie ohne feierliche Bulle approbiert worden war – erheischte und ermöglichte zugleich weitere Ergänzungen. Die Gefährten

---

[4] Die Tatsache, daß Papst Innozenz III. das «Leben» bzw. die Regel des heiligen Franziskus bestätigt hat, wird vom Ordensstifter sowohl in der Einleitung zur Ersten Regel als auch im Testament mit Nachdruck erwähnt: «Dominus papa *confirmavit* eam ... Dominus papa *confirmavit* michi». Als Honorius III. im Jahre 1223 die endgültige Regel guthieß, sagte er, sein Vorgänger Innozenz habe bereits die Regel bestätigt (Bull. Franc. I, 68). Desgleichen schreibt Thomas von Celano, der erste Biograph: «Innocentius ... regulam *confirmavit*» (Legenda ad usum chori, nr. 5). Auch Bruder Leo, Franzens Sekretär, und der heilige Bonaventura sprechen von dieser Bestätigung der Regel durch Papst Innozenz III. (Stellennachweise in: Casutt, Die älteste Lebensform, 25. 30. 50). Es ist daher unverständlich, daß Kajetan Esser, OFM, und Lothar Hardick, OFM, die Übersetzer der Schriften des heiligen Franziskus, Werl i. W. 1951 (2. Aufl. 1956) – und seither in verschiedenen Veröffentlichungen – die «Regula non bullata» stets «die *nicht bestätigte* Regel» nennen. Diese Bezeichnung ist zum mindesten irreführend und wird den Intentionen des heiligen Franziskus nicht gerecht. In der neuesten Veröffentlichung wechselt Esser seine frühere Stellung zur Regel. Vgl. in: Franz. Studien 42 (1960) 329 ff. – Freilich, man kann die Frage aufwerfen: Meinten Franziskus und die vorerwähnten Zeugen wirklich die Bestätigung des Regelentwurfes vom Jahre 1210, wenn sie so nachdrücklich das «Papa (Innocentius) confirmavit» hervorheben? Dieses Problem kann hier nicht behandelt werden. Ich möchte nur kurz andeuten, daß ich es für möglich halte, daß Papst Innozenz III. im Jahre 1216 eine besondere Bestätigung (aber ohne feierliche Bulle) der Regel der Minderen Brüder gab, nachdem das Generalkapitel die Verordnungen des 4. Laterankonzils (1215) ihrer Lebensform angepaßt hatte (vgl. Casutt, Die älteste Lebensform 64 ff.)

[5] Es ist kaum daran zu zweifeln, daß Papst Innozenz III. die drei Gelübde als Ternar in die erste Regel aufzunehmen befahl. Näheres bei Casutt, Die älteste Lebensform, 77 f. Wieweit der gleiche Papst beim Einbau der Dekrete des 4. Laterankonzils in die Erste Regel mitwirkte, ist wegen mangelnder Quellen nicht ersichtlich.

Franzens, die bald das ganze Land durchzogen, kamen jährlich zweimal zu sogenannten Kapiteln zusammen, um passende Beschlüsse zu fassen, die den wechselnden Verhältnissen und den wachsenden Aufgaben Rechnung tragen sollten. Denn die franziskanische Gemeinschaft entwickelte sich überraschend schnell und zählte schon im ersten Jahrzehnt mehrere tausend Mitglieder. Seit 1216/17 gingen die Brüder über das Ursprungsland Italien hinaus nach Frankreich, Spanien, Deutschland, Ungarn, England, Marokko, den Balkanländern und Syrien. Dies bedingte eine straffere Gliederung der Brüderschaft nach regionalen Zonen (Provinzen genannt), mit entsprechenden Vorstehern; ferner die Zulassung einer wärmeren Kleidung – zweite Tunika (ohne Kapuze, als Unterkleid) und Schuhwerk im Bedürfnisfall –, Bestimmungen über den Lebensunterhalt, Normen über die Stellung zum Geld und zu den Bauten, Erlasse über die formelle Predigttätigkeit (die systematisch wohl erst seit dem 4. Laterankonzil ausgeübt wurde), die Missionierung unter den Heiden, die Beziehungen zu weltlichen Personen und endlich Verordnungen über interne Angelegenheiten (Gebetspflichten, Fastenpraxis, Gehorsamsverhältnisse, Kapitelstagungen, Noviziat usw.).

Diese und andere Elemente wurden von Franziskus und seinen Ratgebern in die «vita evangelii», d. h. in die Lebensform der Minderbrüder aufgenommen. Wahrscheinlich sukzessiv oder bei besonders wichtigen Kapiteln, wie z. B. an Pfingsten 1216, als die Beschlüsse des Laterankonzils den Erfordernissen und den Apostolatsformen der franziskanischen Brüderschaft angepaßt wurden. Zum Abschluß kam die Redaktion dieser Ersten Regel (R I)[6] erst

---

[6] Mehrere Handschriften geben ihr den Titel: «Prima regula» (Böhmer H., Analekten zur Geschichte des Franciscus von Assisi, Tübingen-Leipzig 1904, 1). Bruder Leo erwähnt die von Innozenz III. genehmigte Regel als erste der drei von Franziskus verfaßten Regeln für die Minderbrüder und da sie umfangreicher war als die durch eine Bulle [1223] bestätigte Regel, kann diese erste Regel nicht identisch sein mit dem «Zettel», auf dem Franziskus sein ursprüngliches Vorhaben dem Papste unterbreitete (Documenta antiqua Franciscana, I,

im Jahre 1221. Dieser jahrelange Entwicklungsprozeß wirft viele Fragen auf, die trotz zahlreicher wissenschaftlicher Untersuchungen es noch heute nicht gestatten, die Entstehungsweise der einzelnen Teile abzuklären und die ursprüngliche Gestalt des Regelentwurfes vom Jahre 1210 herauszulösen[7].

Wer die nachstehend veröffentlichte R I genauer ins Auge faßt, wird erkennen, daß auch sie keine Regel im gewöhnlichen Wortsinn und Ordensgebrauch ist, da organisatorische Anweisungen, gesetzgeberische Normen, theoretische Satzungen, genau umschriebene Erlaubnisse und Verbote und systematische Darlegungen verhältnismäßig selten sind, und besonders, weil viele Dinge nicht erwähnt werden, die z. B. laut der Mönchsregel des heiligen Benedikt allgemein gültig scheinen. Um was geht es denn in der R I?

Ad Claras Aquas 1901, 83). Der zuverlässige Chronist und Zeitgenosse, Bruder Jordan von Giano, berichtet, daß die Brüder – es handelt sich um ein Vorkommnis aus dem Jahre 1219/20 – die «prima regula» gebrauchten (Chronica, ed. H. Böhmer [Collection d'Etudes et de Documents, VI.] Paris 1908, nr. 4. 11). Der Regelerklärer Hugo von Digne († um 1256) bringt Zitate aus der «Regula non bullata» und nennt sie die «originalis regula» (Expositio super regulam cap. 6, in: Firmamenta trium Ordinum S. Francisci, Paris 1512, fol. 48^r). Entgegen diesen Zeugnissen (über deren Bewertung vgl. Casutt, Die älteste Lebensform, 11–41) behaupten die Herausgeber der Schriften des heiligen Franziskus (2. Aufl. 19), die R I sei «irrtümlicherweise» die erste Regel genannt worden. Denn die erste Regel sei die verloren gegangene – keine Quelle hat diese Ansicht! – Eingabe Franzens an Innozenz III.

[7] Vgl. Müller K., Die Anfänge des Minoritenordens und der Bußbruderschaften, Freiburg i. Br. 1885; Cuthbert, OFM Cap, Life of St. Francis, London 1912; Kybal VL., Die Ordensregeln des heiligen Franz von Assisi und die ursprüngliche Verfassung des Minoritenordens, Leipzig-Berlin 1915; Mandič D., OFM, De legislatione antiqua Ordinis Fratrum Minorum, I, Mostar 1924. – Eine umstürzend neuartige Interpretation der Regelgeschichte schrieb Quaglia A., OFM, L'originalità della Regola francescana, Sassoferrato 1943 [die 1959 erschienene 2. Auflage wiederholt die alten Meinungen, trotz der seither gegen ihn vorgebrachten Einwände]; Ders., Origine e sviluppo della Regola francescana, Napoli 1948. Gegen die unhaltbaren Hypothesen Quaglias, aber überdies mit dem Versuch, die Probleme der ersten Regel einer Lösung entgegenzuführen, nahm zuletzt Stellung Casutt, Die älteste Lebensform.

Franziskus hat nur eine große Sorge: Die «rectitudo vitae nostrae», d. h. das rechte Wandeln in seinem «Leben des Evangeliums». Um den Fußspuren Jesu Christi zu folgen, baut Franziskus nur einige wenige grundlegende Elemente in die Regel ein, stellt als formendes Gesetz der brüderlichen Gemeinschaft das gegenseitige und liebende Dienen auf, gibt für den Wandel und das Wirken in der Welt nur ein paar richtunggebende Normen, aber spricht ausführlich von der Heiligung der eigenen Seele und vom Aufstieg zur Vereinigung mit Gott. Beständig schürt er die Glut der Liebe zur «Lebensform», fordert Heroismus, ohne kluges Maßhalten zu mißachten, erwartet kompromißlose Gradheit des Strebens und macht doch Zugeständnisse an die gewandelten Zustände. In der R I lebt Franziskus selber; man fühlt den Atem seines Eifers, die Schläge seines liebenden Herzens, die Zartheit seiner Empfindungen, die oft genialische Weite seiner Sichten, die mystischen Aufschwünge seiner seraphischen Seele, den hymnischen Jubel über alle körperlichen und geisthaften Wesen. Und trotzdem ist die R I sehr realistisch; deckt Schwächen und Spannungen auf; läßt Verfehlungen und Mißbräuche der Amtsinhaber durchblicken; rechnet mit bösen und falschen Brüdern, mit murrenden und lästernden Genossen, schwachen und abtrünnigen Gliedern. Doch alle Armseligkeiten können den gewaltigen Eindruck der «vita» kaum mindern. Mit dieser «Lebensform» wurde die häretische Armutsbewegung an die Wand gedrückt, die schwankende Kirche gestützt, die missionarische Welle zur Hochflut gebracht, die Keime einer neuen Zeit ausgestreut, die Frömmigkeit mit stärkeren Antrieben ausgerüstet und selbst der Kunst ein schöneres und farbenreicheres Weltbild vor Augen gestellt. So ist es begreiflich, daß Franziskus diese «Lebensform» zu erhalten trachtete und am Schluß der R I die Brüder beschwört: «.. indem ich ihnen die Füße küsse, daß sie das Geschriebene überaus lieben, beschützen und verwahren ... und kraft des Gehorsams befehle und gebiete ich strenge, daß von dem, was in diesem «Leben» (= R I) geschrieben ist, keiner etwas mäßige oder schriftlich hinzufüge; noch sollen die Brüder eine andere Regel haben!»

Dieser bewegte Zuruf war vergeblich. Viele Brüder wünschten, nein, forderten eine «andere Regel». Der Gründe gab es viele. Die Provinzminister hatten wohl Schwierigkeit, die Brüder nur an Hand der R I zu leiten. Präzise Normen mochten ihnen wichtiger scheinen als spirituelle Ermahnungen, und juristische Formulierungen notwendiger als erhabene Gedanken über das minoritische Hochziel. Sie erlagen der Versuchung der meisten Vorgesetzten, das Gesetz höher zu werten als den Geist. Die Gebildeten vermißten sicher Angaben über die Studienfrage. Den Geschäftshubern schien wohl die Lohn- und Verdienstfrage revisionsbedürftig. Waren die auferlegten Beschränkungen beim Reisen durch die Gaue dem Apostolat nicht hinderlich? Konnte man in den abgelegenen Niederlassungen ohne Last- und Reittier auskommen? Einige vertraten die Meinung, das Eingehen auf die Zeitbedürfnisse sei unvermeidlich. Solche und ähnliche Stimmen schwirrten in den Jahren 1221/23 durch die Luft und erschütterten die Gemüter. Nicht alle Unzufriedenen waren kurzsichtige Nörgler und engstirnige Besserwisser. Es gab aufrichtig Besorgte, die nur das Wohl der Brüderschaft erstrebten, auch wenn ihre Mentalität von jener des Ordensstifters mehr oder minder abwich. Diese Kreise legten dem Heiligen dringend nahe, die R I abzuändern und den vorgebrachten Wünschen und Forderungen anzupassen.

Schweren Herzens und nicht ohne Widerwillen verfaßte Franziskus eine kürzere Regel. Diese R II ist leider durch die «Sorglosigkeit des Bruders Elias», wie der heilige Bonaventura mit verhüllender Milde sich ausdrückt, «verloren» gegangen. Die historischen Quellen dieser Periode fließen spärlich und vor allem nicht ohne unparteiische Einflüsse, sodaß die Tragik dieser Tage nur geahnt werden kann. Der Ordensgründer verschloß sich dennoch nicht dem unablässigen Zureden seiner Umgebung und schrieb, unterstützt durch den Ordensprotektor, Kardinal

Hugolin[8], im Jahre 1223 die dritte Regel (R III). «Aus dieser Regel wurden viele Stellen, gegen den Willen des seligen Franziskus, durch die Minister beseitigt», bemerkt der Sekretär des Heiligen mit der ihm eigenen Schärfe. Angesichts der gefährlichen Krise lag es dem Papste Honorius III. sicher am Herzen, die Spannungen zu beheben und den Konflikt möglichst rasch beizulegen. Daher bestätigte er die R III bereits Ende November 1223 feierlich und unwiderruflich durch die Bulle «Solet annuere». Die franziskanische Gesetzgebung war damit abgeschlossen[9].

Der Gehalt der Regeln

Die R III weicht in ihrer äußeren Form stark von der R I ab. Der Aufbau ist straffer. Durch Zusammenziehung sinnverwandter Verordnungen wurden die 24 Kapitel der R I auf 12 herabgesetzt. Die Sprache ist nüchterner geworden, aber

[8] Zöllig B., OFM Cap., Die Beziehungen des Kardinals Hugolino zum heiligen Franziskus und seinem ersten Orden, Münster i. W. 1934, wies nach, daß von seiten des Protektors keine bedeutenden Eingriffe in die Regeln vorkamen. Vgl. Zarncke L., der Anteil des Kardinals Ugolino an der Ausbildung der drei Orden des heiligen Franz, Berlin 1930.

[9] Im Todesjahr (1226) verfaßte Franziskus noch ein Testament, dem Gregor IX., der frühere Ordensprotektor Kardinal Hugolin, die Rechtskraft absprach, weil der Ordensstifter seinen Nachfolger als Generalminister nicht rechtlich verpflichten könne (vgl. Esser K., OFM, Das «ministerium generale» des heiligen Franziskus von Assisi, in: Franz. Stud. 33 [1951] 329–348, bes. 334). Der Zweck dieses Entscheides war, jene Schranken aufzuheben, die das Testament gegen gewisse neue Tendenzen innerhalb des Ordens errichtet hatte (vgl. Gratien de Paris, OFM Cap., Histoire de la fondation et évolution de l'Ordre des Frères Mineurs au XIIIe siècle, Paris 1928, 119ff.; Esser K., Das Testament des heiligen Franziskus von Assisi [Vorreformationsgeschichtliche Forschungen, 15], Münster i. W. 1949, 49ff. 201f.). Die letzte Willensäußerung des sterbenden Ordensvaters hätte die gleiche rechtliche Anerkennung verdient, wie die Regula bullata, weil Franziskus beide Dokumente nicht bloß als höchster Ordensoberer – Gregor IX. nahm nur darauf Bezug durch die Anwendung des Grundsatzes: «Non habet imperium par in parem» –, sondern zugleich als Gründer schrieb, dem höhere Rechte zustehen. Begreiflich, daß die Spiritualen sich gegen den päpstlichen Entscheid auflehnten. Den richtigen Weg beschritten die Kapuziner, indem sie die kirchliche Erlaubnis einholten, das Testament als rechtskräftig anzuerkennen.

trotzdem nicht von juristischer Prägung, wenngleich einige Klauseln eingefügt werden, um den Provinzobern eine sicherere Amtsführung zu ermöglichen. Als bedeutenden Vorteil muß man die Einführung des Breviers, das sonst nur an der päpstlichen Kurie gebräuchlich war, bezeichnen; denn das Wanderapostolat der Minoriten wurde dadurch erleichtert und das Gebetspensum auf ein vernünftiges Maß reduziert. Diese Neuerung war das Werk des Meisters, nicht der Minister. Franziskus begriff die Wirklichkeiten des Lebens augenscheinlich doch besser, als man annahm. Die Fastenzeit, die zuvor von Allerheiligen bis Ostern – Weihnachten bis Epiphanie ausgenommen – dauerte, durfte während des Intervalls der vierzig Tage vom 6. Januar bis 14. Februar nach persönlichem Belieben unterbrochen werden. Wo freiheitliche Prinzipien aufleuchten, ist wohl in Franziskus der Urheber zu vermuten. Ein «Senioren-Kapitel» hatte ja nach einer Verschärfung der monastischen Speiseverbote verlangt. Auf den Druck der andersgesinnten Wortführer hin mußte Franziskus den Kerngedanken seines Berufungserlebnisses (R I, 14) und der wortwörtlichen Nachfolge Christi aushöhlen lassen. Denn was die R III, 3 über den «Wandel durch die Welt» sagt, konnte als harmlose moralische Anweisung gedeutet werden, oder als Freibrief für die Anpassung an die Zeiterfordernisse. Der engere Freundeskreis um den Ordensstifter – so lassen die Schriften Bruder Leos erkennen – befürchtete in dieser Lokkerung einen beginnenden Zerfall. Diese Gefahr wurde in der zweiten Hälfte des 13. Jahrhunderts öfters akut. Doch bei richtiger Handhabung – die Gesamthaltung eines Ordens ist stets das Regulativ – war das Postulat der Minister ein Akt kluger, vorausschauender Vernunft. Hochbedeutsam wurde das 8. Kapitel der R III. Nicht so sehr wegen der genauen Regelung des Ordenskapitels, sondern wegen der strengen Forderung – im Namen des Herrn! –, den ohne Zeitbeschränkung gewählten General abzusetzen, «wenn er zum Dienste und gemeinsamen Wohle der Brüder nicht mehr taugt». Hier wird das monarchische Prinzip früherer

Orden durch das demokratische Recht der Brüdergemein-
schaft eingeschränkt. Ausdruck eines neuen Geistes und
einer neuen Zeit! In allen vorfranziskanischen Orden konnte
der höchste Obere normalerweise nicht durch die eigenen
Mitbrüder abgesetzt werden. So war es bei den Benedikti-
nern, Kamaldulensern, Zisterziensern, Kartäusern und Prä-
monstratensern[10]. Demnach hatte die franziskanische Gesetzgebung geradezu revolutionären Charakter! Bei dieser
Beurteilung der Sachlage bliebe man indessen an der Ober-
fläche haften. Franziskus ging tiefer. Er, der ursprünglich
weder einen «Prior» noch eine andere Form von «Amtsgewalt» unter seinen Brüdern aufkommen lassen wollte (R I,
5–6), mußte bald die bittere Erfahrung machen, daß die
«ministri et servi», d. h. die Diener und Knechte, sich so
gebärdeten, als ob sie «die Prälatur als Erbrecht für sich in
Anspruch nehmen dürften» (2 Cel 188)[11], oder «nicht die
Mühe, sondern die Ehre im Amte suchten» (2 Cel 145). Solange Franziskus selber die Zügel des Ordens in Händen
hatte – bis 1221 –, entfernte er die von ihm eingesetzten
Obern rücksichtslos von ihren Posten, wenn er bei ihnen die
«ambitio praesidendi» wahrnahm und sie nicht durch Bemühungen und Werke ihre Tüchtigkeit und Dienstbereitschaft bewiesen. In der R III, 8 baute er nun für alle Zeiten
den Grundsatz der Leistungsfähigkeit ein: «sufficiens ad
servitium et ad utilitatem fratrum». Das war genial!

Der Orden des heiligen Franziskus ist kraft der R I eine
zentral organisierte Gemeinschaft, und damit unterschied
sich seine Stiftung von früheren religiösen Institutionen,
wie den obgenannten Orden. Auch die Augustinerchor-
herren und Regularkanoniker hatten autonome Häuser,
oder, wie bei Cluny und den Zisterziensern: ein Stift mit
ein paar Filialklöstern. Franziskus schuf jedoch durch das

---

[10] Vgl. Jassmeier J., Das Mitbestimmungsrecht der Untergebenen
in den älteren Männerordensverbänden (Münchener Theol. Studien,
III: Kanonistische Abtg., 5. Bd.), München 1954.

[11] Thomas von Celano, Leben und Wunder des heiligen Franziskus
von Assisi (Franziskanische Quellenschriften, 5. Bd.), Werl i. W. 1955.

Generalat und dessen Befugnisse für den gesamten Orden – ähnlich wie Jesus Christus im Papsttum seiner Kirche – ein spirituelles Kraftzentrum eigener Prägung. Diese wichtige Einrichtung wurde auch durch die R III nicht abgeändert. Ebenso blieb das Mitbestimmungsrecht erhalten, das damals allen Brüdern des Ordens gestattete, an den Beratungen und Beschlußfassungen des Kapitels mitzuwirken (R III, 8). Hiemit hatte Franziskus – modern gesprochen – instinktiv das Prinzip der Subsidiarität, dessen Namen er freilich noch nicht kannte, zur Anwendung gebracht. Die kleinen minoritischen Gemeinwesen – Provinzen und Kustodien – sollten mit eigenen Kräften und aus eigener Initiative wirken. Wie Franziskus größte Hochachtung vor dem Einzelnen zeigte, so wollte er auch den selbstverantwortlichen Einsatz der kleinen Lebenskreise, wie sie in Portiunkula und den ersten Niederlassungen sich herausgebildet hatten.

Wahrscheinlich teilten auch die Ministri in diesen Punkten die Ansichten des Ordensvaters. Man täte ihnen sicher Unrecht, sie nur als Gegner der R I zu sehen. Aus dem Schreiben des Heiligen an einen Minister kommt deutlich zum Ausdruck, daß er den «Rat der Brüder» bei der Abfassung der Vorschriften und Regelkapitel zu Hilfe nahm[12]. Freilich, gerade jenes Kapitel, das er nach dem Wortlaut des Briefes in die Regel einsetzen wollte, wurde abgelehnt. Unterdrückt wurde vor allem das 22. Kapitel der R I. Das war jammerschade! Denn es enthält eine Synthese des mystischen Aufstieges der franziskanischen Seele, d. h. die religiösen Erfahrungen der ersten Brüdergeneration. Sie verliefen in folgenden Etappen[13]:

1. Die Brüder sollen, der Fußspur Christi folgend, ihre Feinde lieben.

2. Wir müssen unseren Leib mit seinen Lastern und bösen Neigungen hassen.

[12] Die Schriften 140f.
[13] Vgl. den Kommentar in: Casutt, Die älteste Lebensform 128ff.

3. Wir sollen nur noch dem Willen des Herrn folgen und gutes Erdreich für den Samen des Wortes Gottes sein.

4. Wir müssen uns sehr in acht nehmen vor den Listen Satans.

5. Die Vorgesetzten sollen jedes Hindernis beseitigen, damit die allerheiligste Dreifaltigkeit in den Seelen der Brüder wohnen könne.

6. Wenn das Evangelium die Lebensform der Brüder ist, werden sie diese Vollendung erreichen.

Gewiß, die juristisch und kanonistisch geschulten Ministri konnten einwenden: Eine Abhandlung über franziskanische Spiritualität passe nicht in die Regel; Mystik sei Ausnahme; sie gehöre nicht in den Pflichtenbereich und in die Zuständigkeit der Obern. Franziskus opferte um des Friedens willen ein Herzstück dessen, was er unter der «vita evangelii» verstand. Ebenso schmerzlich war es ihm wohl, als R I, 21 beseitigt wurde: Die Lobpreisungen (Laude). Die Assistenten des Poverello schnitten ganze Äste blühender Dolden ab und rissen manche Blumen als wertlos aus, ohne genügend zu bedenken, daß sie dadurch den Duft des ursprünglichen Geistes verflüchtigten. Über der Ersten Regel schwebt ein Hauch von Poesie. Die R III nähert sich der nüchternen Gesetzesprosa. Für lauschige Winkel, in denen die franziskanischen Troubadouren mit den Vögeln zur Ehre des Allerhöchsten jubilierten, scheint die endgültige Regel wenig Sinn zu haben. Oder ist es nicht bezeichnend, daß der Ausdruck «Einsiedeleien» (R I, 7) fallen gelassen und durch die allgemeine Formel: «Wo immer Brüder weilen» (R III, 6), ersetzt wurde? Zwar bestand von seiten der Ministri sicher nicht die Tendenz, sie zu unterdrücken. Aber das bloße Verschweigen ihrer Existenz scheint den Beginn eines geistigen und gesellschaftlichen Wandels innerhalb der Brüderschaft auszudrücken. Der Orden tritt immer mehr aus der einstigen Stille der Kontemplation und wandert auf den Straßen zur Aktion. Die Städte locken. Neue Seelsorgsaufgaben winken. Der Versuch, Studienhäuser zu errichten, war bereits unternommen worden. In R I, 3 hieß es noch: «Die Kleriker [d. h. die Lesekundigen, Gebildeten und Priester] dürfen nur jene Bücher haben, die zur Verrichtung ihres (Gebets-)Offiziums erforderlich sind». Die R III, 10 stellt das Streben nach wissenschaftlicher Bildung für die Kleriker als erlaubt hin. Es ist hier nicht der Ort, um die Stellung Franzens zum Studium zu erörtern. Es sollte nur auf die Entwicklungslinie hingewiesen werden.

Bedeutsam ist auch der soziale Wandel, den die neue Regel anbahnt. Nach R I, 7 dienen und arbeiten die Brüder noch «bei anderen Leuten». Wer darunter zu verstehen ist, sagt die Regel nicht. Es müssen indessen wohl große Herrschaften und Häuser gewesen sein; denn es ist die Rede vom Amte eines Kämmerers, Kellermeisters und Aufsehers, Aufgaben freilich, die den Brüdern ausdrücklich verboten werden. Aus den zeitgenössischen Quellen wissen wir nun, daß die Minderbrüder in die Paläste von Kardinälen gerufen wurden; daß sie besonders in verschiedenen Spitälern Hilfe leisteten und gelegentlich auch armen Bauern zur Erntezeit beistanden. Franziskus wollte eben, daß die sich ihm anschließenden Herrensöhne und Adeligen nicht nur theoretisch oder gar schwärmerisch, sondern in harter Erfahrung sich als «die Brüder aller Menschen» ausweisen. Zudem sollten die Brüder durch diese unentgeltliche, demütige Dienstbereitschaft und ihren heiligen Wandel die Klassengegensätze überbrücken helfen und den Leuten praktisch vorleben, daß Arbeit und Innerlichkeit auch im Weltgetriebe nicht unvereinbare Gegensätze sind. Was macht nun die R III, 5 aus dieser geradezu modernen Konzeption? Sie begnügt sich mit der asketischen Anweisung: «Die Brüder, denen der Herr die Gnade zu arbeiten verliehen hat, sollen treu und mit Hingabe arbeiten und den Geist des Gebetes und der Andacht nicht auslöschen». Kein Wort mehr über die soziale Funktion der Arbeit. Auch in diesem Fall darf man den Redaktoren der R III nicht die absichtliche Unterdrückung der bisherigen Formen unterschieben; denn die Praxis des Wirkens unter fremden Leuten dauerte ungehindert weiter. Doch das Verschweigen hatte zur Folge, daß man unter gewandelten Umständen den einstigen Brauch vergaß und die Tuchfühlung mit dem werktätigen Volk verlor. Denn Seel-Sorge allein, als Form der Begegnung mit der Bevölkerung, widerspräche den urfranziskanischen Intentionen. Erst heute, wo wieder Laienbrüder und Priester auf die Arbeitsplätze, in Werkstätten und Fabriken geschickt werden, um die Gott und der Kirche entfremdeten Arbeiter in Kontakt mit der Religion zu bringen, denkt man an die ehemalige minoritische Übung zurück.

Um das Risiko solcher Außenposten wußte Franziskus. Denn er rechnete mit Gefahren, Skandalen und Niederlagen (R I, 12–14). Durfte er die Brüder solchen Wagnissen aussetzen? Jesus hatte doch auch die Apostel unter die Wölfe gesandt (R I, 16). Wie hätte er also, als Christusritter, seinen Kampfgefährten die Bewährungsproben ersparen sollen? Allerdings, als sich den ersten, bereits erprobten Streitern junge, unerfahrene Knappen zugesellten, ließ er sie nicht unvorbereitet in die Walstatt ziehen (R I, 2). Jeder sollte genügend charakterliche und religiöse Festigkeit erlangen, um auch unter Weltmenschen der eigenen Lebensform treu zu bleiben. Ihre «vita» war auf jeden Fall nicht verbunden mit der Vorstellung, ein Minderbruder schütze sich vor der Welt durch den Aufenthalt in mauerumwehrten Klöstern[14]. Was sagt nun die endgültige Regel zu diesen Auffassungen? Sie spricht zwar nicht von franziskanischen Klöstern oder Monasterien; wohl aber werden fortan «Häuser» – die Vor-

[14] Baulich und begrifflich waren die franziskanischen Niederlassungen – einfachhin «Loca», d. h. Orte, genannt – total verschieden von den Klosteranlagen der Benediktiner, Zisterzienser usw. Diese Orte waren Stätten des gelegentlichen Zusammentreffens, des Gebetes und der Arbeit. Ein klostermäßig geregeltes, gemeinschaftliches Leben war gar nicht möglich, solange die Brüder, die mehrheitlich Laien waren, auswärts zur Arbeit, in die Wälder zum Gebet, in die Stadtkirchen zum Gottesdienst gingen. Erst am 3. Dezember 1224 erhielt der Orden das Privileg, die heilige Messe in eigenen Oratorien zu feiern, und die Erlaubnis zur Aufbewahrung der Eucharistie wurde sogar erst 1231 erteilt. Doch schon vor dem Jahre 1223 (vgl. Casutt, Die älteste Lebensform, 79, Anm. 81) gab es Ortsobere, Guardiane genannt.

stufe der Konvente[15] – zugelassen (R III, 6). Das war normale Entfaltung der Brüderschaft und damit war Franziskus einverstanden, wie die Legende von Perugia[16] erkennen läßt. Hingegen war er sicher gegen die Tendenz der Ministri, den Harnisch unter dem Habit zu verstecken, d. h. die Härten allzusehr zu mildern. Diese Absicht kommt darin zum Vorschein, daß sie fast alle nach Eisen klirrenden Evangelienworte aus der Regel strichen:

Aus R I, 1: Mt 16, 24: «Wer mir nachfolgen will, verleugne sich ...».

Lk 14, 26: «Wer ... seinen Vater ... nicht haßt ...».

Aus R I, 9: Is 50, 7: «Der Sohn des lebendigen, allmächtigen Gottes machte sein Antlitz zum ‚härtesten Felsen' und schämte sich nicht, für uns (bettel-)arm zu werden».

Aus R I, 14: Mt 5, 39: «Dem Böswilligen sollen sie nicht widerstehen».

Lk 6, 29: «Wenn man ihnen das Ihrige nimmt, sollen sie es nicht zurückfordern».

Aus R I, 16: Mt 10, 16: «Ich sende euch wie Schafe mitten unter Wölfe».

Mt 10, 28: «Fürchtet jene nicht, die den Leib töten!» u. ä.

Warum gab Franziskus diese Texte preis? Es geschah erst nach erbittertem Widerstand, bezeugt Bruder Leo, sein Vertrauter. Letztlich dachte er, die Brüder können sich der Verpflichtung auf diese und die übrigen Evangelienstellen

[15] Das Wort «Konvent», d.h. Zusammenkunft, tritt zum ersten Mal als Ausdruck einer ‚klösterlichen' Gemeinschaft ums Jahr 1226 auf (Jacobi de Guisia, Annales Hannoniae, XXI, 15, in: MGH SS 30/1, 293 f.).
[16] La Legenda antiqua S. Francisci. Texte du Ms. 1046 de Pérouse, éd. F. Delorme, Paris 1926, nr. 14. – Nach Angabe des englischen Chronisten Roger von Wendover lebten die Minderbrüder zu 7–10 beisammen (Arch. Franc. Hist. 1 [1908] 82, Anm. 3)

nicht entziehen, da er am Anfang und am Schluß der endgültigen Regel ausdrücklich festhalte, die Minderbrüder
müssen das Evangelium befolgen. O heilige Einfalt, die
nicht mit den Kanonisten und der rechtlichen Umgehung
des Gesetzes rechnete! Es kam anders ... Im Jahre 1312 er-
klärte Papst Klemens V., die Brüder seien nur zur Beobachtung jener evangelischen Räte verpflichtet, die in der endgültigen Regel als Verbot, Gebot oder mit gleichlautenden
Ausdrücken enthalten seien. Wurden somit die Absichten
des heiligen Franziskus vereitelt?

Abgeschwächt, gewiß; vereitelt, nein! Vielleicht waren
diese Verzichte kein zu hoher Preis, um den Orden aus der
Gefahrenzone eines übersteigerten Enthusiasmus zu retten.
Er kam ja bald in die bedrohliche Nähe des schwärmerischen
Joachimismus[17], und die extremen Spiritualen[18] hätten mit
der R I allein wohl noch größere Verwirrung gestiftet. Man
darf auf jeden Fall nicht übersehen, daß die R III die zentral-
sten Elemente der franziskanischen Lebensform – Erneuerung des Evangeliums in den Fußspuren Jesu, heroische
Armut und Demut usw. – durchaus beibehielt. Was die
R III an Innigkeit und Herzlichkeit einbüßte, gewann sie an
Klarheit und Konzentration. In Schmerzen geboren, für-
wahr! Doch Franziskus liebte auch sie als wahres Kind seines Geistes, wie sein Testament unzweifelhaft zu erkennen
gibt. Es muß gerade in diesem Zusammenhang bedacht
werden, daß er nicht hinter der endgültigen Regel verschwindet, sondern ihre lebendige Mitte ist: Sie enthält
nicht weniger als zehn Ich-Stellen[19]. Nur seine Persönlichkeit erschließt ihren wahren Sinn und füllt die Lücken. Sein
Leben und das «Leben» (= Regel) bilden integrierende
Teile. Man hat dies nicht immer genügend in Betracht ge-
zogen. Wir werden sogleich die Richtigkeit dieser Behauptung nachweisen.

[17] Vgl. Grundmann H., Neue Forschungen über Joachim von Fiore,
Marburg 1950; Bondatti G., Giochinismo e Francescanesimo nel Du-
gento, Assisi 1924.
[18] Vgl. Werkbuch zur Regel 74 ff.
[19] Vgl. R III, 2, 3, 4, 6, 9, 10, 11, 12

Die beiden noch erhaltenen Regeln können nicht den ganzen Reichtum des franziskanischen Geistes offenbaren, weil sie nicht vollständige Summen der minoritischen Lebensform sind. Dies geht aus der bisherigen Darstellung bereits hervor. Der Regelentwurf vom Jahre 1210 enthielt ja nur das Allernotwendigste. Die R I geht, trotz der relativen Breite, nur auf wenige Kernpunkte ein. Man wähle zur Probe ein beliebiges Kapitel aus und vergleiche es mit den verschiedenen Ordensregeln dieses Werkes. Die Ungleichheit muß in die Augen stechen! Auch die R III wurde nicht unter dem Gesichtspunkt der Vollständigkeit geschaffen. Wir erfahren nichts vom Amt eines Hausobern (Guardian), obschon dieser Posten bestand und für die Abwicklung des Ordenslebens wichtig scheinen könnte. Kein Wort über die Schulung des Nachwuchses. Keine Silbe über das juristische Verhältnis zu den täglichen Gebrauchsgegenständen. Bloß gestützt auf die Regel hätte man keine Ahnung, wie die Niederlassungen bzw. Häuser der Brüder aussahen und was dort vorging, ob und wann man das Stillschweigen beobachtete – wahrscheinlich nur bis zur Terz und nicht während der Mahlzeiten –, ob man Lesungen hielt oder wie in einer Familie plauderte, welche Almosen man sammelte und ob man sie aufbewahrte. Keine Anweisung, ob alle das Offizium gemeinsam beteten oder ob jeder frei über Zeit und Ort des Gebetes verfügen durfte. Von Gewissenserforschung, Betrachtung, geistlicher Lesung und all den vielen Mitteln geistlichen Lebens verlautet nichts. Es wird nirgends ein Aktionsprogramm entwickelt. Von den verschiedenen Arten des Apostolates der Brüder werden nur die Predigt und die Missionierung der Heiden erwähnt. Warum schweigt sich die Regel aus über die bedeutende caritative Tätigkeit, die Krankenpflege, die Armenfürsorge, über das Wirken der Brüder an den Fürstenhöfen, in den Palästen der Kardinäle und Bischöfe? So könnten wir noch beliebig weiterfragen. Die Antwort steht in der Regel: «Haec est *vita* ...». Es han delt sich hier um eine Lebensform, nicht letztlich um ein Gesetzeswerk. Franziskus wollte neues Leben wecken, und zwar aus engstem Kontakt mit dem evangelischen Christus. Gewiß, er benötigt gewisse Regelungen, wie auch Jesus seiner Kirche eine Organisation gab. Aber so wenig wie das Evangelium ein Rechtsbuch ist, so wenig wollte Franziskus seinen Brüdern ein Paragraphenwerk hinterlassen. Gesetz steht nicht notwendig, aber doch oft dem Geist im Wege. Das wußte der Heilige. Noch besser wußte er, daß Normen weitgehend überflüssig werden, wo lebendiger und heiliger Geist wirksam ist. Franziskus war ein Spirituale; ein Genie des Geistes – und nicht bloß des Herzens[20]. Nicht alle begriffen ihn. Die heftige Auseinandersetzung, die zwischen der endgültigen Abfassung der R I und R III – also zwischen 1221 und 1223 – stattfand, belegt dies unzweideutig. Seinem Orden wären gewiß manche interne Kämpfe und äußere Schwächen erspart geblieben, wenn er genormte Satzungen redigiert hätte. Er nützte ihm indessen mehr durch die «vita evangelii», die ein dauernder Born jugendfrischen Lebens sein kann, falls seine Geisteserben die Wasser zu schöpfen und zu verwenden verstehen.

Leben! Die Regeln lassen keinen Zweifel offen: Dieses Leben heißt Nachfolge Christi in ganz bestimmten Spuren: Armut, Demut, Gebetsgeist, Gottinnigkeit. Predigen, arbeiten, Kranke pflegen, forschen, schreiben usf. – das ist alles zweit- und drittrangig. Wer aber die «vita» in sich trägt, der soll frei sein: Er kann aktuelle Initiativen ergreifen, zeitgemäße Werke gründen, neue Formen des Apostolates schaffen, ein weltfernes Einsiedlerleben führen oder die Wissenschaft pflegen, sofern es nicht gegen die eigene Seele und die Vita ist. Ahnt man hier nicht die Neuartigkeit der franziskanischen Spiritualität?

Dieses *Leben* ist freilich nicht leicht. Jene, die den franziskanischen Geist mit Sentimentalität verwechseln, täuschen

---

[20] Vgl. Esser-Hardick, Die Schriften 202–206 («Geist», «geistlich» [spiritualis]); Casutt L., Was wollte Franziskus?, in: Alverna 25 (1959) 100f.

sich gewaltig. Wir konnten bereits mehrmals antönen, daß Franziskus den Heroismus nicht bloß anrät, sondern von seinen Brüdern erwartet. Dieser Begriff weist nach der Höhe. Der Heilige bemüht sich freilich zuerst um die Tiefe. Er vertritt und fordert *radikales Vorgehen*. Die erste Bedingung für den Eintritt in das neue Leben heißt: «Verkaufe alles, was du hast, und gib es den Armen». Nichts zu eigen haben – das ist für den einzelnen Mönch und Religiosen nicht allzu schwer, wenn dahinter ein Orden oder ein Kloster mit großen Domänen oder gesicherten Einnahmen steht. Ganz anders denkt sich die Lage der heilige Franziskus (R I, 7ff.; R III, 4ff.): Kein Geld[21]. Den täglichen Unterhalt – ursprünglich ausnahmslos, später bei Ausfall des Arbeitslohns – erbetteln. Hier schneidet das Messer nicht nur in die Wurzel der bürgerlichen, sondern auch der moralischen Existenz. Bettel galt als gesellschaftliche Infamie, als Schmach – auch im damaligen Assisi. Zwar begriffen die Gläubigen mit der Zeit den religiösen Sinn dieser Armuts- und Demutsform als wörtliche Nachahmung des von Almosen lebenden Christus (R I, 9). Der Bettel verlor viel von der Verdemütigung, als man nur noch dort um Gaben heischte, wo man sie als Gegenleistung für Predigt usw. auffaßte. Ob nicht in unserer Zeit abermals ein Messer gegen die Mendikanten gezückt wird, da man infolge der Überbetonung des geschul-

---

[21] Sicher ist, daß die R III jede Geldannahme durch die Brüder verbietet. Hinsichtlich der R I, 8 besteht eine gewisse Unsicherheit, weil nicht alle Handschriften (Esser-Hardick, Die Schriften 59, Anm. 19, sagen zu Unrecht: Alle Handschriften) dem Geldverbot die Ausnahme beifügen: «... es sei denn wegen einer offenkundigen Notlage der Kranken». Wohl versucht Hardick L., «Pecunia et denarii», Untersuchungen zum Geldverbot in den Regeln der Minderbrüder, in: Franz. Stud. 40 (1958) 195f., die fraglichen Handschriften indirekt einzuspannen. Weil indes das Abhängigkeitsverhältnis unter den Handschriften noch nicht völlig klar ist und weil Franziskus im übrigen Verhalten seit seiner Bekehrung den Brüdern den Geldgebrauch strengstens untersagt, halte ich dieses Problem noch offen [nicht aber in Abhängigkeit von Quaglia, wie Hardick mir fälschlich unterschiebt]. Zudem: Wenn die Handschriftengruppen AS, B für R I, 8 als Kronzeugen gelten, warum werden sie von Esser-Hardick, Die Schriften 65, in R I, 16 übergangen, wo der wichtige Begriff «auf göttliche Eingebung hin» in Frage steht?

deten Verdienstes, des Leistungs- und Familienlohnes und der Einschränkung der Wohltätigkeit auf hilflose Notleidende den bettelnden Franziskussohn abermals geringschätzt?

Das wäre nicht verwunderlich, denn die franziskanische Welt ist nicht so leicht zu verstehen, wie es den Anschein hat. Selbst der Papst und seine Berater hatten längere Zeit größte Mühe, die «vita» des Poverello zu verstehen. Der bloß natürlich denkende Mensch wird vor den Kopf geschlagen, wenn er sieht, wie Franziskus seine Brüder ihren Besitz verschleudern heißt, um dann das Wunder zu erwarten, daß Gottvater für sie sorge. Der arme, kleine Bruder besitzt eben eine *Theologie,* die über Bücherweisheit hinausgeht. War es nicht unerhört, was R I, 7 fordert: «Wer immer zu ihnen (d. h. den Minderbrüdern) kommt, Freund oder Feind, Dieb oder Räuber, soll gütig aufgenommen werden»? Nicht nur als Gäste, sondern auch als Mitglieder. Der Heilige macht ernst mit dem Evangelium: Ihr seid alle Brüder! Wie ist doch dieser Geist verschieden vom damaligen Brauch vieler Klöster, nur Hochadelige in ihre Stifte aufzunehmen. Dabei waren doch die ersten Minderbrüder selber meistens Adelige und Söhne vornehmer Familien. Und an sie richtete Franziskus die Worte: «Sie sollen sich freuen, wenn sie mit geringen und verachteten Leuten verkehren, mit Armen, Schwachen, Kranken, Aussätzigen und solchen, die am Wege betteln» (R I, 9). Diese Freude an allen Mitmenschen muß bei echtem franziskanischem Geist mitbejaht werden, wenn man die Freude an der Natur, an Blumen und Tieren, Bergen und Sternen im rechten Zusammenhang erleben will. Die franziskanische Brüderlichkeit ist eines der Hauptthemata, das der Heilige aus seiner Schau der Christusimitation ableitet. Es fehlt hier der Raum, um das Neuartige dieser Denkart und Handlungsweise darzustellen[22].

Franziskus begnügte sich aber nicht mit Gesinnungen. Er will, daß seine Brüder auch ihren Körper dem Herrn

<hr>

[22] Vgl. Casutt, Das Erbe eines großen Herzens 138 ff.; Esser-Hardick, Die Schriften 245 (Sachregister).

Jesus Christus zur Verfügung übergeben. Er selbst begehrte in Spanien und Ägypten nach dem Martyrium, ohne dieser Gnade teilhaftig zu werden. Daher durfte er umso eher von seinen Brüdern verlangen, daß sie ihren Leib «den sicht- und unsichtbaren Feinden aussetzen» (R I, 16). Bereitschaft zum Martyrium ist hier nicht gedacht als tapferes Standhalten in einer unausweichlichen Lage, sondern als freigewolltes Aufsuchen einer Gelegenheit zum Blutzeugnis. Jene Gefährten des Ordensvaters, die in Marokko ihr Leben hingaben, faßten die Regel in diesem Sinne auf. Das ließe sich noch irgendwie begreifen. Doch in die Regel die Forderung aufnehmen, sich den teuflischen Einflüssen auszusetzen ...! Wir haben hier nicht über die Berechtigung oder Bedenklichkeit dieser Auffassung zu disputieren. Da die unsichtbaren Geister eine bedeutende Rolle im Leben und in der Spiritualität Franzens spielen, mußte darauf hingewiesen werden. Doch sei gleich beigefügt, daß diese Stelle in der endgültigen Regel fallen gelassen wurde.

Der Geist des heiligen Franziskus hat manche herben Züge. Doch verklären sie sich häufig in offensichtlicher Freude. Die «Lebensform» beabsichtigt nicht, die Stimmung wiederzugeben, die unter den Brüdern herrschte. Indes, man kann sie leicht ahnen, wenn man bedenkt, daß schon im ersten Jahrzehnt mehrere Tausend – meist bereits gereifte Männer, darunter Gelehrte, ehemalige Konsuln, höhere Beamte, Priester usw. – ihre Ergriffenheit durch alle Länder trugen. Der neue Geist, der sie erfüllte, entlockte ihren Herzen freudigen Jubel. Sonder Zweifel wurden Franziskus und seine Brüder von den Minnegesängen und den Liedern der ritterlichen Joglars beeinflußt. Doch seine *Laudi* haben meist anderen Inhalt und Ton. Sie quellen aus der Inbrunst der mystischen Gottverbundenheit. Der Jubilus ist ja ein konstantes Vorkommnis erhöhten Gnadenlebens[23]. Franziskus wußte, daß sehr viele seiner Brüder mit solchen

---

[23] Den Nachweis über die Zugehörigkeit der Jubilatio zum mystischen Leben; vgl. bei Casutt, Die Einwohnung der allerheiligsten Dreifaltigkeit, in: Schweiz. Kirch. Ztg. 111 (1943) 439ff.

Gnaden ausgestattet waren und daß die stark affektive Frömmigkeit sowie die Einfachheit der Lebensweise diese spontanen Äußerungen des Dankes, des Staunens über die Güte und Herablassung Gottes, des süßen Schmerzes über die eigene Unwürdigkeit und Armseligkeit begünstigten, und so konnte er denn seine Gefährten als Spielleute Gottes durch die Welt senden, um die Laudes Dei zu verkünden (R I, 3. 17. 21. 23), die er selber in süßen Tönen sang, wie sein Te Deum, der Sonnengesang, und die noch erhaltenen Orationes und Laudes bezeugen[24].

Laudes Dei! Ist dies nicht überhaupt der Grundton der franziskanischen Regeln? Sicher. Freude an Gott, frohe und heitere (wenn auch zugleich ernste) Nachfolge Christi, Freude an jedem Menschen und an jeder Kreatur. Nur selten haben andere Christen so klar wie der Poverello erkannt, daß die «vita evangelii» solche Freuden zu erzeugen vermag. Gott sei Dank, daß «Bruder Franziskus diese Lebensform vom Herrn Papste Innozenz (und Honorius) genehmigen und bestätigen ließ. Und der Herr Papst gewährte und bestätigte es ihm und seinen Brüdern, den gegenwärtigen und den zukünftigen» (R I, 1).

Regula = Vita. Der Kenntnis und Förderung dieses Lebens diene die nachfolgende Regelübersetzung, die sich bemüht, nichts von der urfranziskanischen Einfachheit des lateinischen Textes verloren gehen zu lassen und auch die Unbeholfenheit der Ausdrucksweise nicht zu verwischen, die Franziskus eigen war[25].

DR. P. LAURENTIUS CASUTT, OFM CAP.

[24] Die Texte in: Esser-Hardick, Die Schriften 161 ff.
[25] Die Übertragung folgt der kritischen lateinischen Textausgabe von Boehmer H., Analekten zur Geschichte des Franciscus von Assisi 1–26; 29–35. Für diese zweite Auflage habe ich den Regeltext nochmals überarbeitet, um ihn durch neue Nuancen, die sich aus dem historischen Quellenmaterial ergeben, zu bereichern. – Der Ersten Regel, die man lange für ungeordnet ansah, liegt ein persönlicher Gliederungsversuch zugrunde, den ich bereits anderswo veröffentlichte und rechtfertigte (vgl. Casutt, Die älteste Lebensform 117 ff.). Eine abweichende Disposition der R I bietet L. Hardick, Werkbuch zur Regel 32–34.

ÜBERSICHT

I

DIE ERSTE REGEL DER MINDEREN BRÜDER DES HEILIGEN FRANZISKUS VON ASSISI

II

DIE ENDGÜLTIGE REGEL
DER MINDEREN BRÜDER DES HEILIGEN FRANZISKUS
VON ASSISI

DIE ERSTE REGEL DER MINDEREN BRÜDER DES HEILIGEN FRANZISKUS VON ASSISI

[PROLOG]

[Zweck der franziskanischen Gründung: Erneuerung des evangelischen Lebens]

Im Namen des Vaters und des Sohnes und des Heiligen Geistes. Amen. Das ist das Leben des Evangeliums Jesu Christi, das sich Bruder Franziskus vom Herrn Papste Innozenz genehmigen und bestätigen ließ. Und der Herr Papst gewährte und bestätigte es ihm und seinen Brüdern, den gegenwärtigen und zukünftigen.

Bruder Franziskus und wer immer Haupt dieses Ordens sein wird, soll dem Herrn Papste Innozenz und seinen Nachfolgern Gehorsam und Ehrfurcht geloben. Und die anderen Brüder sollen verpflichtet sein, dem Bruder Franziskus und seinen Nachfolgern zu gehorchen.

I. ABSCHNITT

[Die grundlegenden Elemente der franziskanischen Lebensordnung]

1. Daß die Brüder in Gehorsam, ohne Eigentum und in Keuschheit leben sollen

Die Regel und das Leben dieser Brüder ist dieses: Leben in Gehorsam, in Keuschheit und ohne Eigentum und der Lehre und der Fußspur unseres Herrn Jesus Christus folgen, der sagt (Mt 19, 21): «Willst du vollkommen sein, so gehe hin und verkaufe alles was du hast, und gib es den Armen, und du wirst einen Schatz im Himmel haben; und komm, folge mir nach.» Und (Mt 16, 24): «Wer mir nachfolgen will, der verleugne sich selbst und nehme sein Kreuz auf sich und folge mir nach.» Ebenso (Lk 14, 26): «Wenn jemand zu mir kommen will und seinen Vater und seine Mutter und seine

Gattin und seine Kinder und seine Brüder und seine Schwestern, ja sogar seine eigene Seele nicht haßt, der kann mein Jünger nicht sein.» Und (Mt 19, 29): «Ein jeder, der Vater oder Mutter, Brüder oder Schwestern, Gattin oder Kinder, Häuser oder Äcker um meinetwillen verlassen hat, wird Hundertfältiges empfangen und das ewige Leben besitzen.»

2. Von der Aufnahme und Kleidung der Brüder

Wenn jemand aus göttlicher Eingebung dieses Leben annehmen will und zu unseren Brüdern kommt, sollen sie ihn gütig aufnehmen. Ist er dann fest willens, unser Leben zu befolgen, so sollen sich die Brüder sehr davor hüten, sich in seine zeitlichen Angelegenheiten einzumischen, sondern sie sollen ihn sobald als möglich ihrem Minister vorstellen. Der Minister aber soll ihn gütig aufnehmen und bestärken und ihm den Verlauf unseres Lebens einläßlich darstellen. Danach soll der Genannte, falls er diese Lebensweise annehmen will, seine ganze Habe verkaufen – wenn er es geistgemäß, unbehindert tun kann – und soll sich bemühen, es den Armen zukommen zu lassen. Die Brüder und ihre Minister mögen sich hüten, sich irgendwie in seine Angelegenheiten einzumischen. Auch sollen sie von ihm kein Geld annehmen, weder selber noch durch eine Mittelsperson. Wenn sie jedoch an anderen lebensnotwendigen Sachen Mangel leiden, dürfen sie, wie die anderen Armen, auf Grund einer vorliegenden Notwendigkeit etwas annehmen, Geld jedoch ausgenommen. Und wenn er dann zurückgekehrt ist, gebe ihm der Minister auf ein Jahr zur Probe die Kleidung[26], nämlich zwei Habite ohne Kapuze, einen Gürtel, Hosen und einen

---

[26] Das franziskanische Gewand hatte von Anfang an eine charakteristische Form, wie Zeitgefährten des heiligen Franziskus berichten. Vgl. Casutt, die älteste Lebensform 47–49; Esser, Ordo Fratrum Minorum, in: Franz. Studien 42 (1960) 341 ff. Über den Zusammenhang zwischen Kleidung und Kreuzesliebe Franzens vgl. Oktavian von Rieden, OFM Cap., Das Leiden Christi im Leben der hl. Franziskus von Assisi. Eine quellenvergleichende Untersuchung im Lichte der zeitgenössischen Passionsfrömmigkeit, Roma 1960, 65–67.

bis zum Gürtel reichenden Kaparon[27]. Nach Ablauf eines Jahres und der Prüfungszeit nehme man ihn zum Gehorsam an. Nachher ist es ihm nicht mehr erlaubt, in einen anderen Orden überzutreten oder außerhalb des Gehorsams herumzuschweifen, gemäß der Verordnung des Herrn Papstes[28], weil nach dem Evangelium (Lk 9, 62) «niemand, der die Hand an den Pflug legt und rückwärts schaut, für das Reich Gottes tauglich ist». Wenn aber jemand kommt und sein Eigentum nicht ungehindert den Armen geben kann, obschon er innerlich dazu gewillt wäre, soll er es einfach verlassen, und dies genüge für ihn. Keiner darf aber gegen die Form und Verordnung der heiligen Kirche aufgenommen werden.

Die anderen Brüder aber, die den Gehorsam gelobt haben, sollen einen Habit mit Kapuze und, wenn nötig, einen zweiten ohne Kapuze haben, samt Gürtel und Hosen. Und alle Brüder sollen schlichte[29] Kleider tragen und können diese mit grobem Tuch und anderen Stücken ausfüttern, wozu sie den Segen Gottes empfangen; denn der Herr sagt im Evangelium (Mt 11, 8): «Die kostbare Kleider tragen, üppig leben und sich weichlich anziehen, sind an den Höfen der Könige.» Und sollten sie auch Heuchler genannt werden, so mögen sie doch nicht ablassen, Gutes zu tun. Sie sollen

[27] Der Kaparon bezeichnet ein Tuchstück, das von den Bauern über Brust und Schulter getragen wurde. Nach dem berühmten Prediger Berthold von Regensburg, der wohl noch zu Lebzeiten des Gründers dem Orden beitrat, diente der Kaparon zum Schutz der Nieren (Dominicale, sermo 58 [München, Bayer. Staatsbibl., Cod. Clm 5531, fol. 78VA]: «Capparis renibus valet»). Beim Wechsel der Zivilkleidung mit dem Ordensgewand war eine solche Rücksichtnahme wohl am Platz.

[28] Am 22. September 1220 schrieb Papst Honorius III. den Minderen Brüdern ein Jahr Noviziat vor. Bei den Dominikanern begnügte man sich mit sechs Monaten. Das Verbot, nach eigenem Belieben umher zu reisen, bestand sicher schon vor dem päpstlichen Erlaß. Die Brüder wurden auf bestimmte Niederlassungen verteilt und konnten nur mit einem Gehorsamsbrief (Obedienz genannt) anderswohin gehen.

[29] Man muß sich wohl hüten, den «vestimentis vilibus» einen allzu herabsetzenden Sinn zu unterschieben. Dieser Begriff muß relativ zur damaligen pompösen Kleidermode der Städter und zu Franzens einstigem Kleiderluxus (1 Cel 2) gefaßt werden.

auf dieser Welt nicht nach teuren Kleidern verlangen, damit sie im Himmelreich die Kleider der Unsterblichkeit und Herrlichkeit haben können.

3. *Vom göttlichen Offizium und vom Fasten*

Der Herr spricht im Evangelium (Mk 9, 28): «Diese Art von bösen Geistern kann nur durch Fasten und Gebet ausgetrieben werden.» Ferner (Mt 6, 16): «Wenn ihr fastet, so machet kein finsteres Gesicht wie die Heuchler.» Und (Mt 26, 41): «Wachet und betet, damit ihr nicht in Versuchung fallet.» Endlich (Lk 11, 2): «Wenn ihr betet, sprecht: Vater unser usw.» Deshalb sollen alle Brüder, Kleriker wie Laien, das göttliche Offizium beten, die Lobpreisungen und Gebete, wie es für sie angeordnet ist.

Die Kleriker sollen ihr Offizium verrichten, und zwar für die Lebenden und Verstorbenen, wie es bei den Klerikern der römischen Kirche gebräuchlich ist. Für die Fehler und Nachlässigkeiten der Brüder sollen sie täglich das Miserere und Vaterunser beten; für die verstorbenen Brüder sollen sie das De profundis und ein Vaterunser beten. Und sie dürfen nur jene Bücher haben, die zur Verrichtung ihres Offiziums erforderlich sind.

Die Laienbrüder, die den Psalter verstehen können, dürfen einen solchen haben. Den anderen aber, die nicht lesen können, soll kein Buch gestattet sein. Die Laienbrüder sollen für die Matutin das «Ich glaube an Gott» und vierundzwanzig Vaterunser mit «Ehre sei dem Vater» beten; für die Laudes jedoch fünf; für die Prim «Ich glaube an Gott» und sieben Vaterunser mit «Ehre sei dem Vater»; für die Terz, Sext und Non je sieben; für die Vesper zwölf; für die Komplet «Ich glaube an Gott» und sieben Vaterunser mit «Ehre sei dem Vater»; für die Verstorbenen sieben Vaterunser mit «Herr, gib ihnen die ewige Ruhe» und für die Fehler und Nachlässigkeiten der Brüder täglich drei Vaterunser[29]*.

[29]* Die frühfranziskanische Gebetsweise ist noch nicht allseitig erforscht. Einen überaus wichtigen Beitrag liefern: Van Dijk S. J. P.,

Gleichfalls sollen alle Brüder fasten vom Feste Allerheiligen bis Weihnachten und von Epiphanie, als unser
Herr Jesus Christus zu fasten anfing, bis Ostern. Zu anderen
Zeiten aber sollen sie auf Grund dieser Lebensform außer am
Freitag nicht zum Fasten verpflichtet sein. Auch dürfen sie,
gestützt auf das Evangelium (Lk 10, 8), von allen Speisen
essen, die ihnen vorgesetzt werden.

II. ABSCHNITT

[*Das formende Gesetz der brüderlichen Gemeinschaft: Dienen*]

[a) *Die Wechselbeziehungen zwischen Ministern und Brüdern*]

4. *Über das gegenseitige Verhältnis der Minister und der anderen Brüder* [30]

Im Namen des Herrn! Alle Brüder, die zu Ministern und
Dienern der anderen Brüder bestellt werden, sollen ihre
Brüder auf die Provinzen und auf die Orte, wo sie sich nie-
dergelassen haben, verteilen. Sie sollen sie oft aufsuchen, vernünftig ermahnen und bestärken. Und alle meine anderen
gebenedeiten Brüder sollen ihnen bereitwillig gehorchen in
allem, was das Heil der Seele betrifft und unserem Leben
nicht zuwiderläuft. Untereinander sollen sie handeln, wie
es der Herr sagt (Mt 7, 12): «Was immer ihr wünscht, daß
euch die Menschen tun, das tut auch ihnen», und (Tob
4, 16): «Was du nicht willst, daß man dir tu, das füg auch
keinem andern zu.» Und die Minister und Diener mögen
sich an das erinnern, was der Herr sagt (Mt 20, 28): «Ich
bin nicht gekommen, um bedient zu werden, sondern um
zu dienen», und daß ihnen die Sorge um die Seelen der Brüder anvertraut ist. Sollte einer von ihnen durch ihre Schuld

OFM, – Walker J. H., The Origins of Modern Roman Liturgy. The
Liturgy of the Papal Court and The Franciscan Order in the thir-
teenth century, London 1960; Esser, Ordo Fratrum Minorum, in:
Franz. Studien 42 (1960) 348 ff.
[30] Einen historischen Überblick über die Ämter der Ordensobern
bieten Esser-Hardick, Die Schriften 227–235.

und ihr schlechtes Beispiel verlorengehen, so werden sie am Tage des Gerichtes vor dem Herrn Jesus Christus Rechenschaft ablegen müssen.

5. *Von der Zurechtweisung der Brüder bei Verfehlungen*

Darum behütet eure Seelen und jene der Brüder; denn «es ist schrecklich, in die Hände des lebendigen Gottes zu fallen» (Hbr 10, 31). Wenn aber ein Minister einem Bruder etwas gegen unsere Lebensform oder gegen seine Seele befehlen sollte, dann sei der Bruder nicht gehalten, ihm zu gehorchen, weil der Gehorsam aufhört, wo ein Vergehen oder eine Sünde begangen wird. Gleichwohl sollen alle Brüder, die den Ministern und Dienern unterstehen, die Handlungen der Minister und Diener überlegt und sorgfältig beobachten. Und wenn sie sehen, daß einer von ihnen fleischlich und nicht geistig wandelt, wie es zu unserer rechten Lebensform gehört, sollen sie ihn nach der dritten Ermahnung, falls er sich nicht gebessert hat, auf dem Pfingstkapitel dem Minister und Diener der ganzen Bruderschaft anzeigen, ohne sich durch einen Widerspruch abhalten zu lassen.

Wenn jedoch irgendwo unter den Brüdern sich einer fände, der fleischlich und nicht geistig wandeln wollte, sollen die Brüder, mit denen er zusammenlebt, ihn mahnen und belehren und ihn demütig und behutsam zurechtweisen. Will er sich aber nach einer dritten Mahnung nicht bessern, so sollen sie ihn so schnell wie möglich zu seinem Minister und Diener schicken oder ihn davon in Kenntnis setzen. Der Minister und Diener soll dann mit ihm verfahren, wie er es vor Gott am besten erachtet.

Überdies sollen sich alle Brüder, die Minister und Diener sowohl wie die übrigen, in acht nehmen, daß sie nicht wegen der Sünde oder durch das schlechte Beispiel eines anderen aufgeregt oder gar zornig werden, weil der Teufel wegen des Fehltrittes eines einzigen viele zu verderben sucht. Vielmehr sollen sie dem, der gesündigt hat, nach besten Kräften geistlich helfen; denn «nicht die Gesunden bedürfen des Arztes, sondern die Kranken» (Mt 9, 12).

Gleichfalls sollen alle Brüder, besonders unter sich, weder eine Amtsgewalt noch eine Alleinherrschaft besitzen. Denn wie der Herr im Evangelium sagt (Mt 20, 25): «Die Herrscher knechten ihre Völker und die Großen lassen sie ihre Macht fühlen»; so soll es unter Brüdern nicht vorkommen, sondern, «wer immer größer als die anderen werden will, der sei ihr Minister» (Mt 20, 26) und Diener, und «wer der Größte unter ihnen ist, werde wie der Jüngste» (Lk 22, 26).

Kein Bruder soll einem anderen etwas Böses tun oder sagen. Vielmehr sollen sie in geistiger Liebe einander freiwillig dienen und gehorchen. Denn das ist der wahre und heilige Gehorsam unseres Herrn Jesus Christus. Und alle Brüder, so oft sie von den Geboten des Herrn abweichen und außerhalb des Gehorsams umherschweifen, wie der Prophet sagt (Ps 118, 21), sollen wissen, daß sie außerhalb des Gehorsams verflucht sind, bis sie diese Sünde verlassen haben. Und wenn sie verharren in den Geboten des Herrn, die sie auf Grund des heiligen Evangeliums und ihrer Lebensform versprochen haben, sollen sie wissen, daß sie im wahren Gehorsam sich befinden und vom Herrn gesegnet sind.

6. *Von der Zufluchtnahme der Brüder zu den Ministern und daß keiner sich Prior nennen soll*

An welchem Ort die Brüder auch sein mögen, sollen sie, falls sie dort unsere Lebensweise nicht beobachten können, möglichst bald sich an ihren Minister wenden und ihm dies mitteilen. Der Minister aber soll sich bemühen, so für sie zu sorgen, wie er selbst wollte, daß ihm in ähnlicher Lage geschehe.

Und niemand soll in dieser Lebensform Prior genannt werden, sondern alle nenne man ausnahmslos Mindere Brüder. Und sie sollen einander die Füße waschen.

[b) *Verhalten und Hilfeleistungen in materiellen Belangen*]

7. *Von der Weise zu dienen und zu arbeiten*

Wo immer Brüder bei anderen Leuten sein mögen, um zu dienen oder zu arbeiten, sollen sie nie das Amt eines Kämmerers oder Kellermeisters noch die Aufsicht in solchen Häusern übernehmen und überhaupt kein Amt annehmen, das Ärgernis geben oder «seiner Seele schaden könnte» (Mk 8, 36). Sie sollen vielmehr die Geringeren und allen unterwürfig sein, die im gleichen Hause sind.

Jene Brüder, die zu arbeiten wissen, sollen arbeiten und jenes Handwerk ausüben, das sie kennen, wenn es ihrem Seelenheil nicht zuwiderläuft und ehrbar verrichtet werden kann. Denn der Prophet sagt (Ps 127, 2): «Von deiner Hände Arbeit wirst du dich ernähren, glücklich wirst du sein, und es wird dir wohlergehen» und der Apostel schreibt (2 Thess 3, 10): «Wer nicht arbeiten will, soll auch nicht essen.» Und ein jeder möge bei dem Handwerk oder Amte bleiben, zu dem er berufen ist (1 Kor 7, 24). Und für die Arbeit dürfen sie alles Notwendige, Geld ausgenommen, entgegennehmen. Und wenn es notwendig ist, sollen sie um Almosen bitten gehen, wie andere Arme. Auch dürfen sie die für ihre Handwerke passenden Werkzeuge haben.

Alle Brüder sollen sich Mühe geben, guten Beschäftigungen zu obliegen, weil geschrieben steht: «Du sollst stets eine gute Arbeit verrichten, damit der Teufel dich beschäftigt finde.»[31] Und ebenso: «Der Müßiggang ist ein Feind der Seele.»[32] Daher sollen die Diener Gottes beständig dem Gebet oder irgendeinem guten Werk obliegen.

Wo immer die Brüder sich aufhalten, in Einsiedeleien oder an anderen Orten, sollen sie sich hüten, eine Niederlassung sich anzueignen oder sie jemandem streitig zu machen. Und wer immer zu ihnen kommt, Freund oder Feind, Dieb oder Räuber, soll gütig aufgenommen werden. Und wo immer die Brüder sind und überall, wo sie sich treffen, sollen sie sich geisthaft und beflissen achten und sich «gegenseitig ohne Murren» (1 Ptr 4, 9) ehren. Auch sollen sich die Brüder hüten, in ihrem Äußeren traurig und als finstere Heuchler zu erscheinen, sondern sie sollen sich froh im Herrn, heiter und schicklich willfährig zeigen.

---

[31] Aus dem 125. Briefe des heiligen Hieronymus
[32] Aus dem 48. Kapitel der Regel des heiligen Benedikt

Der Herr befiehlt im Evangelium (Lk 12, 15): «Habt acht und hütet euch vor jeder Bosheit und Habsucht»; und (Lk 21, 34): «Hütet euch vor der Unrast dieser Welt und den irdischen Sorgen». Daher soll kein Bruder, wo er auch weilen oder wohin er gehen mag, Geld oder Münzen irgendwie bei sich tragen oder annehmen oder anzunehmen veranlassen, weder für Kleider, noch für Bücher, noch auch als Entgelt für irgendeine Arbeit, überhaupt bei keiner Gelegenheit[33]; denn wir dürfen von Geld und Münzen nicht größeren Nutzen haben und sie nicht höher einschätzen als Steine. Denn der Teufel will jene verblenden, die darnach verlangen oder sie höher als Steine werten. Hüten wir uns also, die wir doch alles verlassen haben, daß wir nicht wegen einer solchen Nichtigkeit das Himmelreich verlieren.

Und wenn wir irgendwo Münzen fänden, so sollen wir uns um dieselben nicht kümmern wie um den Staub, den wir mit Füßen treten; denn «Eitelkeit der Eitelkeiten und alles ist eitel» (Ekkle 1, 2). Und wenn es doch einmal vorkäme, was Gott verhüte, daß ein Bruder Geld oder Münzen sammelte oder besäße, dann sollen alle Brüder ihn für einen falschen Bruder und Abtrünnigen, für einen Dieb und Räuber und einen Beutelbesitzer halten, falls er es nicht aufrichtig bereut. Und in keiner Weise dürfen die Brüder Geld oder Geldalmosen oder Geldstücke annehmen oder annehmen lassen, noch selber erbetteln oder einsammeln lassen für irgendwelche Häuser oder Niederlassungen; sie sollen auch niemand begleiten, der für solche Niederlassungen Geld oder Münzen sammelt. Andere Dienste jedoch, die unserer Lebensform nicht widerstreben, dürfen die Brüder mit dem Segen Gottes leisten. Wenn die Aussätzigen in offenkundi-

---

[33] Einige Handschriften fügen bei: «Nisi propter manifestam necessitatem infirmorum – außer wegen einer offenkundigen Not der Kranken». Mandič, De legislatione antiqua, I, 100f. meint, die Änderung des Textes sei erst mit Bartholomäus von Pisa († um 1401) gekommen. Meine Bedenken gegen diese Klausel äußerte ich in der Einführung, Anm. 21

ger Not sind, dürfen die Brüder für sie um Almosen bitten. Doch sollen sie sich vor dem Geld sehr in Acht nehmen. Desgleichen sollen sich alle Brüder davor hüten, daß sie um eines schändlichen Gewinnes willen durchs Land ziehen.

9. Vom Almosenbettel

Alle Brüder sollen sich bestreben, unserem Herrn Jesus Christus in seiner Demut und Armut nachzufolgen und daran denken, daß wir von der ganzen Welt, wie der Apostel sagt (1 Tim 6, 8), nichts zu haben brauchen, als «Nahrung und Kleidung; damit müssen wir zufrieden sein.» Und sie sollen sich freuen, wenn sie mit geringen und verachteten Leuten verkehren, mit Armen, Schwachen, Kranken, Aussätzigen und solchen, die am Wege betteln.

Und wenn es notwendig ist, sollen sie um Almosen ausgehen und sich nicht schämen, sondern vielmehr bedenken, daß unser Herr Jesus Christus, der Sohn des lebendigen, allmächtigen Gottes, sein Angesicht «zum härtesten Felsen» (Is 50, 7) machte und sich nicht schämte, für uns arm und Fremdling zu werden. Auch er, die seligste Jungfrau und seine Jünger lebten von Almosen. Und falls die Menschen ihnen Schmach zufügten und keine Almosen reichen wollten, sollten sie Gott dafür danken, denn gerade für die Schmähungen werden sie vor dem Richterstuhl unseres Herrn Jesus Christus große Ehre empfangen. Und sie mögen wissen, daß die Schmach nicht jenen, die sie ertragen, sondern denen, die sie antun, angerechnet wird. Das Almosen ist ja der Erbteil und der Rechtsanspruch, der den Armen zusteht, weil unser Herr Jesus Christus ihn uns erworben hat. Und die Brüder, die sich beim Almosensammeln abmühen, werden einen großen Lohn erhalten und ermöglichen auch den Spendern, sich diesen zu verdienen und zu erwerben; denn alles, was die Menschen in der Welt zurücklassen, wird vergehen, aber für die Liebe und die Almosen, die sie gespendet haben, werden sie von dem Herrn den Lohn erhalten.

Und jeder teile dem anderen vertrauensvoll seine Bedürfnisse mit, damit er das Notwendige finde und erhalte. Und jeder liebe und speise seinen Bruder, wie eine Mutter ihr Kind liebt und ernährt, soweit ihm Gott die Gnade verleiht. Und «wer ißt, verachte den nicht, der nicht ißt; und wer nicht ißt, richte nicht den, der ißt» (Röm 14, 3). Und wenn immer ein Bedürfnis unvermutet dazukommt, soll es allen Brüdern ohne Ausnahme gestattet sein, von allen Speisen zu genießen, die ein Mensch zu sich nehmen kann, wie der Herr von David sagt (Mk 2, 26), daß er «die Schaubrote aß, was an sich nicht erlaubt war, weil nur die Priester sie essen durften». Und sie mögen sich erinnern, was der Herr sagt (Lk 21, 34): «Habt acht auf euch, daß euer Herz sich nicht belastet mit Schwelgerei und Trunkenheit und irdischen Sorgen und jener Tag nicht unversehens über euch kommt; wie eine Schlinge wird er über alle kommen, die auf dem ganzen Erdkreis wohnen.» Ähnlich dürfen alle Brüder auch in Zeiten offenkundiger Not in bezug auf ihre Bedürfnisse so handeln, wie der Herr ihnen in seiner Gnade eingibt; denn Not kennt kein Gesetz.

[c] *Verhalten gegenüber den bedürftigen Genossen*]

10. *Von den kranken Brüdern*

Wenn irgendwo ein Bruder von einer Krankheit befallen wird, sollen die anderen Brüder ihn nicht verlassen, ohne einen, oder, wenn nötig, mehrere Brüder zu bestimmen, die ihm dienen, wie sie selbst bedient sein möchten. In der äußersten Not jedoch können sie ihn einer zuverlässigen Person übergeben, die sich um dessen Krankheit sorgen soll. Ich bitte aber den kranken Bruder, dem Schöpfer für alles Dank zu sagen und zu wünschen, so sich zu befinden, wie der Herr ihn haben will, gesund oder krank, weil Gott alle, die er «zum ewigen Leben vorherbestimmt hat» (Apg 13, 48), mit den Stacheln der Heimsuchungen und Krankheiten und dem Geist der Zermürbung heranbildete, wie der Herr sagt (Offb 3, 19): «Die ich liebe, stelle ich zur Rede und

nehme sie in Zucht». Wenn jedoch ein kranker Bruder aufgeregt oder gar zornig würde gegen seinen Gott oder die
Mitbrüder, oder vielleicht ungestüm Arzneien verlangte
und allzusehr wünschte, seinen Leib frei zu machen, der
doch bald stirbt und ein Feind der Seele ist, so stammt dies
vom Bösen; er ist ja fleischlich und scheint nicht zu den
Brüdern zu gehören, weil er den Leib mehr liebt als die
Seele.

11. Daß die Brüder nicht lästern und ehrabschneiden, sondern sich gegenseitig lieben sollen

Und alle Brüder sollen sich hüten, jemanden zu verleumden,
oder sich auf Wortstreit einzulassen (2 Tim 2, 14), sie sollen
sich vielmehr bemühen, das Schweigen zu bewahren, sooft
Gott ihnen hiefür die Gnade schenkt. Sie sollen weder unter
sich noch mit anderen zanken, sondern sich befleißen, demütig zu antworten, indem sie sagen: «Wir sind unnütze
Knechte» (Lk 17, 10). Sie sollen nicht zornig werden; denn
«jeder, der seinem Bruder zürnt, wird dem Gericht verfallen; wer aber zu seinem Bruder sagt: ‚Du Tor' wird dem
Rate verfallen, und wer zu ihm sagt: ‚Du Gottloser', soll der
Feuerhölle verfallen» (Mt 5, 22). Sie sollen sich gegenseitig
lieben, wie der Herr sagt (Joh 15, 12): «Das ist mein Gebot,
daß ihr einander liebt, wie ich euch geliebt habe.» Und sie
sollen die Liebe, die sie einander schulden, in Werken beweisen (Jak 2, 18): wie der Apostel sagt (1 Joh 3, 18): «Laßt
uns nicht lieben nur in Worten und mit der Zunge, sondern
in Tat und Wahrheit.» Und sie sollen «niemand lästern»
(Tit 3, 2), nicht murren und nicht ehrabschneiden, weil geschrieben ist (Röm 1, 29): «Die Ohrenbläser und Ehrab-
schneider sind Gott verhaßt.» Und sie sollen «bescheiden
sein und im Verkehr mit allen Menschen größte Milde beweisen» (Tit 3, 2). Sie sollen nicht richten und nicht verurteilen und sollen, wie der Herr sagt (Mt 7, 3), nicht so sehr
die geringfügigen Fehler der anderen betrachten, sondern
die eigenen «in der Bitterkeit ihrer Seele überdenken» (Is

38, 15). Und «sie sollen sich bemühen, durch die enge Pforte einzugehen» (Lk 13, 24), weil der Herr sagt (Mt 7, 14): «Eng ist die Pforte und schmal der Weg, der zum Leben führt, und nur wenige sind es, die ihn finden.»

III. ABSCHNITT

[Wandel und Wirken der Minderbrüder in der Welt]

[a] *Die Gefahren*]

12. *Von der Vermeidung unlauterer Blicke und der Beziehungen mit Frauen*

Wo immer die Brüder sich befinden oder wohin sie auch gehen, sollen sie sich vor unlauteren Blicken und vor dem Umgang mit Frauen in acht nehmen, und keiner soll sich mit ihnen beraten oder allein des Weges gehen oder bei Tisch aus der gleichen Schüssel mit ihnen speisen. Die Priester sollen schicklich mit ihnen sprechen, wenn sie ihnen die Buße auferlegen oder einen geistlichen Rat erteilen. Und gar keine Frau darf von einem Bruder zur Folgsamkeitsverpflichtung[34] angenommen werden, sondern er begnüge sich mit einem geistlichen Ratschlag und lasse sie ihr Bußleben führen, wo sie es für gut findet. Und wir müssen uns sehr in acht nehmen und alle unsere Sinne rein bewahren; denn der

---

[34] Um die Wende zum 13. Jahrhundert traten unter den frommen Frauen Italiens starke Weltfluchtstendenzen auf. Diesen pflegte man, wenn sie «ad obedientiam» angenommen wurden, in einer Art Weiheritus das Haupthaar zu beschneiden (Grundmann H., Religiöse Bewegungen im Mittelalter [Historische Studien, 267], Berlin 1935, 199 ff.; Van den Borne F., OFM, Der Dritte Orden des heiligen Franziskus, Münster i. W. 1924, 41). Innozenz III. hatte im Jahre 1198 verboten «sorores conversae» anzunehmen (Fliche A., Innocent III et la réforme de l'Eglise, in: Rev. Hist. Eccl. 4 [1949] 135). Wohl in Unkenntnis dieser Vorschrift betreute Franziskus eine römische Jungfrau Praxedis (3 Cel 181). Anfänglich scheint auch das Verhältnis zu Klara von Assisi die gleiche Form gehabt zu haben (Legenda S. Clarae, ed. F. Pennacchi, Assisi 1910, n. 6–8). Andere Minderbrüder ahmten dieses Beispiel wohl nach; nicht immer im gleichen Geist, weshalb es zum schroffen Verbot in R I, 12 kam.

Herr spricht (Mt 5, 28): «Jeder, der eine Frau auch nur ansieht, um sie zu begehren, hat in seinem Herzen schon Ehebruch mit ihr begangen.»

13. *Von der Bestrafung der Unzüchtigen*

Wenn ein Bruder, vom bösen Feinde angetrieben, Unzucht treiben würde, soll er das Ordenskleid, dessen er sich durch sein schändliches Vergehen verlustig gemacht hat, vollständig ablegen und von unserem Orden gänzlich vertrieben werden. Und nachher soll er für seine Sünden Buße tun.

[b) *Die Weisen des Reisens*]

14. *Wie die Brüder durch die Welt gehen sollen*

Wenn die Brüder durch die Welt gehen, sollen sie nichts mit sich nehmen, «weder Beutel, noch Tasche, noch Brot, noch Geld, noch einen Stock» (Lk 9, 3). Und jedesmal, wenn sie ein Haus betreten, sollen sie zuerst sagen: «Friede sei diesem Hause» (Lk 10, 5). Und so lange sie im gleichen Hause bleiben, dürfen sie von dem essen und trinken, was die Leute vorsetzen (Lk 10, 7). Dem Böswilligen sollen sie nicht Widerstand leisten (Mt 5, 39), sondern schlägt man sie auf eine Wange, so halten sie ihm auch die andere hin; wer ihnen den Mantel nimmt, dem sollen sie auch den Rock nicht verwehren. Jedem, der sie darum bittet, sollen sie es schenken, und wenn man ihnen das Ihrige wegnimmt, es nicht mehr zurückfordern (Lk 6, 29 f.).

15. *Daß die Brüder kein Tier halten und nicht reiten sollen*

Ich verbiete allen meinen Brüdern, den Klerikern wie den Laien, ob sie nun durch die Welt reisen oder in einer Niederlassung sich aufhalten, daß sie in keiner Weise selber oder auch bei anderen oder sonst irgendwie ein Tier halten. Auch sei ihnen das Reiten nicht gestattet, wenn sie nicht durch Krankheit oder eine große Notlage dazu gezwungen werden.

16. *Von jenen, die unter die Sarazenen und andere Ungläubige gehen*

Der Herr spricht (Mt 10, 16): «Seht, ich sende euch wie Schafe mitten unter Wölfe. Seid darum klug wie die Schlangen und arglos wie die Tauben.» Daher können alle Brüder, die (auf göttliche Einsprechung hin) zu den Sarazenen und anderen Ungläubigen gehen wollen, sich mit Erlaubnis ihres Ministers und Dieners dorthin begeben. Der Minister soll ihnen diese Erlaubnis geben und nicht Einspruch erheben, wenn er sie für die Sendung tauglich hält; denn er muß dem Herrn Rechenschaft ablegen, wenn er in dieser oder in anderen Sachen unbesonnen vorginge.

Die Brüder aber, die fortziehen, können auf zweifache Weise klug unter ihnen verkehren: einmal, daß sie nicht Streit und Zankereien hervorrufen, sondern «jeder menschlichen Kreatur um Gottes willen untertan sind» (1 Ptr 2, 13) und bezeugen, daß sie Christen sind; sodann aber, wenn sie es als Gott wohlgefällig erkennen, daß sie das Wort Gottes verkünden, damit die Ungläubigen glauben an den allmächtigen Gott, den Vater und Sohn und Heiligen Geist, an den Schöpfer aller Dinge, an den Sohn, den Erlöser und Seligmacher, damit sie sich taufen lassen und Christen werden; denn «wer nicht wiedergeboren wird durch das Wasser und den Heiligen Geist, kann nicht ins Himmelreich eingehen» (Joh 3, 5). Dieses und anderes, was dem Herrn gefällt, können sie ihnen und anderen sagen; denn der Herr sagt im Evangelium (Mt 10, 32): «Ein jeder, der mich vor den Menschen bekennt, den werde ich auch vor meinem Vater bekennen, der im Himmel ist»; und (Lk 9, 26): «Wer sich meiner und meiner Worte schämt, dessen wird sich auch der Menschensohn schämen, wenn er in seiner und seines Vaters und der heiligen Engel Herrlichkeit kommt.»

Und alle Brüder, wo immer sie sind, sollen sich bewußt bleiben, daß sie sich selbst und ihren Körper dem Herrn

Jesus Christus geschenkt und zur Verfügung gestellt haben, und aus Liebe zu ihm sollen sie ihn den sichtbaren und unsichtbaren Feinden aussetzen, weil der Herr sagt (Mk 8, 35): «Wer sein Leben um meinetwillen verliert, der wird es retten» für das ewige Leben. «Selig, die Verfolgung leiden um der Gerechtigkeit willen, denn ihrer ist das Himmelreich» (Mt 5, 10). «Wenn sie mich verfolgt haben, so werden sie auch euch verfolgen» (Joh 15, 20). «Wenn sie euch aber in einer Stadt verfolgen, fliehet in eine andere» (Mt 10, 23). «Selig seid ihr, wenn euch die Menschen hassen und schmähen und verfolgen und euch verstoßen, euch höhnen und um euren guten Namen bringen und mit Lügen euch alles Böse nachsagen; freuet euch an jenem Tage und frohlocket, denn euer Lohn ist groß im Himmel» (Mt 5, 11; Lk 6, 22). «Ich aber sage euch, meinen Freunden: Erschrecket nicht vor ihnen! Und fürchtet jene nicht, die den Leib töten, weiter aber nichts vermögen» (Mt 10, 28). «Sehet zu, daß ihr euch nicht verwirren laßt» (Mt 24, 6). «Durch standhafte Ausdauer werdet ihr eure Seele retten» (Lk 21, 19). «Wer aber ausharrt bis ans Ende, der wird selig werden» (Mt 10, 22).

17. Von den Predigern

Kein Bruder darf gegen die Form und die Vorschrift der Kirche und ohne Erlaubnis seines Ministers predigen. Die Minister mögen sich hüten, sie unüberlegt zu erteilen. Alle Brüder sollen jedoch durch ihre Taten predigen. Und kein Minister oder Prediger soll die Leitung der Brüder oder das Predigtamt als sein Anrecht betrachten, sondern zu jeder beliebigen Stunde soll er sein Amt ohne den geringsten Widerspruch niederlegen, wenn es von ihm gefordert würde. Daher bitte ich mit jener Liebe, «die Gott ist» (1 Joh 4, 16), alle meine Brüder Prediger, Beter und Arbeiter, Kleriker wie Laien, daß sie sich in allen Dingen zu verdemütigen trachten, sich nicht zu brüsten, noch selbstgefällig zu sein, noch innerlich zu erheben bei gutgelungenen Worten und Werken, überhaupt über nichts Gutes, das Gott zuweilen in ihnen und durch sie spricht, vollbringt und wirkt; sagt doch der Herr (Lk 10, 20): «Darüber sollt ihr euch doch nicht freuen, daß euch die Geister untertan sind».

Wir sollen auch fest davon überzeugt sein, daß nichts zu uns gehört als unsere Laster und Sünden. Vielmehr müssen wir uns freuen, «wenn wir in mancherlei Prüfungen geraten» (Jak 1, 2) und auf Erden alle möglichen Bedrängnisse und Trübsale der Seele oder des Leibes um des ewigen Lebens willen durchzumachen haben. Hüten wir uns also, Brüder, vor jeglicher eitler Ruhmsucht und vor Stolz. Und bewahren wir uns vor der Weisheit dieser Welt und vor der Klugheit des Fleisches; denn der Trieb des Fleisches drängt ungestüm nach vielen Worten, aber wenig nach Werken und sucht nicht Frömmigkeit und die innere Heiligkeit des Geistes, sondern wünscht eine Religiosität und Vollkommenheit, die den Menschen in die Augen fällt. Das sind nämlich jene, von denen der Herr sagt (Mt 6, 2): «Wahrlich, ich sage euch, sie haben ihren Lohn schon empfangen.» Der Geist des Herrn jedoch will, daß unser Fleisch abgetötet und verachtet, geringgeschätzt und zurückgesetzt und schimpflich behandelt werde; er strebt nach Demut und Geduld, nach reinem und einfältigem und wahrem Geistesfrieden und verlangt stets über alles nach der Furcht Gottes und der Weisheit Gottes und der Liebe Gottes des Vaters und des Sohnes und des Heiligen Geistes.

Laßt uns alles Gute dem höchsten und erhabenen Herrgott vergelten und anerkennen, daß alles Gute von ihm stammt, und für alles ihm danken, da alles Gute von ihm kommt. Und er, der höchste und erhabenste, der wahre und alleinige Gott, möge besitzen und erhalten und entgegennehmen alle Ehre und Ehrerbietung, allen Lobpreis und alle Benedeiung, allen Dank und alle Herrlichkeit, er, dem alles Gute gehört, der «allein gut ist» (Lk 18,19). Und wenn wir sehen oder hören, daß Menschen Schlechtes reden oder tun oder Gott lästern, wollen wir Gott, der gebenedeit ist in alle Ewigkeit, loben, rühmen und preisen. Amen.

18. *Wie die Minister sich versammeln sollen*

Jeder Minister kann alljährlich am Feste des heiligen Erz-
engels Michael mit seinen Brüdern zusammentreffen, wo es
ihnen paßt, um Angelegenheiten zu besprechen, die sich auf
Gott beziehen. Alle Minister aber jenseits des (Mittel-)Mee-
res und der Alpen sollen einmal in drei Jahren, die übrigen
Minister jährlich einmal am Pfingstfeste zum Kapitel bei der
Kirche Unserer Lieben Frau von Portiuncula kommen, falls
der Minister und Diener der gesamten Brüderschaft es nicht
anders anordnet.

19. *Daß die Brüder katholisch leben sollen*

Alle Brüder müssen katholisch sein, katholisch leben und
reden. Falls einer vom katholischen Glauben und Leben
durch Wort und Tat abirrt und sich nicht bessert, soll er
gänzlich aus unserer Brüderschaft verstoßen werden. Und
alle Geistlichen und Ordensleute sollen wir als unsere Herren betrachten bezüglich jener Dinge, die sich auf das Heil
der Seele beziehen und von unserem Orden nicht abweichen;
und ihrem Stande, ihrem Amte und ihrer Verwaltung
wollen wir im Herrn Ehrfurcht bezeugen.

20. *Von der Beichte der Brüder und vom Empfang des Leibes und Blutes unseres Herrn Jesus Christus*

Meine gebenedeiten Brüder, Kleriker wie Laien, sollen ihre
Sünden den Priestern unseres Ordens beichten. Und wenn
es nicht möglich ist, sollen sie bei anderen klugen und katholischen Priestern beichten, indem sie fest überzeugt sind
und beachten, daß die von jedem beliebigen katholischen
Priester erhaltene Buße und Lossprechung zweifelsohne die

Nachlassung ihrer Sünden bewirkt, wenn sie sich bemühen, die ihnen auferlegte Buße demütig und getreu zu verrichten. Wenn sie aber im Moment keinen Priester aufsuchen können, mögen sie einem Mitbruder beichten, wie der Apostel Jakobus (5, 16) sagt: «Bekennet einander eure Sünden.» Deswegen dürfen sie es aber nicht unterlassen, sich an die Priester zu wenden, weil die Vollmacht, zu binden und zu lösen nur den Priestern verliehen wurde. Und so mögen sie nach Reue und Beichte den Leib und das Blut unseres Herrn Jesus Christus mit großer Demut und Andacht empfangen, indem sie bedenken, was der Herr selbst sagt (Joh 6, 55): «Wer mein Fleisch ißt und mein Blut trinkt, hat das ewige Leben», und (Lk 22, 19): «Tut dies zu meinem Andenken.»

21. *Von der Lobpreisung und Mahnrede, die alle Brüder halten können*

Und diese oder ähnliche Mahn- und Lobreden können alle meine Brüder nach eigenem Ermessen, zu wem sie wollen, mit Gottes Segen halten: Fürchtet und ehret, lobt und preist, sagt Dank und betet an Gott den Herrn, den Allmächtigen in seiner Dreifaltigkeit und Einigkeit, den Vater und den Sohn und den Heiligen Geist, den Schöpfer aller Dinge. «Tut Buße. Bringt würdige Früchte der Bekehrung» (Mt 3, 2; Lk 3, 8); denn wisset, daß ihr bald sterben werdet. «Gebet und es wird euch gegeben werden. Verzeihet und es wird euch verziehen werden» (Lk 6, 37f.). Und «wenn ihr nicht verzeiht, wird euch der Herr eure Sünden nicht vergeben» (Mk 11, 26). «Bekennet alle eure Sünden» (Jak 5, 16).

Selig, die bußfertig sterben, denn sie werden ins Himmelreich eingehen. Wehe jenen, die ohne Buße sterben, weil sie Kinder des Teufels sein werden, dessen Werke sie tun (Joh 8, 44), und sie werden ins ewige Feuer gehen. Habt acht und enthaltet euch von allem Bösen und verharret im Guten bis ans Ende.

[Aufstieg zur Vereinigung mit Gott]

22. Ermahnung der Brüder

[a] *Feindesliebe*

Beachten wir alle, Brüder, was der Herr sagt (Mt 5, 44): «Liebet eure Feinde und tut Gutes denen, die euch hassen.» Denn auch unser Herr Jesus Christus, dessen Fußtapfen wir folgen müssen (1 Ptr 2, 21), nannte seinen Verräter Freund und übergab sich freiwillig denen, die ihn kreuzigten. Unsere Freunde sind somit alle jene, die uns ungerecht Drangsale und Bedrängnisse, Schmähungen und Ungerechtigkeiten, Schmerzen und Qualen, Martyrium und Tod zufügen. Wir müssen sie innig lieben, weil wir für das, was sie uns antun, das ewige Leben erlangen.

[b] *Haß gegenüber den sinnlichen Gelüsten*

Hingegen sollen wir den Leib mit seinen Lastern und Sünden hassen, weil er fleischlich leben und uns die Liebe unseres Herrn Jesus Christus und das ewige Leben rauben und sich selbst mit allen in die Hölle stürzen will; denn durch unsere Schuld sind wir eklig, elend und dem Guten abhold, zum Bösen jedoch geneigt, wie der Herr im Evangelium sagt (Mk 7, 21–23): «Aus dem Herzen der Menschen gehen hervor und kommen böse Gedanken, Ehebruch, Unzucht, Mord, Diebstahl, Habsucht, Bosheit, Arglist, Schamlosigkeit, Neid, falsches Zeugnis, Lästerung, Hochmut und Unverstand. All dieses Böse kommt von innen aus dem Herzen des Menschen, und das ist es, was den Menschen unrein macht.»

[c] *Wohlgefallen am Willen Gottes*

Jetzt aber, nachdem wir die Welt verlassen haben, haben wir nicht anderes zu tun, als besorgt zu sein, den Willen des Herrn zu befolgen und ihm zu gefallen. Hüten wir uns sehr davor, daß wir nicht ein Erdreich seien, das am Wege liegt oder steinig oder voll Dornen sei, wie der Herr im Evangelium sagt (Mt 13, 19–23): «Der Same ist das Wort Gottes. Was aber an den Weg fiel und zertreten wurde, sind jene, die das Wort vom Reiche hören und nicht verstehen; und sogleich kommt der Teufel und raubt das, was in ihre Herzen gesät wurde; er reißt das Wort aus ihrem Inneren, damit sie nicht glauben und selig werden. Was aber auf den steinigen Grund fiel, das sind jene, die das Wort anhören und sogleich mit Freuden aufnehmen; wenn jedoch um des Wortes Gottes willen Trübsal und Verfolgung entstehen, werden sie gleich irre; denn sie haben in sich keine Wurzel, sondern sind unbeständig, weil sie eine Zeitlang glauben und zur Zeit der Versuchung abfallen. Was jedoch unter die Dornen fiel, sind jene, die das Wort Gottes hören; aber Sorge und Kümmernis dieser Welt, trügerischer Reichtum und die Gier nach den übrigen Dingen dringen ein und ersticken das Wort und es bleibt ohne Frucht. Was aber auf guten Boden gesät wurde, das sind jene, die das Wort mit gutem und bestem Herzen hören und verstehen, es festhalten und Frucht bringen in Geduld»[35].

[d] *Achtsamkeit vor den Listen Satans*

Und darum, Brüder, laßt, wie der Herr sagt (Mt 8, 22), «die Toten ihre Toten begraben». Und wir müssen uns sehr hüten vor der Bosheit und Schlauheit des Teufels, der verhindern will, daß der Mensch seinen Geist und das Herz zu Gott, dem Herrn, erhebe; und umhergehend sucht er unter dem Schein eines Gewinnes oder Vorteils das Wort und die Vorschriften des Herrn aus dem Gedächtnis zu entfernen und zu vernichten und das Herz durch weltliche Geschäfte und Sorgen zu verblenden und sich dort einzunisten, wie der Herr sagt (Mt 12, 43–45): «Wenn der unreine Geist vom Menschen ausgefahren ist, schweift er durch dürre, öde

---

[35] Die Schriftzitate des heiligen Franziskus folgen nicht immer dem Vulgata-Text; denn es gab im Mittelalter verschiedene Textüberlieferungen. Vgl. Spicq C. OP, Esquisse d'une histoire de l'exégège latine au moyen âge, Paris 1944, 165 ff.

Steppen und sucht Ruhe ohne sie zu finden; dann sagt er: «Ich will in mein Haus zurückkehren, von dem ich ausgezogen bin.» Wenn er kommt, findet er es leer, gekehrt und geschmückt. Dann geht er hin und holt noch sieben andere Geister, die schlimmer sind als er, und sie ziehen ein und hausen dort. Und die letzten Dinge dieses Menschen werden ärger sein als die ersten.» Darum, Brüder, hüten wir uns sorgfältig, daß wir nicht unter dem Schein eines Gewinnes, Werkes oder einer Erleichterung Geist und Herz verlieren oder von Gott abwenden.

[e] *Einwohnung der allerheiligsten Dreifaltigkeit*]

Vielmehr bitte ich in der heiligen Liebe, die Gott ist (1 Joh 4, 16), alle Brüder, die Minister wie die übrigen, jedes Hindernis wegzuräumen und jede Sorge und jede Kümmernis hintan zu stellen und Gott, dem Herrn, auf bestmögliche Weise zu dienen, ihn zu lieben, ihn anzubeten und ihn mit reinem Herzen und lauterem Geiste zu ehren, was er vor allem wünscht. Und immer wollen wir ihm (in unserem Inneren) eine Wohnung und Ruhestätte bereiten, dem Herrn, dem allmächtigen Gott, dem Vater, dem Sohn und dem Heiligen Geist, der sagt (Lk 21, 36): «So seid denn allzeit wachsam und betet, damit ihr allen Übeln, die kommen sollen, entgehen und vor dem Menschensohn bestehen könnt.» Und wenn ihr euch anschickt zu beten (Mk 11, 25), so sprechet: «Vater unser, der du bist in den Himmeln.» Und laßt uns mit reinem Herzen ihn anbeten; «denn man muß allzeit beten und nicht ablassen» (Lk 18, 1); «da der Vater solche Anbeter sucht. Gott ist ein Geist, und die ihn anbeten, müssen ihn anbeten im Geist und in der Wahrheit» (Joh 4, 23 f.). Und zu ihm wollen wir unsere Zuflucht nehmen als zum Hirten und Hüter unserer Seelen (1 Ptr 2, 25), der sagt (Joh 10, 11): «Ich bin der gute Hirte, der ich meine Schafe weide» und (Joh 10, 15), «ich gebe mein Leben für meine Schafe.» «Ihr alle aber seid Brüder und sollt niemand von euch auf Erden Vater nennen; denn nur einer ist euer Vater, der im Himmel ist. Auch Lehrer laßt euch nicht nennen; denn einer ist euer Lehrer, und der ist im Himmel, Christus» (Mt 23, 8-10). «Wenn ihr in mir bleibt und meine Worte in euch bleiben, so mögt ihr bitten, um was ihr wollt: es wird euch zuteil werden» (Joh 15, 7). «Wo zwei oder drei in meinem Namen versammelt sind, da bin ich mitten unter ihnen» (Mt 18, 20). «Siehe, ich bin bei euch bis ans Ende der Welt» (Mt 28, 20). «Die Worte, die ich zu euch gesprochen habe, sind Geist und Leben» (Joh 6, 63). «Ich bin der Weg, die Wahrheit und das Leben» (Joh 14, 6).

[f) *Der Leitfaden: Das Evangelium*]

Halten wir uns also an die Worte, das Leben, die Lehre und an das Evangelium dessen, der sich gewürdigt hat, seinen Vater für uns zu bitten und dessen Namen uns kundzutun, indem er sagte (Joh 17, 6): «Vater, ich habe deinen Namen kundgetan den Menschen, die du mir gegeben hast; denn die Worte, die du mir gegeben, habe ich ihnen gegeben, und sie haben sie aufgenommen und so wirklich erkannt, daß ich von dir ausgegangen bin, und sie haben geglaubt, daß du mich gesandt hast. Für sie bitte ich; nicht für die Welt bitte ich, sondern für die, die du mir gegeben hast; denn sie sind dein. Und alles, was mein ist, ist dein. Heiliger Vater, bewahre jene, die du mir gegeben hast, in deinem Namen, damit sie eins seien wie wir. Dies rede ich noch in der Welt, damit sie die Freude in Fülle in sich tragen. Ich habe ihnen dein Wort gegeben und die Welt hat sie gehaßt, weil sie nicht von der Welt sind, wie auch ich nicht von der Welt bin. Ich bitte nicht: Nimm sie aus der Welt, sondern: Bewahre sie vor dem Bösen. Verherrliche sie in der Wahrheit. Dein Wort ist Wahrheit. Wie du mich in die Welt gesandt hast, so habe ich sie in die Welt gesandt. Für sie heilige ich mich, damit auch sie in der Wahrheit geheiligt seien. Doch nicht für sie allein bitte ich, sondern auch für jene, die auf ihr Wort hin an mich glauben, damit sie vollkommen eins seien und die Welt erkenne, daß du mich gesandt und sie geliebt hast, gleichwie du mich geliebt hast. Und ich will

deinen Namen künden, damit die Liebe, mit der du mich
geliebt hast, in ihnen sei und ich in ihnen. Vater, ich will,
daß jene, die du mir gegeben hast, dort bei mir seien, wo ich
bin, damit sie deine Herrlichkeit in deinem Reiche schauen»
(Joh 17, 8–26).

V. ABSCHNITT

[Lob- und Dankeshymnus]

23. Gebet, Lob und Danksagung

Allmächtiger, höchster, heiligster und erhabenster Gott,
heiliger und gerechter Vater, Herr, König des Himmels und
der Erde, um deiner selbst willen sagen wir dir Dank, weil
du kraft heiligen Entschlusses durch deinen eingeborenen
Sohn mit dem Heiligen Geiste alle geistigen und körperlichen Wesen erschaffen hast und uns nach deinem Bild und
Gleichnis geformt und in das Paradies gestellt hast. Und
durch unsere eigene Schuld sind wir gefallen. Und wir sagen
dir Dank, daß du, wie du uns durch deinen Sohn geschaffen, auch in wahrer und heiliger Liebe, mit der du uns geliebt, den wahren Gott und wahren Menschen selbst aus der
glorreichen und allzeit seligsten, heiligen Jungfrau Maria
hast geboren werden lassen und uns durch sein Kreuz, sein
Blut und seinen Tod aus der Gefangenschaft erlösen woll-
test. Dank sagen wir dir auch, weil dieser dein Sohn einst
wiederkommen wird in der Herrlichkeit seiner Majestät,
um die Unglückseligen, die nicht Buße taten und dich nicht
erkannten, ins ewige Feuer zu werfen und um allen, die dich
anerkannten, dich angebetet und dir in Buße gedient haben,
zu sagen: «Kommt, ihr Gesegneten meines Vaters! Nehmt
in Besitz das Reich, das euch seit Anbeginn der Welt bereitet ist» (Mt 25, 34).

Und weil wir alle als Armselige und Sünder nicht würdig
sind, dich zu nennen, bitten wir inständig, unser Herr Jesus
Christus, dein geliebter Sohn, «an dem du dein Wohlgefallen hast» (Mt 17, 5), möge mit dem Heiligen Geiste, dem

Tröster, dir Dank sagen für alles, wie es dir und ihnen gefällt. Er, der dir stets für alles zu Gebote steht, Er, durch den du uns so vieles erwiesen hast. Alleluja.[36]

Und die glorreiche Mutter, die allzeit seligste Jungfrau Maria, die seligen Michael, Gabriel, Raphael und alle Chöre der seligen Geister, die Seraphim, Cherubim und die Throne, Herrschaften, Fürstentümer und Mächte, die Kräfte, Engel und Erzengel, den seligen Johannes den Täufer, Johannes den Evangelisten, Petrus, Paulus und die seligen Patriarchen, Propheten, die Unschuldigen Kinder, die Apostel, Evangelisten, Jünger, Märtyrer, Bekenner, Jungfrauen, die seligen Elias und Henoch und alle Heiligen, die waren, sein werden und gegenwärtig leben; sie alle bitten wir demütig um deiner Liebe willen, daß sie nach deinem Wohlgefallen Dank sagen dafür, dir, dem allerhöchsten, wahren, ewigen und lebendigen Gott, mit deinem vielgeliebten Sohne, unserem Herrn Jesus Christus und dem Heiligen Geiste, dem Tröster, in alle Ewigkeit. Amen. Alleluja.

Und alle, die in der heiligen, katholischen und apostolischen Kirche Gott dem Herrn dienen wollen, alle kirchlichen Stände, die Priester, Diakone, Subdiakone, Akolythen, Exorzisten, Lektoren, Ostiarier und alle Kleriker, alle männlichen und weiblichen Ordensleute, alle Kinder, die Knaben und Mädchen, die Armen und Notleidenden, die Könige und Fürsten, Arbeiter, Bauern, Angestellte und Herren, alle Jungfrauen, die Ledigen und Verheirateten, die Laien, Männer und Frauen, alle Unmündigen, Heranwachsenden, die Jünglinge und Greise, Gesunde und Kranke, alle Kleinen und Großen und alle Völker und Geschlechter, Stämme und Zungen, alle Nationen und alle Menschen auf der ganzen Welt, die leben und sein werden: alle bitten und beschwören wir Minderen Brüder und unnützen Knechte demütig, daß wir alle zusammen im wahren Glauben und in der Buße

---

[36] Über die Bedeutung dieser Stelle für den Sinn des franziskanischen «Lebens in Buße» vgl. Esser K., OFM – Grau E., OFM, Antwort der Liebe. Der Weg des franziskanischen Menschen zu Gott, Werl i. W. 1958, 16-19

verharren mögen, weil sonst keiner gerettet werden kann. Wir alle sollen aus ganzem Herzen, aus ganzer Seele, aus ganzem Gemüte, mit ganzer Kraft und Anstrengung, mit voller Einsicht und allem Vermögen (Deut 6, 5), mit ganzer Hingabe und Zuneigung, aus innerstem Empfinden, mit allen Wünschen und Strebungen, Gott den Herrn lieben, der uns allen Leib, Seele und Leben ganz und gar schenkte und gibt, der uns schuf und erlöste und aus reinem Erbarmen retten wird, der uns elenden und armseligen, verwesenden und ekelhaften, undankbaren und schlechten Menschen alles Gute spendete und verleiht.

So wollen wir denn nichts anderes wünschen, nichts anderes begehren, an nichts anderem Gefallen und Ergötzung finden als an unserem Schöpfer und Erlöser und Heiland, dem allein wahren Gott, der die Fülle des Guten, jedes Gut, das vollständige Gut, das wahre und höchste Gut ist, der allein gut ist (Lk 18, 19), gnädig und sanftmütig, mild und anziehend, der allein heilig, gerecht, wahr und gerade ist; der allein gütig, unschuldig und rein ist; von dem, durch den und in dem alle Verzeihung, alle Gnade, jede Herrlichkeit aller Büßer, aller Gerechten, aller Seligen ist, die im Himmel sich freuen. Nichts soll uns also hindern, nichts scheiden, nichts stören. Überall, an jedem Ort, zu jeder Stunde und zu jeder Zeit, täglich und dauernd wollen wir alle wahrhaft und demütig glauben, im Herzen ihm anhangen, ihn lieben, ehren, anbeten, ihm dienen, ihn loben und benedeien, verherrlichen und über alles hochhalten, rühmen und Dank sagen dem höchsten und erhabensten ewigen Gott, der Dreifaltigkeit und Einigkeit, dem Vater und dem Sohne und dem Heiligen Geiste, dem Schöpfer aller Dinge, dem Erlöser aller jener, die an ihn glauben, auf ihn hoffen und ihn lieben; der ohne Anfang und Ende ist, unveränderlich, unsichtbar, unerklärlich, unaussprechlich, unfaßbar, unerforschlich, gebenedeit, lobenswert, herrlich, hocherhoben, überragend, erhaben, liebreich, liebenswert, anziehend und immerdar über alles ganz begehrenswert in alle Ewigkeit.

[Die vorliegende Lebensform soll unverändert bleiben]

24. Schluß

Im Namen des Herren bitte ich alle Brüder, den Inhalt und den Sinn dessen, was in diesem Leben zum Heile unserer Seelen geschrieben wurde, sich anzueignen und oft ins Gedächtnis zu rufen. Und ich flehe Gott an, daß er selber, der allmächtig und dreieinig ist, alle segne, die es erklären, lernen, behalten, erwägen und vollbringen, sooft sie es wiederholen und tun, was hier zu unserem Heile aufgeschrieben wurde.

Und ich beschwöre alle, indem ich ihnen die Füße küsse, daß sie dieses (Geschriebene) überaus lieben, beschützen und verwahren. Und von seiten Gottes, des Allmächtigen, und des Herrn Papstes und kraft des Gehorsams befehle und gebiete ich, Bruder Franziskus, strenge, daß von dem, was in diesem Leben geschrieben ist, keiner etwas mäßige oder schriftlich hinzufüge; noch sollen die Brüder eine andere Regel haben.

Ehre sei dem Vater und dem Sohne und dem Heiligen Geiste, wie es war im Anfang, so auch jetzt und in alle Ewigkeit. Amen.

II

DIE ENDGÜLTIGE REGEL
DER MINDEREN BRÜDER DES HEILIGEN
FRANZISKUS VON ASSISI

[durch päpstliche Bulle feierlich bestätigt am 29. November 1223]

1. *Im Namen des Herrn beginnt das Leben der Minderen Brüder*

Die Regel und das Leben der Minderen Brüder besteht
darin, das heilige Evangelium unseres Herrn Jesus Christus
zu befolgen durch ein Leben in Gehorsam, ohne Eigentum
und in Keuschheit. Bruder Franziskus verspricht dem Herrn
Papst Honorius wie auch seinen rechtmäßigen Nachfolgern
und der römischen Kirche Gehorsam und Ehrerbietung. Und
die anderen Brüder sollen verpflichtet sein, dem Bruder
Franziskus und dessen Nachfolgern zu gehorchen.

2. *Von denen, die dieses Leben annehmen wollen, und wie man sie aufnehmen soll*

Wenn jene, die dieses Leben annehmen wollen, zu unseren
Brüdern kommen, sollen sie diese an ihre Provinzialminister
weisen, denen allein und keinen anderen die Berechtigung
eingeräumt wird, Brüder aufzunehmen.

Die Minister sollen diese allerdings über den katholischen
Glauben und die Sakramente der Kirche sorgfältig prüfen.
Und wenn sie dies alles glauben und gewillt sind, es treu zu
bekennen und bis an ihr Ende festzuhalten und keine Ehe-
gattinnen haben, oder falls sie solche haben und diese bereits
in ein Kloster eingetreten sind oder ihnen, nach Ablegung des
Gelübdes der Enthaltsamkeit, mit Einwilligung des Diöze-
sanbischofs die Zustimmung gegeben haben, und die Ehe-
frauen in einem Alter sind, daß ihretwegen keine Verdächtigung entstehen kann, sollen sie (die Minister) ihnen das
Wort des heiligen Evangeliums (Mt 19, 21) mitteilen, daß
sie hingehen und all ihren Besitz verkaufen und es den Ar-

men zu verausgaben trachten. Wenn sie dies nicht tun können, genügt ihr guter Wille. Und die Brüder und ihre Minister sollen sich hüten, sich um deren zeitliche Angelegenheiten zu kümmern, damit jene frei über ihre Habe verfügen, wie der Herr es ihnen eingibt. Wenn jedoch um Rat ersucht wird, dann soll es den Ministern gestattet sein, sie an gottesfürchtige Leute zu weisen, nach deren Vorschlag sie ihre Güter an die Armen verteilen können.

Danach sollen sie ihnen die Kleidung für die Probezeit gewähren, nämlich zwei Habite ohne Kapuze, den Gürtel und Hosen und einen bis zum Strick reichenden Kaparon, außer die Minister würden einmal etwas anderes für gottgefällig halten. Nach Ablauf des Probejahres sollen sie zum Gehorsam angenommen werden, indem sie versprechen, diese Lebensform und Regel stets zu beobachten. Und gemäß der Verordnung des Herrn Papstes soll es ihnen unter keinen Umständen erlaubt sein, aus diesem Orden auszutreten, weil nach dem heiligen Evangelium (Lk 9, 62) «niemand, der die Hand an den Pflug legt und wieder rückwärts schaut, zum Reiche Gottes tauglich ist».

Und jene, die bereits Gehorsam versprochen haben, sollen einen Habit mit Kapuze und, falls sie es wollen, einen zweiten ohne Kapuze haben. Und aus berechtigtem Grunde dürfen sie Fußbekleidung tragen. Und alle Brüder sollen schlichte Kleider anziehen und können diese unter dem Segen Gottes mit grobem Tuch und anderen Stücken ausfüttern. Ich ermahne und ermuntere sie, jene Leute nicht zu verachten und zu verurteilen, die sie in weichen und bunten Kleidern einhergehen und feine Speisen und Getränke genießen sehen; vielmehr soll jeder sich selbst richten und verachten.

3. *Vom göttlichen Offizium und vom Fasten, und wie die Brüder durch die Welt gehen sollen*

Die Kleriker sollen das göttliche Offizium verrichten nach der Ordnung der heiligen römischen Kirche, abgesehen vom

Psalter; deshalb dürfen sie Breviere haben. Die Laienbrüder aber sollen vierundzwanzig Vaterunser beten für die Metten, für die Laudes fünf, für Prim, Terz, Sext und Non je sieben, für die Vesper zwölf, für die Komplet sieben, und sie sollen für die Verstorbenen beten.

Und vom Allerheiligenfeste bis Weihnachten sollen sie fasten. Wer überdies freiwillig die heilige Fastenzeit hält, die von Epiphanie an vierzig ununterbrochene Tage dauert, die der Herr durch sein heiliges Fasten geweiht hat, soll vom Herrn gesegnet sein; wer sie nicht halten will, ist nicht dazu verpflichtet. Während der anderen aber bis zur Auferstehung des Herrn sollen sie fasten. Zu anderen Zeiten aber sind sie, außer am Freitag, zum Fasten nicht gehalten. Zur Zeit offensichtlicher Notwendigkeit sollen die Brüder zum körperlichen Fasten nicht verpflichtet sein.

Ich rate aber meinen Brüdern, ermahne und ermuntere sie im Herrn Jesus Christus, sie sollen, wenn sie durch die Welt gehen, nicht zanken, «noch sich auf einen Wortstreit einlassen» (2 Tim 2, 14), noch andere verurteilen; sondern sie sollen sanftmütig, friedfertig und bescheiden, fügsam und demütig sein, indem sie mit allen anständig reden, wie es sich geziemt. Und sie sollen nicht reiten[37], außer aus zwingendem Grunde oder Krankheit. «Jedesmal, wenn sie ein Haus betreten, sollen sie zuerst sagen: ,Friede sei diesem Hause!'» (Lk 10, 5). Und dem Evangelium gemäß soll es ihnen erlaubt sein «von allen Speisen zu essen, die ihnen vorgesetzt werden» (Lk 10, 8).

4. *Daß die Brüder kein Geld annehmen sollen*

Ich gebiete strenge sämtlichen Brüdern, in keiner Weise Münzen oder Geld anzunehmen, weder selbst noch durch eine Mittelsperson. Doch für die Bedürfnisse der Kranken und die Bekleidung der anderen Brüder sollen einzig die

---

[37] Man beachte, daß die frühere Einschränkung der R I, 15, in den Niederlassungen ein (Zug- oder Nutz-?) Tier zu halten, fallen gelassen wurde.

Minister und Kustoden mit Hilfe geistlicher Freunde wachsame Sorge tragen je nach Niederlassungen und Zeiten und kalten Gegenden, wie sie es für die Notlage nützlich erachten; freilich immer darauf achtend, daß sie, wie gesagt, weder Münzen noch Geld annehmen.

5. *Von der Arbeitsweise*

Jene Brüder, denen der Herr die Gnade verliehen hat, arbeiten zu können, sollen treu und aufopfernd schaffen, so daß sie – den Müßiggang, den Feind der Seele, ausgeschlossen – den Geist des heiligen Gebetes und der Sammlung, dem die übrigen zeitlichen Dinge dienen müssen, nicht auslöschen.

Als Arbeitslohn dürfen sie jedoch, außer Münzen oder Geld, die zum leiblichen Unterhalt notwendigen Dinge annehmen; dies freilich demütig, wie es sich für Diener Gottes und Jünger der heiligsten Armut geziemt.

6. *Daß die Brüder nichts zu eigen haben dürfen und vom Almosensammeln und von den kranken Brüdern*

Die Brüder sollen nichts zu eigen haben, weder ein Haus noch eine Niederlassung noch irgendeine Sache. Und gleichwie «Pilger und Fremdlinge» (1 Petr 2, 11) auf dieser Welt sollen sie, dem Herrn in Armut und Demut dienend, vertrauensvoll um Almosen gehen, ohne sich dabei zu schämen, weil der Herr sich unseretwegen auf dieser Welt arm gemacht hat. Dies ist jene Höhe der allerhöchsten Armut, die euch, meine liebsten Brüder, zu Erben und Königen des Himmelreiches eingesetzt, an Gütern arm gemacht, an Tugenden erhöht hat. Sie soll «euer Anteil sein, der euch ins Land der Lebendigen geleitet» (Ps 141, 6). Ihr sollt ihr, geliebteste Brüder, ganz und gar anhangen, und um des Namens unseres Herrn Jesu Christi willen sollt ihr nie etwas anderes unter dem Himmel besitzen wollen.

Und wo immer Brüder weilen und sich zusammenfinden, sollen sie sich einander als Hausgenossen erweisen. Und un-

bekümmert soll einer dem anderen sein Bedürfnis offenbaren; denn, wenn eine Mutter ihren leiblichen Sohn nährt
und liebt, um wieviel aufmerksamer muß einer seinen geistlichen Bruder lieben und nähren? Und sollte jemand von
ihnen krank werden, sollen die anderen Brüder ihm dienen,
wie sie selber bedient sein möchten.

7. *Von der Buße, die den Brüdern, die sündigen,* *auferlegt werden soll*

Wenn Brüder auf Anreizung des Bösen Feindes schwer sündigen, sollen sie sobald als möglich, ja unverzüglich, sich an
die Provinzialminister wenden, falls es sich um solche Sünden handelt, für die unter den Brüdern verordnet wurde,
daß man sich einzig an sie wende. Die Minister aber sollen,
falls sie Priester sind, ihnen mit Erbarmen eine Buße auferlegen; wenn sie aber nicht Priester sind, sollen sie ihnen
durch andere Priester des Ordens eine Buße auferlegen lassen, wie es ihnen vor Gott richtiger erscheint. Und sie sollen sich hüten, wegen der Verfehlung eines Bruders zornig
und aufgeregt zu werden, weil Zorn und Aufregung bei
ihnen und bei den anderen die Liebe behindern.

8. *Von der Wahl des Generalministers dieser Brüderschaft* *und vom Pfingstkapitel*

Alle Brüder zusammen sollen verpflichtet sein, allzeit einen
aus den Brüdern dieses Ordens zum Generalminister und
Diener der ganzen Brüderschaft zu haben, und sie sind gehalten, ihm unbedingt zu gehorchen. Wenn er stirbt, soll
die Wahl des Nachfolgers von den Provinzialministern und
Kustoden auf dem Pfingstkapitel erfolgen, zu dem die Provinzialminister stets dort zusammenkommen müssen, wo
immer es vom Generalminister bestimmt wird, und zwar
einmal in drei Jahren, oder nach einer längeren oder kürze-
ren Frist, wie es vom genannten Minister angeordnet
wurde.

Und wenn es der Gesamtheit der Provinzialminister und Kustoden irgend einmal schiene, daß der erwähnte Minister zum Dienste und gemeinsamen Wohl der Brüder unzureichend sei, sollen die genannten Brüder, denen die Wahl zusteht, verpflichtet sein, sich im Namen des Herrn einen anderen zum Kustoden zu erwählen. Nach dem Pfingstkapitel können die einzelnen Minister und Kustoden, wenn sie wollen und es für angebracht halten, im gleichen Jahre in ihren Kustodien ihre Brüder einmal zum Kapitel einberufen[38].

9. *Von den Predigern*

Die Brüder dürfen im Bistum eines Bischofs nicht predigen, wenn er es ihnen untersagt hat. Und kein Bruder soll es überhaupt wagen, dem Volke zu predigen, wenn ihn der Generalminister dieser Brüderschaft nicht geprüft und bestätigt und ihm nicht das Predigtamt verliehen hat.

Eindringlich ermahne ich überdies diese Brüder, daß die Worte der Predigt, die sie halten, wohlüberlegt und lauter seien, zum Nutzen und zur Erbauung des Volkes, wobei sie ihm von Lastern und Tugenden, von Strafe und Herrlichkeit in kurzen Worten predigen, weil «der Herr sein Wort auf Erden begrenzt hat» (Röm 9, 28)[39].

[38] Damals waren die Begriffe *Provinzial* und *Kustos* noch nicht klar abgegrenzt. Heute ist der Kustos der Stellvertreter des Provinzials, wobei die Befugnisse von diesem abhängen.

[39] Diese Stelle ist dunkel. Spielte Franziskus auf die Schrift des Petrus Cantor († 1197) «Verbum abbreviatum – Kurzgefaßtes Wort» an? Koper R., OFM, Das Weltverständnis des heiligen Franziskus von Assisi (Franziskanische Forschungen, 14), Werl i. W. 1959, 25, meint: «Vielleicht ist Franzens Bemerkung, daß der Herr hier auf Erden sein Wort kurz machte, so zu verstehen: das irdische Leben Christi im Gegensatz zu seinem darauffolgenden verherrlichten Leben». Meines Erachtens muß man beachten, daß die Schriftstelle Röm 9, 28 im Kontext auf Isaias 10, 22–23 hinweist, wo von der beschlossenen Vernichtung der Feinde die Rede ist, die schnell, d. h. in abgekürztem Verfahren, hereinbrechen wird. Wie auch Jesus seinen Gegnern mit einem summarischen Gericht drohte, so sollen auch die Prediger, meint Franziskus, keine langen Geschichten machen, wenn sie von Strafe und Herrlichkeit sprechen. Die Illustration zu dieser Stelle gab Franziskus in seinem Schreiben an die Gläubigen (in: Esser-Hardick, Die Schriften 150–152).

Die Brüder, die Minister und Diener der anderen Brüder sind, sollen ihre Brüder besuchen und ermahnen und sie demütig und liebevoll zurechtweisen, ohne ihnen etwas zu befehlen, was gegen ihre Seele und unsere Regel wäre. Die Brüder jedoch, die Untergebene sind, sollen bedenken, daß sie um Gottes willen ihrem eigenen Willen entsagt haben. Daher gebiete ich ihnen streng, daß sie ihren Ministern in allem gehorchen, was sie dem Herrn zu beobachten versprochen haben und was nicht gegen ihre Seele und unsere Regel ist. Und wenn irgendwo Brüder sind, die wüßten und einsähen, daß sie die Regel nicht geisthaft beobachten können, sollen und dürfen sie sich an ihre Minister wenden. Die Minister aber sollen sie liebevoll und gütig aufnehmen und ihnen soviel familiäre Herzlichkeit erweisen, daß sie mit ihnen reden und umgehen können wie Herren mit ihren Dienern; denn so muß es sein, daß die Minister die Diener aller Brüder sind.

Inständig jedoch ermahne ich meine Brüder im Herrn Jesus Christus, sich zu hüten vor jedem Stolz, eitler Ruhmsucht, Neid, Habsucht, Sorge und der Unruhe dieser Welt, vor Ehrabschneiden und Murren. Und jene, die keine wissenschaftliche Bildung haben, sollen nicht danach trachten, sondern achtgeben, daß sie vor allem den Geist des Herrn und sein heiliges Wirken zu besitzen wünschen, daß sie allzeit mit reinem Herzen zu ihm beten und Demut, Geduld in Verfolgung und Krankheit besitzen und jene lieben, die uns verfolgen, tadeln und beschuldigen, weil der Herr sagt (Mt 5, 44): «Liebet eure Feinde und betet für eure Verfolger und Verleumder». «Selig die um der Gerechtigkeit willen Verfolgten, denn ihrer ist das Himmelreich» (Mt 5, 10). «Wer aber ausharrt bis ans Ende, der wird selig werden» (Mt 10, 22).

11. *Daß die Brüder keine Frauenklöster betreten dürfen*

Ich verbiete nachdrücklich sämtlichen Brüdern, verdächtige Beziehungen oder Beratungen mit Frauen zu unterhalten und Frauenklöster zu betreten, ausgenommen jene Brüder, denen vom Apostolischen Stuhle eine besondere Erlaubnis erteilt wurde.

Auch sollen sie keine Patenstelle bei Männern oder Frauen annehmen, damit nicht bei dieser Gelegenheit unter den Brüdern oder durch die Brüder Ärgernis entstehe.

12. *Von denen, die unter die Sarazenen oder andere Ungläubige gehen*

Alle Brüder, die aus göttlicher Eingebung unter die Sarazenen und andere Ungläubige gehen wollen, sollen dazu die Erlaubnis ihrer Provinzialminister erbitten. Doch die Minister sollen nur jenen die Abreise gestatten, die sie für diese Sendung geeignet erachten.

Überdies trage ich den Ministern im Gehorsam auf, sich vom Herrn Papste einen Kardinal der heiligen römischen Kirche zu erbitten, der Leiter, Beschützer und Verbesserer dieser Brüderschaft sei, damit wir, ständig den Füßen dieser heiligen Kirche unterstellt und unterworfen, feststehend im katholischen Glauben die Armut und Demut und das heilige Evangelium unseres Herrn Jesus Christus beobachten, was wir fest versprochen haben.

IGNATIUS

*Die Satzungen der Gesellschaft Jesu, aus dem Spanischen
übersetzt und eingeleitet von*

MARIO SCHOENENBERGER

und

ROBERT STALDER

EINFÜHRUNG[1]

Nur sehr langsam und auf weiten Umwegen gelangte Ignatius von Loyola zur Wesensschau dessen, was die Gesellschaft Jesu sein sollte. Seit seiner Bekehrung 1521 wußte der
fast Dreißigjährige, daß er sein Leben Gott und der Kirche
weihen würde, im selben vollkommenen Dienst wie Franz
oder Dominikus, von deren Taten er las und die er nachahmen wollte. Aber es sollten noch achtzehn Jahre vergehen,
bis er mit seinen ersten Genossen, nach unzähligen Mühen
und Abenteuern, in Rom den Beschluß faßte, einen wirk-
lichen Orden zu gründen. Während das innere Ideal seit der
Zeit von Manresa (1522–1523) ihm klar vor der Seele stand
– das Ideal des reinen Dienstes der Göttlichen Majestät aus
überströmender Dankbarkeit für deren unbegreifliche,
immer je größere Liebe, eines Dienstes, der sich bis zur
Selbstverzehrung überall dort einzusetzen wünscht, wo die
größere Ehre Gottes und die nützlichere Hilfe am Nächsten
es fordert –, blieb die Form seines Werkes ihm lange ver-
borgen. Wenn die Gefährten 1539 zu Rom in langen Gesprächen darüber beraten, ob sie überhaupt einen Orden gründen sollen, dann mag das Zögern wohl in der Furcht begründet gewesen sein, der Heilige Stuhl könnte sie zwingen,
einer bereits bestehenden Regel sich anzupassen, wodurch
die volle Offenheit ihres Zieles, der jeweils bessere Dienst
Gottes zum Heil der Seelen, als solche gefährdet worden
wäre, «und alle unsere Hoffnungen zunichte werden könn-

---

[1] *Literatur zur Geschichte und zum Gehalt der Satzungen:* E. Aicardo,
Comentario a las Constituciones de la Compañía de Jesús, 6 Bde., Ma-
drid 1919/32. Paul de Chastonay, Die Satzungen des Jesuitenordens,
Einsiedeln 1938. Peter Lippert, Zur Psychologie des Jesuitenordens,
Herder Freiburg [2]1956. Ignatius von Loyola, Der Bericht des Pilgers,
herausgegeben von Burkhart Schneider, Herder Freiburg 1956. Ignatius von Loyola, Das Geistliche Tagebuch, herausgegeben von Adolf
Haas und Peter Knauer, Herder Freiburg 1961. Hugo Rahner, Ignatius von Loyola und das geschichtliche Werden seiner Frömmigkeit,
Pustet Salzburg 1949. Josef Stierli, Die Jesuiten, Sammlung «Orden
der Kirche» Paulusverlag Fribourg 1955

ten[2]». Daß Armut und Keuschheit zur Lebensform der neuen Gemeinschaft gehören sollten, war ihnen klar, ebenso die Bereitschaft, dem Heiligen Stuhl zur Verfügung zu stehen. Aber hätten sie nicht auch ohne strikten Gehorsam gegenüber einem Ordensobern, nach Art des Oratoriums, das Philipp Neri damals in Rom mit solchem Erfolg verbreitete, in einem losen, nur durch die Einheit des Geistes verbundenen Zusammenschluß leben können? Wir wissen nichts davon, daß Ignatius, der Mann des Gehorsams, bei diesen Besprechungen den leisesten Druck für die Annahme des Gehorsamsgelübdes ausgeübt hätte. Vielmehr empfiehlt er, da das Für und Wider aufs sorgfältigste geprüft worden war und die menschliche Überlegung zu keinem Ziel zu führen schien, die Lösung ganz im Gebet und im heiligen Meßopfer zu suchen. Alle sollten sich dabei innerhalb der Kontemplation in jene Gleichmütigkeit versetzen, in der sie, aller eigenen Vorentscheidungen bar, entsprechend dem Grundgedanken der Exerzitien offen sein sollten für die alleinige Wahl Gottes und für deren Kundgabe im Betenden. Erst dies führte am 15. April 1539 zum Beschluß einer Ordensgründung mit dem Gehorsamsgelübde. So ist das der Gesellschaft Eigentümlichste nur insofern ein Werk des heiligen Ignatius, als es eine Frucht seiner Exerzitien war, deren Grundgedanke die Bereitschaft ist für die Wahl dessen, was Gott für den Menschen gewählt hat. Hätte der göttliche Wille in dieser Schicksalsstunde die Form der losen Gemeinschaft in der Art der Oratorien gewählt, so hätte sich Ignatius ohne jeden Zweifel nicht weniger voll und begeistert in den Dienst auch dieses göttlichen Willens gestellt.

Die erste sichtbare Frucht der Beratungen ist die von Ignatius entworfene *erste Regel*, die als «Formula Instituti» dem Papst zur Bestätigung unterbreitet werden sollte. Sie, und nicht die später ausgearbeiteten Konstitutionen, entspricht ohne Zweifel in der werdenden neuen Gesellschaft

[2] Monumenta historica Societatis Jesu (MHSJ); Monumenta Ignatiana, series 3, (Sancti Ignatii de Loyola Constitutiones Societatis Jesu), tom. I (Monumenta Constitutionum praevia, Romae 1934), S. 5-6

dem, was bei Augustin, Benedikt und Franz als Regel, d. h.
als Grundnorm bezeichnet erscheint[3]. Während nach der
Bulle Pauls III. «Injunctum nobis» die späteren Generalversammlungen befugt sind, nötigenfalls die Konstitutionen abzuändern, hat doch diese Befugnis ihre Grenze an der Unantastbarkeit der ersten Regel. Sie wird darum im folgenden
dem Text der Konstitutionen vorangestellt, im Wortlaut,
den sie innerhalb der Gründungsbulle «Regimini militantis»
(Herbst 1540) besitzt. Dieser offiziell von der Kirche bestätigte Text enthält gegenüber dem ersten Entwurf des heiligen Ignatius, der nach anfänglich guter Aufnahme zum Gegenstand weitläufigster und für den Orden gefährlichster
Diskussionen in der unmittelbaren Umgebung des Papstes
geworden war, einige Abwandlungen, die den Entwurf teils
verdeutlichen, teils auch aus Klugheitsgründen dämpfen.
Ignatius, der während der schweren Monate des geistigen
Ringens um seine Grundkonzeption dreitausend Messen
lesen ließ, durfte über den Ausgang zufrieden sein: der neue
Orden, der auf gemeinsames Chorgebet und äußere pflichtmäßige Bußübungen verzichtete, um sich uneingeschränkter dem Dienst Gottes in Form des Apostolates zu widmen,
war grundsätzlich von der Kirche genehmigt.

1541 wird Ignatius zum ersten General der Gesellschaft
gewählt und erhält damit auch von Amts wegen die Sorge
um alle Arbeiten, Gründungen und Sendungen der jungen
Gesellschaft. Auch wird ihm der Auftrag, die *Konstitutionen*
zu verfassen, welche die in der ersten Regel grundgelegte Idee
in allen Einzelheiten – soweit die Schmiegsamkeit eines so
großen Körpers es erträgt – konkretisieren sollten. Von
1543 bis 1547 sammeln sich immer mehr Bausteine an. Ignatius ringt noch um die geistige Konzeption entscheidender

---

[3] «Facile perspicimus, quaenam sit regula a qua Societatis Jesu
Constitutiones pendeant: est formula oblata Paulo III, quam iure merito Regulam appellamus, eo sensu quo Regulae SS. Augustini, Benedicti et Francisci Regulae vocantur. Est enim re vera norma religiose
vivendi, quae Regula appellata est non solum a S. Francisco Xaverio,
sed etiam a Paulo III, Julio III et Pio VII.» Mon. Ign. s. III t. 2 (Textus hispanus) p. CCXX–CCXXI

Teile; so etwa um die Radikalität der Armut, wie im erhaltenen Fragment seines Tagebuches erschütternd deutlich
wird[4]. 1547 erhält er in seinem neuen Sekretär, Johannes von
Polanco, einen überaus klugen Helfer, der ihm bei der Sich-
tung des Materials, bei der Formulierung der Gedanken in
jeder erdenklichen Weise erleichternd zur Seite steht, ohne
daß dadurch die überlegene Führung des Generals im geringsten in Zweifel gestellt würde. Im August 1548 ist das
Werk in den großen Zügen vollendet; 1550 wird es den in
Rom versammelten Professen vorgelegt und nach Abwand-
lung einiger Punkte gutgeheißen. Aber noch gibt Ignatius sich
nicht zufrieden. Er bestimmt einen seiner erfahrensten Söhne,
Hieronymus Nadal, um die praktische Tragfähigkeit und
Durchführbarkeit der Konstitutionen in den verschiedenen
Ländern und Situationen zu erproben. In regem Meinungs-
austausch wird die letzte Anpassung (vor allem durch bestimmte Fassungen der Declarationes) vollzogen, und bei
seinem Tode am 31.Juli 1556 kann Ignatius sein Gesetz-
gebungswerk als vollendet betrachten.

Die Satzungen der Gesellschaft Jesu, das Hauptwerk des
heiligen Ignatius, sind Geist vom Geiste, das heißt: ganz und
gar evangelisch. Darauf weist schon der Name der Gesellschaft hin; «denn die eine und einzige ,Gesellschaft Jesu' ist
allein die Kirche (1 Kor 1, 9; 1 Tim 1, 19). Durfte also ein
einzelner Orden diesen Namen wählen, so hat er damit seine
eigene vollständige Fremdzwecklichkeit und vollständige
Auslöschung dahinein gewählt: nicht einen besonderen ,Fa-
miliengeist' zu haben, sondern als Familiengeist eben das
restlose Durch-sich-hindurch und Von-sich-weg in die eine
Gesellschaft Jesu, die die Kirche ist[5]».

Aus einem noch tieferen Grunde sind die Satzungen der
Gesellschaft Jesu vom Geist des Evangeliums getragen: Wie
es Ignatius bezeugt und die Kirche bestätigt hat, ist die Ge-

[4] Ignatius von Loyola, Das geistliche Tagebuch. Herausgegeben
von Ad. Haas S.J. und Peter Knauer S.J., Herder, Freiburg, 1961
[5] E. Przywara, Crucis mysterium (Schöningh-Paderborn 1939),
S. 158–159

sellschaft Jesu «nicht mit menschlichen Mitteln eingesetzt», sondern durch «die Höchste Weisheit und Güte Gottes gegründet worden[6]», und zwar «auf Ihren Dienst und Ihr Lob und auf die Rettung der Seelen hin»: «daß sie sich für die Förderung der Seelen im christlichen Leben und in der christlichen Lehre und für die Ausbreitung des Glaubens einsetze[7]».

Die Satzungen, die dieses Ziel verwirklichen helfen[8], verkündigen somit das Evangelium der Nachfolge Christi. Sie zeichnen das apostolische Leben als Teilnahme an der Sendung Christi, die die Teilnahme am Leben Christi bis zur Kreuzigung einschließt. In einer erstaunlichen Analogie zum Evangelium finden wir in ihnen, was von Christus und den Aposteln geschrieben steht: die Auserwählung (1. 2. Teil), die Formung auf den Beruf hin (3. 4. Teil) und die Aussendung (6. 7. Teil).

Die Auserwählung: Wie Christus für die ganze Welt sein Leben hingab, die Weiterführung seines Werkes hingegen Auserwählten anvertraute, so «umfaßt die Nächstenliebe und der Eifer für die Seelen, worin sich die Gesellschaft betätigt, zwar alle Arten von Menschen, dazuhin, ihnen zu dienen und im Herrn allen zur Seligkeit zu verhelfen, für die Einverleibung in dieselbe Gesellschaft aber nur jene, die für das angestrebte Ziel brauchbar erscheinen[9]». Daher darf ein «großer Haufen von Leuten nicht aufgenommen werden, sondern nur auserlesene Menschen[10]», die wie die Apostel eine «auserwählte Schar[11]» bilden. Von ihnen gilt das Wort Christi: «Nicht ihr habt mich erwählt, sondern ich habe euch erwählt[12]». Dem Stolz ist dadurch aller Boden entzogen: der Beruf zur Gesellschaft ist reine Gnade und nicht der Willkür der Menschen anheimgestellt. Es ist tatsächlich Gott, der auch hier seine Apostelwahl vornimmt und einen jeden «zu dieser Stiftung ruft[13]». Wie den Aposteln gibt er

[6] S. 401 Abs. 4 (d. h. aus den Satzungen S. 401 Abs. 4)
[7] S. 337 Abs. 1   [10] S. 394 Abs. 3   [12] Joh 15, 16
[8] S. 343   [11] S. 394 Abs. 4   [13] S. 353 Abs. 1
[9] S. 346 Abs. 3

jedem «zum göttlichen Ruf hin[14]» das «entsprechende Talent[15]». Und wie Christus die Apostel ermahnt, bei einem Turmbau «zuvor sich hinzusetzen und die Kosten zu berechnen, ob sie auch die Mittel zur Ausführung haben[16]», so «sollen alle, die sich der Gesellschaft anschließen wollen, lange und gut überlegen, ob sie auch über soviel geistige Mittel verfügen, um diesen Turm vollenden zu können, das heißt, ob der Heilige Geist, der sie antreibt, ihnen soviel Gnade verspricht, daß sie hoffen können, diese Last mit Seiner Hilfe zu tragen[17]».

Die Formung: Nach ihrer Auserwählung wurden die Apostel während der ganzen Lehrtätigkeit Christi auf ihren Beruf hin geschult und geformt. In ein Zweifaches, das zugleich eins ist, mußten sie vollständig aufgehen bis zum «Hassen der eigenen Seele[18]»: ins erste: «Du sollst den Herrn, deinen Gott, lieben mit deinem ganzen Herzen, mit deiner ganzen Seele, und mit deinem ganzen Gemüte[19]» und ins «zweite, das diesem gleich ist»: «Du sollst deinen Nächsten lieben wie dich selbst[20]». Es ist die Forderung Christi des «restlosen Sich-Einsetzens zum Werkzeug der Erlösung in die Welt»: einmal durch «das restlose Opfer in Gott hinein», dann aber auch durch «das Opfer in die Menschen der Welt hinein, allen alles werdend[21]».

Das Opfer zu *Gott* hin bedeutet für alle, die Ignatius und seinen Genossen nachfolgen wollen, die Umwertung aller Werte: Christus wird zum Maß aller Dinge. Es gilt «einzig für Christus Unseren Herrn zu leben und Ihn an Stelle der Eltern, Brüder und aller Dinge zu besitzen[22]». Dies verlangt ein «radikales und nicht nur teilweises Verabscheuen alles dessen, was die Welt liebt und umarmt», um «mit allen zu Gebote stehenden Kräften dem Raum zu geben, was immer Christus Unser Herr geliebt und umfangen

[14] S. 338 [16] Lk 14, 28 [19] Mt 22, 37
[15] S. 353 Abs. 1 [17] S. 338 [20] Mt 22, 39
 [18] Lk 14, 26
[21] E. Przywara, Crucis mysterium S. 164. Vgl. auch S. 402 Abs. 1
[22] S. 349 Abs. 2

hat[23]». Dem Evangelium gemäß gibt es nur noch eines: «die Welt hinter sich zu lassen und den Räten Christi Unseres Herrn zu folgen[24]»: in der Keuschheit, «indem sie die Liebe zu allen Geschöpfen soweit als möglich von sich werfen, um sie in deren Schöpfer zu legen[25]»; in der Armut, «indem sie ihre zeitlichen Güter verteilen nach dem Ausspruch Christi: Willst du vollkommen sein, so geh und verkaufe alles, was du hast, und gib es den Armen, und folge mir nach[26]»; im Gehorsam, «indem sie sich einem vollkommenen Gehorsam hingeben, um einzig auf Den zu schauen, um Dessentwillen und Dem sie in allen gehorchen: Christus Unsern Herrn[27]». (Vgl. 3. Teil).

Die Formung auf das Opfer für die *Menschen der Welt* besteht hauptsächlich «im Aufbau der Wissenschaften». Wie bei den Aposteln ist Ziel und Zweck der «Lehre» einzig, «den Seelen zu helfen, damit sie ihre letzte Bestimmung, für die sie geschaffen wurden, erreichen». «Weil hierzu die Theologie das am meisten entsprechende Mittel ist[28]», steht sie im Zentrum, und zwar als eigentliche Gottesweisheit an die Menschen: «um Gott Unsern Schöpfer und Herrn mehr zu erkennen und Ihm mehr zu dienen[29]». Alle übrigen Wissenschaften werden nur insoweit berücksichtigt, als sie entweder Hilfswissenschaften für die Theologie sind und «zu ihrer vollkommenen Kenntnis und Anwendung dienen[30]», oder «weil sie durch sich selbst zum selben Ziel hin helfen[31]». Andere «von dieser Stiftung weiter abliegende Wissenschaften werden nicht gelehrt[32]». (Vgl. 4. Teil).

Dieses doppelte Opfer zu Gott und zu den Menschen der Welt hin vollendet sich im Dasein als reines «Werkzeug Gottes»: in der «reinen Absicht des Göttlichen Dienstes» durch «den aufrichtigen Eifer für die Seelen um der Ehre Dessen willen, Der sie erschuf und erlöste, ohne irgendein anderes Interesse[33]. »

[23] S. 350 Abs. 1   [27] S. 355 Abs. 2   [31] S. 368 Abs. 4
[24] S. 349 Abs. 1   [28] S. 368 Abs. 1   [32] S. 368 Abs. 5
[25] S. 355 Abs. 4   [29] S. 360 Abs. 2   [33] S. 402 Abs. 1
[26] S. 349 Abs. 3   [30] S. 368 Abs. 4

Die Sendung: Die Sendung Christi ist wesentlich Gehorsam, wie er selbst bezeugt: «Ich bin nicht vom Himmel herabgekommen, um meinen Willen zu tun, sondern den Willen dessen, der mich gesandt hat[34]». Weil es der Wille des Vaters war, der ihn gesandt hatte, «daß er von all dem, was Er ihm gegeben, nichts verlorengehen lasse[35]», und weil Er ihn hiefür «zum Sühnopfer für unsere Sünden sandte[36]», sind *Gehorsam, Sendung und Kreuz* eins und nicht mehr zu trennen. Dies gründet im Erlösungsgeheimnis: «Wie durch den Ungehorsam des einen Menschen die vielen zu Sündern geworden sind, so werden durch den Gehorsam des Einen die vielen zu Gerechten gemacht[37]». Darum «verdemütigte sich Christus und ward gehorsam bis zum Tode, ja bis zum Tode am Kreuz[38]».

Demselben Gesetz des Gehorsams bis zum Kreuz unterliegt auch die Sendung der Apostel: Wie der Vater Christus gesandt hatte, so sandte Christus die Apostel[39]. In der Nachfolge Christi mußten sie sich selbst (im Gehorsam) verleugnen und ihr Kreuz auf sich nehmen[40].

Aus diesem Grunde ist auch in der Gesellschaft Jesu die innerste Haltung *Gehorsam* (vgl. 6. Teil). Wie die Apostel, leistet sie diesen Gehorsam Christus allein, als dem einzigen Herrn. Sie leistet ihn Christus, indem sie sich «über die allgemeine Bindung hinaus durch ein besonderes Gelübde[41]» dem «Römischen Papst als ihrem Haupt und als dem Statthalter Christi» ausliefert. Durch diesen radikalen Gehorsam gegenüber dem Heiligen Vater erfolgt tatsächlich die Hingabe des Willens an Gott in Seinen Heilswillen hinein; denn was immer der Statthalter Christi auf Erden bindet, wird auch im Himmel gebunden sein, und was er auf Erden löst, wird auch im Himmel gelöst sein[42]. Ignatius bezeichnet daher dieses Versprechen als Prinzip und Fundament des Ordens[43].

---

[34] Joh 6, 38   [37] Röm 5, 19   [40] Mt 16, 24
[35] Joh 6, 39   [38] Phil 2, 8   [41] S. 338 Abs. 1
[36] 1 Joh 4, 10   [39] Joh 20, 21   [42] Mt 16, 19
[43] principio y principal fundamento (Mon. Ign. 3. II. p. 214)

Der Gehorsam wird so zum Ausgangspunkt der *Sendung* der Gesellschaft (vgl. 7. Teil): Die Hingabe des Willens in den Willen Gottes hinein führt notwendig zur Sendung Christi, weil das allein der Wille Gottes ist, daß von all dem, was er Christus gegeben, nichts verlorengehe[44]. Entsprechend dem Auftrage Christi an die Apostel: «Geht hin in alle Welt und predigt das Evangelium allen Geschöpfen[45]», ist es daher «Ziel und Zweck dieser Gesellschaft, alle Teile der Welt im Auftrage des höchsten Statthalters Christi Unseres Herrn zu durcheilen, um die Seelen zu retten[46].»

Der Gehorsam führt so innerhalb der Sendung zum *Kreuz* Christi. Durch ihn wird ein jeder «mit Christus mitgekreuzigt[47]», auf daß er wie die Apostel «Frucht bringe[48]». Daher müssen in der Gesellschaft alle «brennend lieben und ersehnen, aus geschuldeter Liebe und Verehrung für ihren Herrn mit dem gleichen Gewand wie er und derselben Diensttracht angetan zu werden, so sehr, daß sie Schmähungen, falsche Zeugnisse und Beschimpfungen erdulden und für Narren gehalten und angesehen werden möchten[49]». Im Hinblick auf das Kreuz heißt Ignatius die Gesellschaft die «Geringste» (minima[50]) und ihren Beruf einen Beruf der «Demütigung und Erniedrigung[51]», weil sie wie Christus «Knechtsgestalt[52]» angenommen, um «allen zu dienen[53]». Im Zeichen dieses Kreuzes «ist ihr Leben, immer hinschauend auf den größeren Göttlichen Dienst, im Äußeren ein gewöhnliches» (común)[54], um wie ihr Herr und Meister im Dienste der Erlösung «den Menschen gleich zu werden[51]». «Zutiefst gegründet in Mühsal, Schwierigkeiten, Widerspruch, Verfolgung und Blutvergießen» (Heiliger Petrus Canisius[55]) «streitet sie für Gott unter dem Banner des Kreuzes[56]».

---

[44] Joh 6, 39
[45] Mk 16, 15
[46] S. 304 Abs. 1
[47] Gal 2, 19
[48] Joh 15, 16
[49] S. 350 Abs. 1
[50] S. 343 Abs. 1
[51] S. 403 Abs. 3
[52] Phil 2, 7
[53] S. 382 Abs. 2
[54] S. 343 Abs. 3
[55] Beati Petri Canisii Exhortationes domesticae (Rurae mundae 1876) p. 5
[56] S. 337

Wenn auch der Gehorsam das Kennzeichen der Gesellschaft Jesu ist, so ist sie doch nicht eine Gesellschaft «der Strenge und knechtischen Furcht», sondern «eine Gesellschaft der *Liebe*[57] (Heiliger Franz Xaver). Der Gehorsam ist zuletzt und zutiefst die Form der Liebe: «Die Liebe besteht in der Mitteilung, das will heißen, daß der Liebende dem Geliebten gibt und mitteilt, was er hat, und umgekehrt der Geliebte dem Liebenden[58].» So erfüllt sich die Liebe im Gehorsam, weil nur in ihm «ich darbiete und alles gebe, was ich habe, und mich selber damit: meine ganze Freiheit, mein Gedächtnis, meinen Verstand und meinen ganzen Willen, mein ganzes Haben und Besitzen», damit «der Herr nach Seinem ganzen Willen verfüge[59]». Weil also die Gesellschaft wie Christus «gehorsam ist bis zum Tode», herrscht in ihr «das innere Gesetz der Liebe[60]».

So ist der eigentliche Beruf des Jesuiten zu lieben: «herauszuspringen aus seiner Eigenliebe, seinem Eigenwillen und seinem Eigennutz[61]», um sich als reines «Werkzeug[62]» dem «jeweils größeren göttlichen Dienste» zur «größeren Ehre Gottes» in der «Rettung der Seelen» hinzugeben.

Das Ja zu diesem Beruf kann daher nur ein Ja der Liebe sein. Es gibt hier kein Müssen, sondern nur ein Dürfen: ein «flammendes Verlangen, Seiner Göttlichen Majestät in dieser Gesellschaft viel zu dienen[63]», nicht «in der Verwirrung der Furcht», sondern «im Geist der Liebe[64]», rein «um der Göttlichen Güte willen und um der Liebe und der so außerordentlichen Wohltaten willen, mit denen sie uns zuvorkam[65]».

MARIO SCHOENENBERGER *und* ROBERT STALDER

---

[57] Saint François Xavier, Lettres spirituelles (Paris 1937) p. 184. (Mon. Xav. n. 71)
[58] Ignatius von Loyola, Die Exerzitien (Stocker, Luzern 1946) Nr. 231
[59] Ebd. Nr. 234, vgl. auch 6. Teil der Satzungen
[60] S. 343 Abs. 1   [62] S. 402 Abs. 1   [64] S. 375 Abs. 1
[61] Exerzitien Nr. 189   [63] S. 360 Abs. 1   [65] S. 355 Abs. 4

ÜBERSICHT

Wer immer in unserer Gesellschaft, die wir mit dem Namen
Jesu auszuzeichnen wünschen, unter dem Banner des Kreuzes für Gott streiten und dem Einzigen Herrn sowie dem
Römischen Papste, Seinem Statthalter auf Erden, dienen will,
vergegenwärtige sich im Geiste, daß er nach Ablegung des
feierlichen Gelübdes ewiger Keuschheit [1. Gelübde] Glied
dieser Gesellschaft ist, die vor allem dazu gegründet wurde,
daß sie sich unverzüglich für die Förderung der Seelen im
christlichen Leben und in der christlichen Lehre und für die
Ausbreitung des Glaubens einsetze: durch freies Predigen
und Verkünden des Wortes Gottes, durch Geistliche Übungen [Exerzitien] und Werke der Liebe, und namentlich durch
das Unterweisen der Jugend und des einfachen Volkes im
christlichen Glauben und durch das Trösten der Gläubigen
Christi im Beichthören. Er bemühe sich, zunächst Gott,
dann die Wesensart dieser Stiftung, die ein gewisser Weg zu
Ihm ist, stets vor Augen zu haben und dieses ihm von Gott
gesteckte Ziel mit aller Kraft zu verfolgen, ein jeder aber gemäß der ihm vom Heiligen Geiste gewährten Gnade und dem
besonderen Grad seiner Berufung (damit nicht einer zwar
Eifer zeige, doch ohne Einsicht). Die Bestimmung dieses besonderen Grades eines jeden, wie auch das Auswählen und
Verteilen der Arbeiten sei ganz in der Hand eines von uns
zu wählenden Generals, damit die sinngemäße Ordnung ge-
wahrt werde, wie sie in jeder wohlgegründeten Gemeinschaft notwendig ist. Dieser General habe von den versammelten Mitbrüdern die Vollmacht, in der Versammlung
Satzungen zu verfassen, die unser vorgefaßtes Ziel verwirklichen helfen, wobei immer die Stimmenmehrheit das Recht
zum Entscheiden habe. Diese Versammlung soll so verstanden sein, daß sie für schwierigere und dauernde Entscheidungen aus dem größeren Teil der gesamten Gesellschaft
bestehe, der vom General ohne Mühe einberufen werden
kann, für leichtere und mehr vorübergehende Entscheidungen aus all denen, die am Aufenthaltsort des Generals jeweils

zugegen sind. Die Befehlsgewalt aber wird ganz in der Hand des Generals sein.

Alle Genossen sollen wissen und nicht nur in den ersten Tagen ihrer Profeß, sondern so lange sie leben, Tag für Tag, im Geiste von allen Seiten erwägen, daß die gesamte Gesellschaft und jeder einzelne unter dem treuen Gehorsam unseres Heiligen Vaters, des Papstes, und seiner Nachfolger für Gott streiten. Und obschon wir durch das Evangelium belehrt werden und durch den rechtmäßigen Glauben erkennen und fest dafür einstehen, daß alle Gläubigen Christi dem Römischen Papste als ihrem Haupt und als dem Statthalter Jesu Christi untertan sind, so waren wir dennoch der Überzeugung, daß es am meisten zur größeren Demütigung unserer Gesellschaft und zur vollkommenen Abtötung eines jeden und zur Verleugnung unseres Willens führt, wenn jeder einzelne von uns über jene allgemeine Bindung hinaus sich durch ein besonderes Gelübde bindet [4. Gelübde]: so daß wir verpflichtet sind, was immer der jetzige und alle kommenden Römischen Päpste für die Förderung der Seelen und die Verbreitung des Glaubens befehlen werden, wohin immer sie uns auch senden wollen, auf der Stelle auszuführen, soweit es in unserer Kraft liegt, ohne den Rücken zu kehren oder uns irgendwie zu entschuldigen; mögen sie uns zu den Türken schicken oder zu andern Heiden, selbst in jene Länder, die man Indien nennt, oder zu beliebigen Ketzern und Abtrünnigen, oder zu allen beliebigen Gläubigen. Aus diesem Grunde sollen jene, die sich uns anschließen wollen, bevor sie ihre Schultern dieser Last darbieten, lange und gut überlegen, ob sie auch über soviel geistige Mittel verfügen, um nach dem Rate des Herrn diesen Turm vollenden zu können, das heißt, ob der Heilige Geist, der sie antreibt, ihnen soviel Gnade verspricht, daß sie hoffen können, diese Last mit seiner Hilfe zu tragen; und nachdem sie sich auf göttlichen Ruf hin dieser Kampfgruppe Jesu Christi geweiht haben, müssen sie Tag und Nacht mit gegürteten Lenden bereitstehen, ihre so große Schuld einzulösen. Damit aber bei solchen Sendungen und Aufgaben weder Ehrgeiz noch ein Auskneifen möglich seien, gelobe jeder einzelne, niemals, weder direkt noch indirekt, irgend etwas wegen solcher Sendungen beim Heiligen Vater zu unternehmen, sondern diese ganze Sorge Gott und dem Papste, als Seinem Statthalter, sowie dem General der Gesellschaft überlassen zu wollen. Und der General der Gesellschaft gelobe wie die andern, daß er sich wegen der Sendung seiner selbst nach irgendeiner Richtung um nichts beim Heiligen Vater kümmern werde, es sei denn [auf den Willen] der versammelten Gesellschaft hin.

Jeder einzelne gelobe, in allem, was die Beobachtung dieser unserer Regel umfaßt, dem General der Gesellschaft Gehorsam zu leisten [3. Gelübde]. Der General aber befehle das, was er zur Verwirklichung des ihm von Gott und der Gesellschaft vorgesteckten Zieles für wirksam erachtet. Bei seiner Führung sei er stets der Güte, Milde und Liebe Christi und der Ermahnungen Petri und Pauli eingedenk, und sowohl er wie auch die Versammlung [der Mitbrüder] müssen unablässig diese Norm im Auge behalten. Namentlich sei ihnen anempfohlen, die Jugend und das einfache Volk in der christlichen Lehre von den Zehn Geboten und anderen ähnlichen Grundwahrheiten, die ihnen je nach Leuten, Ort und Zeit angemessen scheinen, zu unterrichten. Es ist nämlich äußerst notwendig, daß der General und die Versammlung sorgfältig über die Besorgung dieser Aufgabe wachen, weil das Gebäude des Glaubens in den Nächsten nicht ohne Fundament erstehen kann und damit den Unsrigen nicht die Gefahr drohe, sie möchten, je gelehrter sie sind, dieser auf den ersten Blick weniger verlockenden Pflicht auszuweichen suchen, wo doch in Tat und Wahrheit keine fruchtbarer ist, sowohl für die Mitmenschen zu ihrer Auferbauung, als auch für die Unsrigen, um die Aufgaben der Liebe und Demütigung zu erfüllen. Die Untergebenen aber seien verpflichtet, sowohl wegen des unermeßlichen Nutzens der Ordnung, wie auch wegen der nie genug zu lobenden Übung der Demütigung, dem General in allem, was die Gesellschaft angeht, stets zu gehorchen, in ihm Christus gegenwärtig zu sehen und ihn, wie es sich gehört, ehrfürchtig zu lieben.

Da wir an uns selbst erfahren haben, daß ein Leben umso schöner und reiner und zur Auferbauung des Nächsten geeigneter ist, je mehr es von aller Ansteckung der Habsucht weit entfernt und der evangelischen Armut möglichst angeglichen ist, und da wir wissen, daß Unser Herr Jesus Christus seinen Dienern, die nur das Reich Gottes suchen, das für Nahrung und Kleidung Notwendige spenden wird, so sollen alle ohne Ausnahme ewige Armut geloben [2. Gelübde], wobei sie feierlich erklären, weder für sich noch gemeinsam für den Unterhalt oder Gebrauch der Gesellschaft irgendein Recht auf feste Güter, auf Erträge oder irgendwelche Einkünfte erlangen zu können; vielmehr seien sie zufrieden, nur das zu gebrauchen, was ihnen [als Almosen] gegeben wird, um sich damit das Notwendige zu beschaffen. Dennoch können sie bei Universitäten ein Kolleg oder mehrere Kollegien errichten, welche feste Einnahmen, Vermögen oder Güter für den Gebrauch und Bedarf der Studierenden besitzen, wobei der General und die Gesellschaft die Leitung oder Aufsicht über diese Kollegien und Studierenden in jeder Hinsicht in den eigenen Händen haben: sowohl die Ernennung des Leiters [Rektors], die Auswahl der Studierenden, deren Aufnahme und Entlassung, wie auch die Bestimmung der Schulordnung, die Erziehung, Ausbildung, Auferbauung und Bestrafung der Studierenden, ihre Nahrung und Kleidung, sowie jedwede Leitung, Führung und Betreuung; jedoch so, daß weder die Studierenden jene Güter mißbrauchen können, noch die Gesellschaft diese für den eigenen Gebrauch bestimmen kann, vielmehr daß sie für die Bedürfnisse der Studierenden zu sorgen vermag. Die Studierenden können, wenn ihre Fortschritte in Geist und Wissenschaft offenbar und sie ausreichend erprobt sind, in unsere Gesellschaft aufgenommen werden.

Alle Genossen, die zu Priestern geweiht sind, sind gehalten, auch wenn sie keine kirchliche Pfründe besitzen noch deren Einkünfte beziehen, das Offizium, wie es die Kirche vorschreibt, zu beten, jedoch einzeln und jeder für sich, nicht gemeinsam.

Das ist es, was wir von unserem Beruf mit Gutheißung unseres Herrn Pauls [III.] und des Apostolischen Stuhles gleichsam im Grundriß darstellen konnten. Wir haben es getan, um mit dieser Darlegung in großen Zügen einmal jene, die uns nach unserer Lebensform fragen, dann aber auch unsere Nachfolger aufzuklären, so Gott will, daß wir jemals Nachahmer dieses Weges haben sollten. Und da wir an uns selbst erfahren haben, daß dieser Weg mit vielen und großen Beschwerden verbunden ist, hielten wir es für zweckmäßig, auch dies festzulegen, daß keiner in diese Gesellschaft aufgenommen werde, der nicht lange und mit aller Sorgfalt erprobt wurde. Und wenn er in Christus weise erscheint und sowohl in der Lehre wie in der Reinheit eines christlichen Lebens hervorragt, dann erst soll er zur Kampfschar Jesu Christi zugelassen werden, der sich würdige, unserm schwachen Beginnen huldvoll zu sein, zur Ehre Gott Vaters, Dem allein sei Lob und Ehre in alle Ewigkeit. Amen.

DIE SATZUNGEN DER GESELLSCHAFT JESU

Wenngleich die Höchste Weisheit und Güte Gottes Unseres Schöpfers und Herrn es ist, die diese geringste Gesellschaft Jesu in Ihrem Heiligen Dienste bewahrt, lenkt und voranbringt, so wie Sie sich würdigte, dieselbe zu gründen, und [obschon] hierzu von unserer Seite aus das innere Gesetz der schenkenden und sehnenden Liebe (charidad y amor), das der Heilige Geist in die Herzen schreibt und einprägt, mehr als jede äußere Bestimmung hilft, halten wir es dennoch für notwendig, Satzungen zu schreiben, weil die huldreiche Anordnung der Göttlichen Vorsehung das Mitwirken ihrer Geschöpfe fordert, und weil der Statthalter Christi Unseres Herrn es so befohlen hat und die Vorbilder der Heiligen und die Vernunft uns so in Unserem Herrn belehren. Diese [Satzungen] sollen helfen, auf dem eingeschlagenen Weg des Göttlichen Dienstes gemäß unserer Stiftung besser fortzuschreiten.

ERSTER TEIL

Vom Aufnehmen zur Prüfung

[*Zweck und Aufbau der Gesellschaft*]

Der Zweck dieser Gesellschaft ist nicht nur, auf die Rettung und Vervollkommnung der eigenen Seelen mit der Göttlichen Gnade zu achten, sondern mit der gleichen [Gnade] sich unter Anspannung aller Kräfte (intensamente) einzusetzen, um bei der Rettung und Vervollkommnung der Seelen der Nächsten zu helfen.

Aus gerechten Gründen, immer hinschauend auf den größeren Göttlichen Dienst, ist das Leben im äußeren ein gewöhnliches (común).

Die Personen, die, allgemein betrachtet, in diese Gesellschaft Jesu aufgenommen werden, gehören in Erwägung dessen, was sie anstrebt, vier Gruppen an, obwohl auf seiten der Eintretenden alle zur vierten Gruppe gehören müssen ..
In *erster* Linie werden einige dazuhin aufgenommen, in ihr

die Profeß mit vier feierlichen Gelübden abzulegen, nachdem sie vorher die geforderten Prüfungen und Bewährungen bestanden haben. Diese müssen gemäß den Anforderungen einer solchen Berufung in den Wissenschaften ausreichend ausgebildet .. und auf ihr Leben und Wesen gründlich geprüft sein, und alle müssen vor der Profeß Priester sein.

Die Gesellschaft der Professen macht außer den drei Gelübden [des Gehorsams, der Armut und Keuschheit] dem Papst als dem Stellvertreter Christi Unseres Herrn das ausdrückliche Gelübde, überallhin zu gehen, wohin Seine Heiligkeit sie schickt, zu Gläubigen oder Ungläubigen, ohne Ausrede, und ohne um irgendeine Wegzehrung zu bitten, für Aufgaben, die den Göttlichen Dienst und das Beste der christlichen Religion betreffen.

Die *zweite* Gruppe sind jene, die als Helfer im Göttlichen Dienst und als Hilfe der Gesellschaft in geistlichen und zeitlichen Dingen aufgenommen werden, die nach ihren Prüfungen und Bewährungen drei einfache Gelübde des Gehorsams, der Armut und Keuschheit abzulegen haben, ohne das vierte des Gehorsams an den Papst .. Sie müssen mit ihrem Grad zufrieden sein, wissend, daß im Angesicht Unseres Schöpfers und Herrn jene mehr verdienen, die mit je größerer Liebe (charidad) allen helfen und dienen, aus Liebe (amor) zu Seiner Göttlichen Majestät, sei es nun in größeren Dingen oder in anderen niedrigeren und demütigeren.

.. In dieser Gesellschaft werden geistliche und zeitliche Helfer aufgenommen. Die geistlichen sind Priester, die ein ausreichendes Maß an Wissenschaften haben, um in geistlichen Dingen zu helfen. Die zeitlichen Helfer [Laienbrüder], die keine heiligen Weihen haben, können in den notwendigen äußeren Dingen, mit oder ohne Bildung, Hilfe leisten.

Den ersten ist es mehr eigen, die Gesellschaft im Beichthören, Predigen und Unterweisen der christlichen Lehre und anderer Wissenschaften zu unterstützen ..

Die zweiten können zwar gemäß dem ihnen von Gott Unserem Herrn verliehenen Talent auch in größeren Aufgaben beschäftigt werden; ihnen ist es aber mehr eigen, sich in allen niedrigen und demütigenden Diensten, die man ihnen aufträgt, zu üben, wobei sie vom Glauben durchdrungen seien, daß sie dem Herrn selbst dienen, indem sie der Gesellschaft helfen, damit sich diese umso mehr für die Rettung der Seelen einsetze, weil sie es ja um Seiner Göttlichen Liebe und Ehrfurcht willen tun. Deshalb sollen sie bereit sein, mit jeder nur möglichen Demütigung und Liebe alle ihnen anvertrauten Aufgaben bis zum letzten zu erfüllen, wodurch sie ihren vollen Anteil gewinnen und an allen guten Werken teilnehmen, die Gott Unser Herr zu Seinem größeren Dienst und Lobpreis durch die ganze Gesellschaft zu wirken sich würdigt ..

Um im besonderen von jenen zu sprechen, die als Helfer in zeitlichen oder äußeren Dingen aufgenommen werden, so ist vorauszusetzen, daß ihrer nicht mehr sein sollen, als vonnöten sind, um der Gesellschaft bei jenen Aufgaben zu helfen, die die übrigen nicht ohne Einbuße des größeren Göttlichen Dienstes übernehmen könnten .. Sie müssen mit dem Los der Martha in der Gesellschaft zufrieden sein und ihrer Stiftung in Liebe anhangen, voll Verlangen, ihr zur größeren Ehre Gottes Unseres Herrn beizustehen.

Die *dritte* Gruppe sind jene, die als Studierende aufgenommen werden, wenn sie begabt zu sein scheinen und die übrigen für die Studien zukommenden Anlagen besitzen, damit sie nach Erwerbung der Wissenschaften als Professen oder Helfer, so wie man es als angemessen beurteilt, in die Gesellschaft eintreten können. Diese müssen, um als Studierende der Gesellschaft anerkannt zu werden, nach ihren Prüfungen und Bewährungen ebenfalls dieselben drei einfachen Gelübde der Armut, Keuschheit und des Gehorsams ablegen, mit dem Versprechen, daß sie auf eine der beiden genannten Weisen in die Gesellschaft eintreten werden, zur größeren Göttlichen Ehre.

Die *vierte* Gruppe sind jene, die ohne Vorentscheidung für das aufgenommen werden, wofür sie sich im Laufe der Zeit als geeignet erweisen; wobei sich die Gesellschaft noch nicht festlegt, für welchen der genannten Grade ihr Talent mehr geeignet sei; und sie selbst müssen gleichmütig (indiferentes) gegenüber jedem der genannten Grade, der dem Obern [einst] gutscheinen mag, eintreten, und von ihrer Seite aus müssen alle, wie schon gesagt wurde, in solcher Verfügbarkeit (disposición) eintreten.

[Die Aufnahme]

Wer die Aufnahmegewalt inne hat [der General und wem sie von diesem übertragen ist], muß Kenntnis über die Dinge der Gesellschaft und Eifer für ihr gutes Fortkommen haben, ohne daß ihn irgendeine Rücksicht von dem abzubringen vermöchte, was er in Unserem Herrn für Seinen Göttlichen Dienst in dieser Gesellschaft als zukommender erachtet. Daher muß er im Verlangen, [Leute] aufzunehmen, sehr zurückhaltend sein.

Wie einerseits Sorge zu tragen ist, mit dem göttlichen Antrieb und Ruf zusammenzuarbeiten, indem man sich einsetzt, die Arbeiter im heiligen Weinberg Christi Unseres Herrn zu vermehren, so muß anderseits große Umsicht walten, damit niemand aufgenommen werde außer jenen, welche die Talente besitzen, die für diese Stiftung zur Göttlichen Ehre erfordert sind.

Obwohl die Nächstenliebe und der Eifer für die Seelen, worin sich diese Gesellschaft gemäß dem Ziel ihrer Stiftung betätigt, alle Arten von Menschen umfaßt, dazuhin, ihnen zu dienen und im Herrn aller zur Seligkeit zu verhelfen, so darf doch für die Einverleibung in dieselbe Gesellschaft [diese Liebe und dieser Eifer], wie gesagt, nur jene umfassen, die für das angestrebte Ziel brauchbar erscheinen.

Im Hinblick auf den Zweck unserer Stiftung und unserer Lebensform sind wir in Unserem Herrn zur Überzeugung gekommen, daß es für seinen größeren Dienst und Lobpreis nicht angeht, sehr schwierige oder für den Orden unbrauchbare Personen aufzunehmen, selbst wenn die Aufnahme für jene nicht ohne Nutzen wäre.

Um allgemein von jenen zu sprechen, die aufzunehmen sind: je mehr natürliche und eingegossene Gaben einer von

Gott Unserem Herrn besitzt, um der Gesellschaft in ihrem Göttlichen Dienst zu helfen, und je mehr diese erprobt sind, desto geeigneter ist er für die Aufnahme.

Wer in der Absicht aufgenommen wird, geistige Dienste zu leisten, muß im Hinblick auf die Anforderungen eines solchen Dienstes, damit den Seelen geholfen werde, die folgenden Gaben besitzen:

Bezüglich des Verstandes: gesunde Lehre (doctrina) oder Befähigung, sie zu erlernen; im Handeln kluge Unterscheidung (discreción) oder Beweis von gutem Urteil, um sie sich anzueignen.

Bezüglich des Gedächtnisses: Fähigkeit zum Lernen und Treue zum Festhalten des Erlernten.

Bezüglich des Willens: daß sie das Verlangen nach ganzer Tugend und geistiger Vervollkommnung in sich tragen, daß sie ruhig, beständig und stark in dem seien, was sie für den Göttlichen Dienst in Angriff nehmen, und vom Eifer für das Heil der Seelen erfüllt, daß sie unsere Stiftung aus demselben Grunde lieben, die ja geradewegs darauf hingeordnet ist, den Seelen zu helfen und sie bereitzumachen, ihr letztes Ziel durch die Hand Gottes Unseres Schöpfers und Herrn zu erreichen.

Die äußeren Gaben des Adels, Reichtums, Ansehens und ähnliche sind nicht notwendig .. Je mehr sich der, der aufgenommen zu werden begehrt, in den obengenannten Gaben auszeichnete, desto besser würde er für diese Gesellschaft zur Ehre Gottes Unseres Herrn passen, und je weniger [er sich darin auszeichnete], desto schlechter. Das rechte Maß aber, das in allem eingehalten werden muß, wird die heilige Salbung der Göttlichen Weisheit jene lehren, die hiefür zu Ihrem größeren Dienst und Lobpreis die Sorge tragen.

ZWEITER TEIL

Vom Entlassen jener, die sich unter den Aufgenommenen nicht gut bewähren

Wie es [einerseits] dem in dieser Gesellschaft erstrebten Ziel: dem Dienst Gottes Unseres Herrn in der Rettung seiner

Seelen, zukommt, daß die zur Förderung dieses Werkes geeigneten und nützlichen Arbeiter erhalten und vermehrt werden, ebenso kommt es [anderseits] zu, daß jene entlassen werden, die nicht als solche erfunden würden, und bei denen im Verlauf der Zeit klar würde, daß dies nicht ihre Berufung ist .. Wie aber bei der Aufnahme keine Leichtigkeit walten darf, so noch weniger bei der Entlassung; vielmehr muß mit vielem Überlegen und Abwägen in Unserem Herrn vorgegangen werden. Und obschon die Gründe um so schwerwiegender sein müssen, je mehr einer in die Gesellschaft einverleibt ist, könnte und müßte, so sehr er es auch wäre, in einigen Fällen doch jeder von ihr ausgeschieden werden.

Je mehr die Gesellschaft einer Person verpflichtet wäre, weil sie sich gute Verdienste erworben hat, oder je mehr Talente ihr eigen wären, um der Gesellschaft im Dienste Gottes Unseres Herrn behilflich zu sein, desto mehr Bedenken wird bei ihrer Entlassung walten müssen, wie auf der entgegengesetzten Seite das Fehlen einer Verpflichtung und die geringe Eignung für die Mithilfe im Göttlichen Dienste die Entlassung eher erleichtern wird.

Ein Grund liegt vor, wenn man in Unserem Herrn fühlen würde, es sei gegen Seine Ehre und Glorie, daß sich einer in dieser Gesellschaft befinde, weil man ihn in gewissen Leidenschaften oder Lastern, die Seine Göttliche Majestät beleidigen, für unheilbar erachtete. Diese dürften umso weniger geduldet werden, je schwerer und schuldbarer sie wären, selbst wenn sie bei anderen kein Ärgernis gäben, weil sie nicht offen zutage liegen.

Ein anderer Grund liegt vor .., wenn man dafürhielte, daß einer wegen seines schlechten Beispiels Schaden stiftet, insbesondere wenn er sich als unruhig erweist oder in Worten oder Taten Ärgernis gibt; würde jener, der die Pflicht hat, die Ruhe und das Wohlergehen der ihm anvertrauten Gesellschaft zu erhalten, solches dulden, so wäre das nicht als Liebe, vielmehr als das Gegenteil auszulegen.

DRITTER TEIL

Vom Bewahren und Fördern derer, die in der Prüfung bleiben

[*Die Räte*]

Wer in die Gesellschaft eintreten will, werde gefragt, ob er fest entschlossen sei, die Welt hinter sich zu lassen und den Räten Christi Unseres Herrn zu folgen.

Jeder, der in Befolgung des Rates Christi: «Wer seinen Vater verläßt usw.» [Mk 10, 29] in die Gesellschaft eintritt, gebe sich Rechenschaft, daß er Vater, Mutter, Brüder und Schwestern und was immer er in der Welt besaß, zu verlassen hat; ja noch mehr, er betrachte jenes Wort: «Wer Vater und Mutter und darüber hinaus seine eigene Seele nicht haßt, kann mein Jünger nicht sein» [Lk 14, 26] als an sich selbst gerichtet; er muß also sorgen, alle fleischliche Neigung gegenüber den Verwandten zu verlieren und in eine geistige zu verwandeln, indem er sie allein mit der Liebe liebt, die die reine Liebe (charidad) in ihrer Ordnung fordert, als einer, der der Welt und der eigenen Liebe abgestorben, einzig für Christus Unseren Herrn lebt und Ihn an Stelle der Eltern, Brüder und aller Dinge besitzt.

Man stelle ihm vor Augen, daß die Absicht jener, die als erste in der Gesellschaft zusammentraten, dahin ging, es sollten solche in sie eingelassen werden, die der Welt entsagt haben und die entschlossen sind, Gott mit ganzer Seele, sei es in diesem oder jenem Orden, zu dienen, daß dementsprechend alle, die in die Gesellschaft eintreten wollen, bevor sie in einem Haus oder Kolleg im Gehorsam zu leben beginnen, ihre sämtlichen zeitlichen Güter, die sie besessen haben mögen, verteilen müssen und auch jenen absagen und über sie verfügen müssen, die ihnen noch zufallen könnten. Diese Verteilung ergehe zuerst an geschuldete und pflichtmäßige Dinge .. und wenn keine vorliegen, an fromme und heilige Werke, nach dem Wort: «Er verteilte und schenkte den Armen» [Ps 111, 9], und dem Ausspruch Christi: «Willst du vollkommen sein, so geh und verkaufe alles, was du hast, und gib es den Armen, und folge mir nach» [Mt 19, 21], indem man sie gemäß dem eigenen inneren Antrieb vornimmt und dabei alle Hoffnung von sich entfernt, solche Güter jemals wieder zurückzugewinnen.

Die sich in der Prüfung befinden, sollen sehr beachten, es sehr zu Herzen nehmen und vor Unserem Schöpfer und Herrn erwägen, in wie hohem Maße es hilft und fördert im Leben des Geistes, radikal und nicht teilweise alles zu verabscheuen, was immer die Welt liebt und umarmt, und mit allen zu Gebote stehenden Kräften dem Raum zu geben und das zu begehren, was immer Christus Unser Herr geliebt und umfangen hat. Wie die weltlichen Menschen, die der Welt folgen, Ehren, guten Ruf, das Ansehen eines großen Namens auf Erden lieben und mit so großer Beflissenheit suchen, so wie die Welt es sie lehrt; ebenso lieben und ersehnen jene, die im Geiste fortschreiten und in Wahrheit Christus Unserem Herrn nachfolgen, brennend das vollkommene Gegenteil: nämlich aus geschuldeter Liebe und Verehrung für ihren Herrn mit dem gleichen Gewand wie er und derselben Diensttracht angetan zu werden, so sehr, daß, wenn es der Göttlichen Majestät keine Beleidigung wäre und dem Nächsten nicht zur Sünde angerechnet würde, sie Schmähungen, falsche Zeugnisse und Beschimpfungen erdulden möchten und für Narren gehalten und angesehen werden (ohne daß sie selbst irgendwelchen Anlaß dazu geben), darum, weil sie von ferne Unserm Schöpfer und Herrn Jesus Christus zu gleichen und Ihn nachzuahmen ersehnen, indem sie sich mit seinem Gewande und seiner Diensttracht bekleiden, da Er diese selbst um unseres größeren geistigen Fortkommens willen anzog und uns ein Beispiel gab, damit wir in allen uns möglichen Dingen, mit dem Beistand Seiner göttlichen Gnade, Ihn nachahmen und Ihm nachfolgen möchten, Ihm, dem Weg, der die Menschen zum Leben führt.

Und würde einer wegen unserer menschlichen Schwachheit und Armseligkeit kein solches im Herrn entflammtes Verlangen in sich finden, so frage man ihn, ob er wenigstens einiges Verlangen nach jenem [Verlangen] habe. Bejaht er dies, daß er also das Verlangen nach jenem so heiligen Verlangen in sich trage, so frage man weiter, damit er um so besser zu dessen Verwirklichung gelange, ob er entschlossen und bereit sei, solcherlei Schimpf, Gelächter und Schmach, wie sie eingeschlossen sind in der Diensttracht Christi Unseres Herrn, und alles andere, was man ihm sonst noch zufügen könnte, zu empfangen und mit der Gnade Gottes geduldig zu ertragen, werde es ihm nun zugefügt von irgendeinem im Hause oder in der Gesellschaft (in der er zu gehorchen und gedemütigt zu werden und das ewige Leben zu erlangen sich wünscht) oder außerhalb ihrer von irgendeinem anderen Sterblichen, indem er keinem Böses mit Bösem, sondern Böses mit Gutem vergilt.

Damit er besser zu diesem im Leben des Geistes so kostbaren Grade gelange, sei seine größere und inständigere Bemühung darauf gelenkt, in Unserem Herrn nach seiner größeren Selbstverleugnung zu streben und nach einer beständigen Abtötung in allen nur möglichen Belangen.

[*Die Erprobung*]

Bevor irgendeiner zur Profeß zugelassen werde oder gemäß unserer Stiftung gehalten sei, die einfachen Gelübde des Helfers oder Studierenden abzulegen, wird er zwei volle Jahre der Prüfung haben; und bevor die Studierenden zu einem der beiden ersten Grade der Professen oder einverleibten Helfer zugelassen werden, werden sie nach Beendigung der Studien ein weiteres [Probejahr] haben.

Während der Zeit der Prüfungen und Bewährungen darf keiner von sich sagen, er gehöre zur Gesellschaft ..

Bevor einer in ein Haus oder Kolleg eintritt oder nachdem er eingetreten ist, muß er neben vielen anderen sechs Hauptprüfungen bestehen ..

Die erste ist diese: während ungefähr eines Monats die Geistlichen Übungen [Exerzitien] machen, indem er nämlich sein Gewissen erforscht und sein ganzes vergangenes Leben nochmals im Geiste erwägt, eine Generalbeicht ablegt, über seine Sünden nachsinnt und die Begebenheiten und Geheimnisse des Lebens und Todes, der Auferstehung und Himmelfahrt Christi Unseres Herrn betrachtet und sich übt, mündlich und im Geiste zu beten, gemäß seiner Fassungskraft und wie es ihm in Unserem Herrn gelehrt wird.

Die zweite: während eines weiteren Monats in Armen- und Siechenhäusern (hospitales) dienen, .. indem er allen, Gesunden und Kranken, hilft und dient, wie es ihm aufgetragen ist, damit er sich mehr erniedrige und verdemütige und ein vollkommenes Zeugnis von sich gebe, daß er der gesamten Welt, all ihrem Glanz und ihrer Eitelkeit entsagt habe, dazuhin, in allem seinem Schöpfer und Herrn, der seinetwegen gekreuzigt wurde, zu dienen.

Die dritte: einen weiteren Monat lang ohne Geld pilgern, ja noch mehr: um der Liebe Gottes Unseres Herrn willen an den Türen betteln, damit er sich gewöhnen kann, schlecht zu essen und schlecht zu schlafen; und ebensosehr, damit er alle Hoffnung, die er noch auf Geld oder andere geschaffene Dinge setzen könnte, preisgibt, und seine Hoffnung ungeteilt, mit wahrem Glauben und brennender Liebe, in seinen Schöpfer und Herrn hineinlegt.

Die vierte: Nach der Aufnahme ins Haus sich mit ganzem Fleiß und Bemühen in vielfachen niederen und demütigenden Diensten üben und in allen ein gutes Beispiel geben.

Die fünfte: die christliche Lehre oder einen Teil von ihr öffentlich den Kindern und anderen einfachen Leuten erklären oder einzelne darin unterweisen, sowie sich die Gelegenheit darbietet und man größeren Nutzen in Unserem Herrn wahrnimmt und es den Personen angepaßt ist.

Die sechste: nachdem er erprobt und als auferbauend erfunden wurde, wird er zum nächsten übergehen, das ist predigen oder beichthören oder in allem arbeiten, je nach Zeit, Ort und Veranlagung aller.

Außerdem .. sollen die Professen vor der Ablegung ihrer Profeß, die Helfer vor der ihrer Gelübde und, wenn es dem Obern gut scheint, auch die Studierenden, bevor sie anerkannt werden und ihre Gelübde und Versprechen ablegen, drei Tage zu festgesetzten Zeiten, den Spuren der ersten

Genossen nachfolgend, um der Liebe Christi Unseres Herrn willen von Tür zu Tür betteln gehen, damit sie entgegen dem allgemeinen menschlichen Geschmack sich dem Göttlichen Dienst und Lobpreis mehr unterwürfig machen und im Geiste weiter vorankommen können, indem sie Seiner Göttlichen Majestät die Ehre geben. Desgleichen, damit sie sich in größerer Bereitschaft finden dazu hin, das gleiche zu tun, wann immer es ihnen auferlegt würde, oder wann es passend oder notwendig wäre, indem sie alle Länder der Welt durcheilen gemäß dem Befehl oder Wink des höchsten Statthalters Christi Unseres Herrn oder an seiner Stelle des Obern der Gesellschaft. Denn unsere Berufung verlangt, daß wir zu allem, was uns zu welcher Zeit immer in Unserem Herrn auferlegt wird, im voraus bereit und völlig gerüstet seien, ohne dafür in diesem gegenwärtigen zerbrechlichen Leben irgendwelche Belohnung zu erbitten oder zu erwarten, indem wir immerfort nur jene, die ganz und gar ewig ist, von der Höchsten Göttlichen Erbarmung erhoffen.

Vom Bewahren im Geiste und Fortschreiten in den Tugenden

Wie beim Aufnehmen jener, die Gott Unser Herr zu unserer Stiftung ruft, indem er ihnen hierzu das entsprechende Talent gibt, und beim Entlassen jener, die durch dessen Ermangelung zeigen, daß sie von Seiner Göttlichen Weisheit nicht gerufen wurden, die früher berührten Erwägungen erfordert sind, ebenso braucht es bei jenen, die in den Häusern oder Kollegien zurückbehalten und geprüft werden, im Bewahren und Entfalten ihrer Berufung die schuldige Umsicht und Vorsorge, damit sie in Geist und Tugenden auf dem Wege des Göttlichen Dienstes weiterschreiten ..

Nachdem einer eingetreten ist, muß er über die kirchlichen wie über die weltlichen Güter so verfügen, wie es einem Manne, der ein Leben im Geiste führt, ziemt. Wenn er das Gefühl hätte, daß er seinen Besitz an Verwandte austeilen sollte, so muß er sich dem Urteil eines oder mehrerer

Männer von Bildung (de letras) und Heiligkeit (bondad) überlassen und unterwerfen, um das zu tun, was jene nach Abwägen aller Umstände als vollkommener und Gott Unserem Herrn gefälliger erachten.

Da es von so großer Wichtigkeit ist, jene, die sich in der Prüfung befinden, von allen Unvollkommenheiten und von allem, was ihren größeren geistlichen Fortschritt hindern kann, loszulösen, ist es hiefür sehr angemessen, daß sie allen Verkehr in Wort und Schrift mit solchen, die sie in ihrem Vorhaben lau machen können, preisgeben und daß sie bei ihrem Weiterschreiten auf dem Wege des Geistes nur mit denen verkehren und von den Dingen reden, die ihnen zu dem hin helfen, was sie sich beim Eintritt in die Gesellschaft im Dienste Gottes Unseres Herrn zum Ziel gesetzt haben.

Alle sollen die Armut als ihre Mutter lieben und nach dem Maße heiliger Unterscheidung (discreción) zu gegebenen Zeiten einige ihrer Auswirkungen verspüren.

Damit man die Tugend der heiligen Armut zu erfahren beginne, sollen alle belehrt werden, daß sie keine persönliche Sache mehr als ihre eigene gebrauchen dürfen.

Auch mögen sie einsehen, daß sie weder ausleihen noch empfangen noch über etwas aus dem Hause verfügen dürfen, ohne daß es der Obere weiß und damit einverstanden ist.

Ihr Essen, Trinken, Schlafen, sowie ihre Kleider und Schuhe werden der Art der Armen entsprechen, wobei sie sich klarmachen, daß es das Minderwertigste im Hause sein wird, um ihrer größeren Selbstverleugnung und ihres geistigen Fortkommens willen, und damit sie zu einem Ausgleich und einem Maß in allem gelangen. Da nämlich die ersten Genossen durch solche Not und größere Entbehrungen des Leibes hindurchgegangen sind, müssen die Nachrückenden besorgt sein, soviel sie vermögen, dorthin zu gelangen, wohin jene gelangt sind, oder noch darüber hinaus in Unserem Herrn.

Für den Fortschritt ist es von großem Nutzen und sehr notwendig, daß sich alle einem vollkommenen Gehorsam hingeben, indem sie den Obern, wer immer er sei, an der Stelle Christi Unseres Herrn sehen und im Inneren Ehrfurcht und Liebe für ihn hegen; und nicht nur in der äußeren Ausführung dessen, was er befiehlt, sollen sie rückhaltlos und schnell mit der geschuldeten Starkmut und Demut gehorchen, ohne Entschuldigung und Murren, wenngleich schwierige und der Natur widerstrebende Dinge aufgetragen werden, sondern sie sollen sich im Innern um wahrhafte Unterwerfung und Verleugnung des eigenen Willens und Urteils bemühen, indem sie ihr Begehren (querer) und Fühlen(sentir) ganz und gar in allen Dingen, wo keine Sünde wahrzunehmen ist, dem angleichen, was ihr Oberer begehrt und fühlt, und den Willen und das Urteil ihres Obern zur Regel des eigenen [Willens und Urteils] machen, um desto genauer mit der Ersten und Höchsten Regel allen guten Willens und Urteils übereinzustimmen, die da ist die Ewige Güte und Weisheit.

Und um sich im Gehorsam besser zu üben, ist es gut und desgleichen sehr notwendig, daß sie nicht nur dem Obern der Gesellschaft oder des Hauses, sondern auch den untergeordneten Vorgesetzten, die von jenem die Vollmacht haben, in allen Dingen, für die sie den Betreffenden erteilt ist, gehorchen, indem sie es zur Gewohnheit machen, nicht darauf zu schauen, wer die Person sei, der sie gehorchen, sondern wer Derjenige sei, um Dessentwillen und Dem sie in allem gehorchen: Christus, Unser Herr.

.. Ein jeder muß Zurechtweisungen und Bußen guten Willens annehmen, mit dem wahren Verlangen seiner Besserung und seines geistlichen Fortschritts, auch wenn sie nicht wegen eines schuldbaren Fehlers auferlegt würden.

Alle seien bemüht, die gerade Absicht zu haben, nicht nur bezüglich ihres Lebensstandes, sondern auch in allen einzelnen Dingen, indem sie in allem immerfort rein den Dienst und das Wohlgefallen der Göttlichen Güte um Ihrer selbst willen anstreben und um der Liebe und der so außerordentlichen Wohltaten willen, mit denen Sie uns zuvorkam, mehr als aus Furcht vor Strafen oder Hoffnung auf Belohnung, wiewohl sie sich damit ebenfalls helfen sollen. Und man ermahne sie häufig, in allen Dingen Gott Unseren Herrn zu suchen, indem sie die Liebe zu allen Geschöpfen soweit als möglich von sich werfen, um sie in deren Schöpfer zu legen, Ihn in allen liebend und alle in Ihm gemäß Seinem Heiligsten und Göttlichen Willen.

Soviel als möglich sollen wir nach den Worten des Apostels «alle das gleiche fühlen und das gleiche reden» [Phil 2, 2] und auseinandergehende Lehrmeinungen sollen nicht zugelassen werden, – und wenn sich Ansichten vorfänden, die von dem, was allgemein die Kirche und ihre Lehrer halten, abweichen, so sind sie dem, was in der Gesellschaft entschieden wurde, zu unterwerfen. Und auch im Urteil über praktische Dinge vermeide man soviel als möglich die Meinungsverschiedenheit, die die Mutter der Zwietracht und Feindin der Willenseintracht zu sein pflegt. Diese Eintracht und gegenseitige Angleichung muß mit großem Bemühen angestrebt und es darf das Gegenteil nicht geduldet werden, damit sich alle, durch das Band der Bruderliebe unter sich geeint, desto besser und wirksamer im Dienste Gottes und in der Hilfe der Nächsten einsetzen können.

Von besonderem Nutzen wird es sein, mit der ganzen möglichen Hingabe jene Arbeiten zu verrichten, in denen sich Demütigung und Liebe mehr üben, und überhaupt, je enger sich einer an Gott Unseren Herrn bindet und je weitherziger (más liberal) er sich der Göttlichen Majestät gegenüber zeigt, desto verschwenderischer wird er Sie sich gegenüber finden und desto mehr wird er in Bereitschaft sein, Tag für Tag größere geistige Gnaden und Gaben zu empfangen.

Sich enger an Gott Unseren Herrn binden und sich weitherziger gegen Ihn erweisen, heißt, sich völlig und unwiderruflich Seinem Dienste weihen, wie es jene tun, die sich durch Gelübde Ihm anschließen.

Alle sollen sich für die geistlichen Dinge Zeit lassen und sich um soviel innere Andacht bemühen, als ihnen die Göttliche Gnade mitteilt.

Sie sollen ihr Gewissen täglich erforschen und wenigstens alle acht Tage beichten und kommunizieren.

Man belehre sie, vor den Täuschungen Satans in ihren Andachten auf der Hut zu sein und sich gegen alle Versuchungen zu wehren; sie sollen die zu Gebote stehenden Mittel kennenlernen, solche [Versuchungen] zu überwinden und wahre und gründliche Tugenden zu erwerben, sei es nun mit vielen Heimsuchungen im Geiste, sei es mit weniger, stets danach trachtend, auf dem Wege des Göttlichen Dienstes fortzuschreiten.

Den Versuchungen muß man mit ihrem Gegenteil zuvorkommen, indem man einen, der zum Stolz geneigt scheint, in niedrigen Dingen beschäftigt, von denen anzunehmen ist, daß sie ihm helfen werden, sich zu demütigen, und ähnlich bei andern verkehrten Neigungen.

Aus den Krankheiten sollen alle Frucht zu ziehen suchen, nicht nur für sich selbst, sondern auch zur Auferbauung der anderen, .. indem sie zeigen, daß sie die Krankheit als eine Gnade aus der Hand Unseres Schöpfers und Herrn annehmen, da sie es nicht weniger ist als die Gesundheit.

Alle sollen besondere Wachsamkeit anwenden, die Tore ihrer Sinne (vor allem die Augen und Ohren und die Zunge) mit großer Sorgfalt vor aller Unordnung zu behüten und sich im Frieden und in der wahren Demütigung ihrer Seele zu bewahren, und davon Zeugnis geben im Schweigen, wann es zu beobachten ist, und wann man zu reden hat, im Wägen und in der Auferbauung der Worte, in der Bescheidenheit des Angesichts und Gemessenheit des Gehens und aller Bewegungen, ohne irgendein Zeichen von Ungeduld oder Stolz, indem sie in allem danach streben und verlangen, den anderen den Vorzug zu geben, und alle in ihrer Seele so einschätzen, als ob sie höher ständen, und ihnen äußerlich jene Achtung und Ehrfurcht erweisen, die der Stand eines jeden duldet, in heiliger Natürlichkeit und Schlichtheit, derart, daß sie, einander betrachtend, in der Hingabe wachsen und Gott unseren Herrn loben, Den jeder im anderen als dessen Abbild zu erkennen suche.

Es wird behilflich sein, wenn ein zuverlässiger und fähiger Mann [Novizenmeister] sie einführt und belehrt, wie sie es im Inneren und Äußeren halten sollen, sie dazu bewegt, daran erinnert und mit Liebe ermahnt; alle, die in der Prüfung weilen, sollen ihn lieben, in ihren Versuchungen zu ihm Zuflucht nehmen und sich ihm vertrauensvoll eröffnen, indem sie bei ihm Trost und Hilfe für alles in Unserem Herrn erhoffen. Und man mache sie darauf aufmerksam, daß sie keine Versuchung geheimhalten dürfen, .. indem sie freudig befürworten, daß ihre Seele vor ihm völlig offen daliege, nicht nur ihre Fehler, sondern auch die Bußwerke oder Abtötungen, die Andachten und sämtliche Tugenden, mit dem lauteren Willen, zurechtgewiesen zu werden, wo immer sie etwas abgeirrt wären: indem sie nicht begehren, dem eigenen Sinn zu folgen, wenn nicht das Gutfinden dessen, den sie an der Stelle Christi Unseres Herrn haben, damit zusammenfällt.

Vom Bewahren des Leibes

Wie eine übertriebene Sorge in dem, was den Leib betrifft, zu tadeln ist, ebenso ist die gebührende Wachsamkeit, die darauf schaut, wie die Gesundheit und die Körperkräfte für den Göttlichen Dienst erhalten werden, zu loben und muß von allen beobachtet werden. Wenn sie deshalb fühlen, daß ihnen eine Sache schadet oder eine andere vonnöten ist, so müssen sie dies dem Obern anzeigen .. Danach sollen sie alle Sorge dem Obern überlassen und für das Bessere ansehen, was immer er anordnen mag, ohne etwas einzuwenden noch irgendwie zu drängen, weder selbst noch durch einen anderen, möge er das Geforderte bewilligen oder nicht, weil sie eben fest davon überzeugt sind, es entspreche die Anordnung des Obern, nachdem er aufgeklärt wurde, mehr dem Göttlichen Dienst und mehr ihrem Heil in Unserem Herrn.

Was Speisen, Kleider, Wohnung und andere leibliche Bedürfnisse angeht, so sorge man mit der Göttlichen Hilfe, daß zwar die Tugend und Selbstverleugnung sich irgendwo erprobe, aber doch nichts von dem mangle, wodurch die Natur zum Göttlichen Dienst und Lob unterhalten und bewahrt wird, mit jener Rücksichtnahme auf die Personen, die in Unserem Herrn angemessen ist.

Bei der Kleidung ist [zunächst] auf ihren Zweck zu sehen, der im Abhalten von Kälte und Unschicklichkeit besteht; im übrigen ist es gut, daß die in der Prüfung Weilenden in den Kleidern eine Hilfe zu Abtötung und Selbstverleugnung finden und daß sie die Welt und ihre Eitelkeiten mit Füßen treten.

Für die Kranken soll man große Sorge hegen .. Und wenngleich es unser Beruf ist, hinauszuziehen und unser Leben in jedem beliebigen Teil der Welt zuzubringen, wo wir größeren Dienst Gottes und größere Hilfe für die Seelen erhoffen, so bleibt es dennoch dem Obern überlassen, wann immer er aus Erfahrung wahrnähme, daß einer die Beschaffenheit einer Gegend nicht vertragen kann und sich in ihr fortwährend krank befindet, zu erwägen, ob er einen solchen anderswohin schicken soll, wo er mit größerer körperlicher Gesundheit sich im Dienste Gottes Unseres Herrn mehr einsetzen kann; es ist aber keines solchen Kranken Sache, einen derartigen Wechsel zu erbitten oder sich dazu hingeneigt zu zeigen, indem er diese Sorge völlig dem Obern überläßt.

Die Züchtigung des Körpers darf nicht maßlos sein, nicht unbedacht (indiscreto) in Fasten, Nachtwachen und anderen äußeren Bußübungen und Mühseligkeiten, die größere Güter schädigen und verhindern. Deshalb ist angemessen, daß jeder seinem Beichtvater mitteile, was er in dieser Hinsicht tut, und dieser unterbreite es dem Obern, sobald er eine Übertreibung feststellt oder vermutet, und alles dazu hin, mit mehr Licht voranzuschreiten und Gott Unseren Herrn in unseren Seelen und Leibern mehr zu verherrlichen.

Wenn einer spürt, daß ihm Gott Unser Herr zu allem Besagten Geist und Kräfte gibt .. und er sich bemüht hat um unablässiges Wachstum in der Reinheit und in den Tugenden und um flammendes Verlangen in Unserem Herrn, Seiner Göttlichen Majestät in dieser Gesellschaft viel zu dienen, und wenn er die zwei Jahre der Prüfung bestanden und sich immer als gehorsam und in Gesprächen und vielfachen Erprobungen als auferbauend erwiesen hat, .. kann er der Gesellschaft einverleibt werden .. Er wird seine Aufopferung darbringen und die Gelübde ablegen, seien es die feierlichen der Professen oder die einfachen der Helfer oder Studierenden, zur größeren Ehre Gottes und zum größeren Nutzen seiner Seele.

VIERTER TEIL

Vom Unterweisen in den Wissenschaften und in anderen Mitteln der Nächstenhilfe für die, die in der Gesellschaft behalten werden

Weil es das Ziel ist, dem die Gesellschaft geraden Wegs zustrebt, den Seelen der Ihrigen und denen der Mitmenschen zu helfen, damit sie ihre letzte Bestimmung erreichen, für die sie geschaffen wurden, und weil dafür neben vorbildlichem Leben auch Lehre (doctrina) und Art und Weise ihrer Darlegung vonnöten sind, wird man nach dem Sichtbarwerden des notwendigen Fundamentes der Selbstverleugnung und des geforderten Fortschritts in den Tugenden für den Aufbau in den Wissenschaften und die Form ihrer Anwendung zu sorgen haben, als Hilfe dazu hin, Gott Unseren Schöpfer und Herrn mehr zu erkennen und ihm mehr zu dienen. Hierzu übernimmt die Gesellschaft die Kollegien und auch einige Universitäten, wo jene, die die Prüfung in den Häusern gut bestanden haben und denen die notwendige Lehre noch abgeht, in dieser und den anderen Mitteln der Seelenrettung unterrichtet werden.

Weil es [näherhin] das Ziel und der Zweck dieser Gesellschaft ist, alle Teile der Welt im Auftrag des höchsten Statthalters Christi Unseres Herrn oder des Obern der Gesellschaft zu durcheilen, zu predigen, beichtzuhören und die übrigen möglichen Mittel mit dem Beistand der Göttlichen Gnade anzuwenden, um die Seelen zu retten, schien es uns notwendig oder sehr zweckentsprechend, daß die bei ihr Eintretenden von heiligmäßigem Leben und ausreichender Bildung (de letras) für den genannten Dienst seien. Und weil sich Gute und zugleich Gelehrte im Vergleich mit den anderen nur wenige finden und unter den wenigen die meisten von den überstandenen Mühen schon auszuruhen begehren, fanden wir es eine sehr beschwerliche Sache, daß aus solchen guten und gelehrten Männern diese Gesellschaft vermehrt werden könnte, sowohl wegen der großen Anstrengungen, die in ihr verlangt werden, wie auch wegen der großen Selbstverleugnung. Deshalb schien es uns allen, die wir die Erhaltung und Vermehrung der Gesellschaft zur größeren Ehre und zum größeren Dienst Gottes Unseres Herrn herbeisehnten, wir sollten einen anderen Weg einschlagen, nämlich junge Menschen aufnehmen, die mit ihrem guten Wesen (costumbres) und ihrer Begabung Hoffnung geben, zugleich Gute und Gelehrte zu werden, um im Weinberg Christi Unseres Herrn zu arbeiten ..

Von den Studierenden, die in die Kollegien zu schicken sind

Die Studierenden, zu deren Unterrichtung die Kollegien angenommen werden, .. müssen solche sein, die mit Grund hoffen lassen, sie werden in Beispiel und Lehre als tüchtige Arbeiter des Weinbergs Christi Unseres Herrn hervorgehen; und je begabter und von je besserem Wesen sie sind, und je gesünder, um die Anstrengungen des Studiums zu ertragen, desto geeigneter sind sie, und desto eher können sie in die Kollegien geschickt und dort aufgenommen werden.

Deshalb werden als anerkannte Studierende nur jene zugelassen, die in den Häusern oder Kollegien erprobt wurden und die nach zwei Jahren Erfahrungen und Prüfungen, nach Ablegung der Gelübde und des Versprechens, in die Gesellschaft einzutreten, aufgenommen werden, um in ihr zur Ehre Gottes Unseres Herrn zu leben und zu sterben.

Wenn in den Kollegien der Gesellschaft die Vollzahl jener Studierenden nicht erreicht würde, die das Versprechen oder den Vorsatz gefaßt haben, Gott Unserem Herrn in ihr zu dienen, so würde es unserer Stiftung nicht widerstreiten, andere arme Schüler aufzunehmen, die einen solchen Beschluß nicht gefaßt haben .. Es sollen aber geeignete Leute sein, die hoffen lassen, als gute Arbeiter des Weinbergs Christi Unseres Herrn hervorzugehen, infolge ihrer Begabung oder Vorbildung und ihres guten Wesens, des angemessenen Alters und anderer Vorzüge für den Göttlichen Dienst, den wir bei den Gliedern der Gesellschaft und den Außenstehenden ausschließlich erstreben .. Je mehr sie von jenen Talenten besitzen, die in der Gesellschaft erwünscht sind, desto geeigneter werden sie für die Aufnahme sein; doch sei man bei all diesen darauf bedacht, ihnen die Tore eher zu verschließen als zu öffnen; und bei denen, die aufgenommen werden, finde eine strenge Auswahl statt ..

.. Nähme man wahr, daß einer im Kolleg die Zeit verliert, weil er nicht danach strebt oder nicht vermag voranzukommen, so ist es besser, ihn zu entlassen, damit ein anderer an seine Stelle trete, der größere Fortschritte auf das erstrebte Ziel, den Göttlichen Dienst, hin macht.

Von der Bewahrung im Geiste

Damit die Studierenden gut vorankommen, müssen sie sich in erster Linie darum bemühen, die Seele rein und die Absicht des Studiums gerade zu halten, indem sie in den Wissenschaften nur die Göttliche Ehre und das Beste der Seelen suchen; und in ihren Gebeten sollen sie häufig um die Gnade bitten, in der Lehre auf dieses Ziel hin voranzuschreiten.

Ferner müssen sie fest entschlossen sein, mit ganzer Seele zu studieren, indem sie sich tief einprägen, daß sie in den Kollegien nichts Wohlgefälligeres für Gott Unseren Herrn tun können als in der besagten [geraden] Absicht dem Studium zu obliegen, und daß allein schon diese Anstrengung des Studiums, welche sie aus Liebe und Gehorsam, wie es sein soll, übernommen haben, selbst wenn sie nie dahin gelangten, das Erlernte zu verwenden, vor der Göttlichen und Höchsten Majestät ein sehr verdienstliches Werk ist.

Wie [einerseits] achtzugeben ist, daß sie ob der Hitze des Studiums nicht in der Liebe zu den wahren Tugenden und zu einem religiösen Leben erkalten, so wird [anderseits] für Abtötungen, Gebete und lange Betrachtungen in dieser Zeit nicht viel Raum sein; denn die Hingabe an die Wissenschaften, die mit der reinen Absicht des Göttlichen Dienstes erlernt werden und in gewissem Sinne den ganzen Menschen beanspruchen, wird Gott Unserem Herrn für die Zeit der Studien nicht weniger, sondern mehr gefallen.

In den Kollegien der Gesellschaft darf keine [ordentliche] Seelsorge übernommen werden, auch keine Verpflichtung für Messen und ähnliches, die sehr vom Studium abziehen und das für den Göttlichen Dienst in ihnen Erstrebte verhindern; ebensowenig in den Häusern und Kirchen der Gesellschaft der Professen, die soviel als möglich für die Sendungen des Apostolischen Stuhles und andere Werke des Göttlichen Dienstes und der Seelenhilfe frei sein müssen.

[Von den Wissenschaften]

Da das Ziel der Lehre, die in dieser Gesellschaft erworben wird, dieses ist: den Seelen der Eigenen und der Nächsten mit der Göttlichen Huld zu helfen, so werden nach diesem Maße insgesamt und im einzelnen die Fächer, die die Unseren erlernen müssen, abgegrenzt und desgleichen, wie weit sie in ihnen gehen sollen. Und weil, allgemein gesprochen, die humanistischen Wissenschaften verschiedener Sprachen, die Philosophie und Theologie und die Heilige Schrift hierzu eine Hilfe sind, werden jene, die an die Kollegien geschickt werden, diese Fächer studieren, wobei sie sich mit größerem Einsatz auf das, was dem genannten Ziel mehr zukommt, verlegen.

Im einzelnen bleibt es der Unterscheidung (discreción) der Obern überlassen, was diese oder jene zu studieren haben. Für einen jedoch, der hierzu die Fähigkeit hätte, wäre es um so besser, je mehr er in den genannten Fächern auf den Grund dringen würde.

Je nach Alter, Geist, Neigung und Vorbildung eines einzelnen oder je nach dem allgemeinen Nutzen, den man erhofft, kann sich einer auf alle diese Fächer oder auf ein einzelnes oder auf einige verlegen; denn wer es in allen nicht vermöchte, müßte dafür sorgen, in einem hervorzuragen.

In jedem Fache folge man jener Lehre, die sicherer und allgemeiner angenommen ist, ebenso jenen Autoren, die diese vertreten.

In den Wissenschaften soll Ordnung eingehalten werden; zuerst lege man ein gründliches Fundament im Latein, ehe man die Philosophie hört. Dasselbe [gilt für die Philosophie], ehe man zur scholastischen Theologie übergeht, und in dieser, ehe man die positive [Theologie] studiert; die Heilige Schrift wird man gleichzeitig oder nachher studieren können.

Und die Sprachen, in denen sie geschrieben oder in die sie übersetzt wurde, vorher und nachher, wie es dem Obern wegen der mannigfaltigen Umstände und der Verschiedenheit der Personen besser scheint. Und so bleibt dies seinem klugen Ermessen (discreción) überlassen. Wenn man aber die Sprachen erlernt, so sei eines der dabei verfolgten Ziele: jene Übersetzung zu verteidigen, die die Kirche approbiert hat [die lateinische Vulgata].

Vom Unterweisen der Studierenden in den Mitteln der Nächstenhilfe

Angesichts dessen, was die Gesellschaft mit den Studien bezweckt, ist es auf deren Ende hin gut, wenn man mit den geistigen Waffen umzugehen beginnt, die zur Rettung der Mitmenschen eingesetzt werden sollen.

Sie werden sich im Predigen und im Vorlesen [der Heiligen Schrift] üben in einer der Auferbauung des Volkes angemessenen Form, welche von der scholastischen verschieden ist, wobei sie sich befleißen müssen, die [Landes]sprache gut zu beherrschen .. und alle Mittel zu Hilfe zu nehmen, die geeignet sind, diese Aufgabe besser und mit größerer Frucht für die Seelen zu erfüllen.

Bei der Schriftlesung muß man neben der Auslegung besonders darauf achten, Dinge zu berühren, die zum christlichen Handeln und Leben helfen, und dies auch in den Schulklassen, noch vielmehr aber, wenn man für das Volk liest.

Es wird von Nutzen sein, die Evangelien des [Kirchen]-jahres mit besonderem Bemühen auf das Predigen hin studiert zu haben und einen Teil der Heiligen Schrift auf das Lesen hin, ferner das, was die Laster betrifft und was anleitet, sie zu verabscheuen, sowie deren Heilmittel im voraus erwogen zu haben; und auf der entgegengesetzten Seite die Gebote, Tugenden, guten Werke, die Beweggründe, um sie zu lieben, und die Mittel, um sie zu erwerben.

Auch übe man sich im Spenden der Sakramente der Beicht und Kommunion; man bemühe sich, nicht nur zu kennen und in Worte zu fassen, was die Sakramente selbst, sondern ebenso was die Büßer und die Kommunizierenden angeht, damit sie diese [Sakramente] gut und mit Frucht empfangen zur Göttlichen Ehre.

Nachdem man die Geistlichen Übungen [Exerzitien] an sich selbst erprobt hat, übe man sich, sie anderen zu geben, und jeder verstehe es, sie zu erklären und sich dieser Waffe zu bedienen, weil man ja sehen kann, wie große Wirksamkeit ihr Gott Unser Herr für Seinen Dienst verleiht.

Auch für die Art und Weise, wie man in der christlichen Lehre unterrichtet und sich der Fassungskraft der Kinder oder einfacher Leute anpaßt, wende man den zukommenden Fleiß auf.

Wie man mit dem Gesagten den Nächsten hilft, gut zu leben, ebenso muß man sich einsetzen, das zu verstehen, was zum guten Sterben verhilft, und die Verhaltungsweise [zu kennen], die in einer so entscheidenden Stunde für die Erreichung oder den Verlust des letzten Zieles der ewigen Glückseligkeit eingenommen werden muß.

Allgemein müssen sie belehrt werden, welche Weise die Mitglieder der Gesellschaft, die in so verschiedenen Ländern mit einer so großen Vielfalt von Personen verkehren, einzuhalten haben, wie sie den Hindernissen, die auftauchen können, zuvorkommen und die Vorteile, die man für den größeren Göttlichen Dienst ergreifen kann, [ausnützen] sollen, indem sie sich dieser oder jener Mittel bedienen. Und wiewohl dies nur die Salbung des Heiligen Geistes lehren kann und die Klugheit, die Gott Unser Herr denen mitteilt, die auf Seine Göttliche Majestät vertrauen, so läßt sich wenigstens der Weg mit einigen Hinweisen öffnen, welche zu der Wirkung helfen und bereitmachen, die die Göttliche Gnade zu vollbringen hat.

Von der Leitung der Kollegien

Es ist dafür zu sorgen, daß der Rektor in Beispiel, Auferbauung und Abtötung aller verkehrten Neigungen hervorrage und im Gehorsam und in der Demut besonders erprobt sei, daß er fernerhin klug (discreto) und für das Regieren fähig sei, daß er in den praktischen Dingen Übung und in den geistigen Erfahrung besitze, daß er zur rechten Zeit Strenge mit Güte zu paaren wisse; er sei wachsam, ausdauernd in der Arbeit und von wissenschaftlicher Bildung und endlich [so veranlagt], daß ihm die höheren Obern vertrauen und ihre Gewalt sicher übertragen können; denn je größer diese sein wird, desto besser werden die Kollegien geleitet werden können zur größeren Göttlichen Ehre.

.. Er soll in allem das anordnen, was er nach Erwägung aller Umstände als der Göttlichen und Höchsten Güte wohlgefälliger und als zu Ihrem größeren Dienst und Ihrer größeren Ehre [dienlicher] empfindet.

Die Aufgabe des Rektors ist es, mit Gebet und heiligem Verlangen [gleichsam] das ganze Kolleg zu tragen und dafür zu sorgen, daß die Satzungen beobachtet werden; er wache über alle mit großer Sorge und bewahre sie vor Schäden innerhalb und außerhalb des Hauses, sei es durch Vorbeugen oder, wenn irgend etwas vorgefallen wäre, durch Heilen, wie es zum Besten der einzelnen und der Gesamtheit gereicht; er sorge, daß sie in Tugenden und Wissenschaften fortschreiten, er erhalte ihre Gesundheit und auch die zeitlichen Güter .. Anderseits müssen die Studierenden große Achtung und Ehrfurcht gegen ihn beobachten als denjenigen, der die Stelle Christi unseres Herrn einnimmt, wobei sie ihm die freie Verfügung über sich selbst und alle ihre Dinge in wahrem Gehorsam völlig überlassen und nichts, auch nicht das eigene Gewissen vor ihm verschlossen halten, es ihm vielmehr eröffnen, .. ohne Widerstreben, ohne Einwände oder irgendwelche Bekundung gegenteiliger Ansicht, damit sie durch die Einheit desselben Fühlens (sentir) und Begehrens (querer) und durch die schuldige Unterwerfung im Göttlichen Dienst sich besser bewahren und voranschreiten.

Von den [öffentlichen] Schulen an den Kollegien der Gesellschaft

Aus Rücksicht darauf, daß an unseren Kollegien nicht nur unsere eigenen Studierenden in den Wissenschaften gefördert werden, sondern auch Auswärtige in Wissenschaften und guten Sitten, sollen dort, wo es leicht geschehen kann, [öffentliche] Schulen errichtet werden, .. wobei immer der größere Dienst Gottes Unseres Herrn zu erwägen ist.

An den Schulen halte man eine Ordnung inne, nach der die Auswärtigen in der christlichen Lehre gut unterrichtet werden; man sorge, daß sie wenn möglich jeden Monat beichten und die Predigten besuchen, und schließlich wache man darüber, daß sie mit der Wissenschaft auch die eines Christen würdige Lebensweise annehmen.

Von den Universitäten der Gesellschaft

Aus dem gleichen Grunde der Liebe (charidad), aus dem Kollegien für die Auferbauung in Lehre und Leben nicht nur der Unseren, sondern noch mehr der Auswärtigen angenommen und an ihnen öffentliche Schulen gehalten werden, kann die Gesellschaft [ihre Sorge] auch auf Universitäten ausdehnen und deren Leitung übernehmen. An diesen breitet sich der Nutzen [der Auferbauung] allgemeiner aus, sowohl durch die Fakultäten, in denen gelehrt wird, wie durch die herbeiströmenden Leute und die [akademischen] Grade, die dazu verliehen werden, auch an anderen Orten mit Autorität lehren zu können, was hier gründlich studiert wurde zur Ehre Gottes Unseres Herrn.

Nachdem es der Zweck der Gesellschaft und der Studien ist, die Mitmenschen zur Kenntnis und Liebe Gottes und zur Rettung ihrer Seelen hinzuführen, und weil dazu die Fakultät der Theologie das am meisten entsprechende Mittel ist, muß die Hauptanstrengung an den Universitäten der Gesellschaft auf diese verlegt werden, indem man mit Gründlichkeit und durch ausgezeichnete Lehrer die scholastische Lehre und die Heilige Schrift und auch von der positiven [Theologie] das, was zum genannten Ziel hinführt, behandelt.

Und weil sowohl die Lehre wie auch die Anwendung der Theologie besonders in den jetzigen Zeiten Kenntnis der humanistischen Wissenschaften, sowie der lateinischen, griechischen und hebräischen Sprachen verlangt, ist auch in diesen Fächern für gute Lehrer in genügender Anzahl zu sorgen, ferner auch für andere Sprachen, .. die auf das genannte Ziel hin notwendig oder nützlich wären ..

Wenn an einem Kolleg oder an einer Universität der Plan gefaßt würde, Hilfskräfte zu den Mohren oder Türken auszurüsten, so wäre die arabische oder chaldäische Sprache angemessen, zu den Indern die indische, und ebenso können für andere Gegenden andere Sprachen um ähnlicher Gründe willen von größerem Nutzen sein.

Desgleichen sind die Künste oder natürlichen Wissenschaften [Philosophie], weil sie den Geist zur Theologie hin vorbereiten und zu ihrer vollkommenen Kenntnis und Anwendung dienen und auch durch sich selbst zum selben Ziel hinhelfen, mit der angemessenen Sorgfalt und durch gelehrte Lehrer vorzutragen, wobei man in allem aufrichtig die Ehre und Glorie Gottes Unseres Herrn suche.

Das Studium der Medizin und des Rechts, weil von unserer Stiftung weiter abliegend, wird an den Universitäten der Gesellschaft nicht behandelt, oder wenigstens wird die Gesellschaft selbst eine solche Aufgabe nicht übernehmen.

Im allgemeinen wird man für die Vorlesungen, wie es schon bei den Kollegien gesagt wurde, jene Bücher benützen, die in jeder Fakultät als gründlicher und sicherer in der Lehre erfunden werden ..

In der Theologie wird man das Alte und Neue Testament und die scholastische Lehre von Sankt Thomas lesen, und von der positiven soll das ausgewählt werden, was auf unser Ziel hin mehr entspricht.

In der Philosophie ist der Lehre des Aristoteles zu folgen.

Es muß ganz besondere Sorge darauf verwandt werden, daß jene, die zum Erlernen der Wissenschaften an die Universitäten der Gesellschaft kommen, zugleich eine gute und christliche Lebensweise annehmen. Dazu wird es eine große Hilfe sein, wenn alle wenigstens einmal im Monat beichten und jeden Tag die Messe hören ..

Die Lehrer sollen ihre besondere Absicht darauf lenken, ihre Schüler in den Vorlesungen und auch außerhalb, wann immer sich eine Gelegenheit bietet, zur Liebe und zum Dienste Gottes Unseres Herrn hinzubewegen sowie zu den Tugenden, womit sie Ihm gefallen, und daß sie alle ihre Studien auf dieses Ziel hin ausrichten.

Auch wird jede Woche .. einer der Studierenden einen Vortrag über Gegenstände halten, die den Zuhörenden zur Auferbauung dienen und sie einladen, nach Wachstum in vollkommener Reinheit und Tugend zu verlangen, damit nicht nur der Stil geübt werde, sondern auch der Lebenswandel Nutzen ziehe ..

Der Ehrsucht sollen die Tore verschlossen werden .. ja, es sollen alle einander in Ehrerbietung zuvorkommen [Röm 12, 10] und die Gelehrtesten danach trachten, die letzten Plätze einzunehmen [Lk 14, 10] ..

.. Weder den Lehrern noch irgendwelchen anderen von der Gesellschaft ist es gestattet, für sich selbst oder für das Kolleg Geld oder Geschenke von irgendeiner Person anzunehmen für eine Sache, die man zu deren Gunsten leistet;

denn gemäß unserer Stiftung ist unser einziger Sold Christus Unser Herr: Er ist unser großer Lohn über alle Maßen [Gen 15, 1].

FÜNFTER TEIL

Vom Aufnehmen oder Einverleiben in die Gesellschaft

Wenn einer in der Gesellschaft ausreichend und solange erprobt wurde, daß es zum gegenseitigen Sich-Kennenlernen genügt, und wenn es zukommt, daß er zum größeren Dienst und zur größeren Ehre Gottes Unseres Herrn in ihr verbleibt, so soll er nicht wie zuvor zur Prüfung aufgenommen werden, sondern in einer innigeren Weise, als Glied des einen Leibes der Gesellschaft. Dies gilt hauptsächlich von jenen, die zur Profeß oder als einverleibte Helfer zugelassen werden; weil aber auch die anerkannten Studierenden auf andere und engere Weise als die in der Prüfung Weilenden aufgenommen werden, so soll auch von ihrer Aufnahme gesprochen werden ..

Die Gesellschaft umfaßt, wenn man in der allgemeinsten Weise spricht, alle, die unter dem Gehorsam des General-obern leben, auch die Novizen und Personen, die in der Gesellschaft zu leben und zu sterben verlangen und sich in der Prüfung befinden, um auf irgendeine der folgenden Weisen aufgenommen zu werden. In der zweiten und weniger allgemeinen Weise schließt die Gesellschaft nicht nur die Professen und einverleibten Helfer sondern auch die anerkannten Studierenden ein; denn aus diesen drei Arten von Teilen oder Gliedern besteht der Leib der Gesellschaft. In der dritten und eigentlicheren Weise schließt sie mit den Professen die einverleibten Helfer ein; und so ist der Eintritt in die Gesellschaft, den die Studierenden versprechen, zu verstehen: daß sie nämlich als Professen oder einverleibte Helfer [eintreten werden]. Die vierte und vollste Bedeutung (pro-priísimo modo) dieses Namens der Gesellschaft schließt nur die Professen ein; nicht als ob ihr Leib keine anderen Glieder besäße, vielmehr weil diese die wichtigsten (principales) sind. In jeder der vier genannten Weisen, in der einer der Gesellschaft angehören mag, ist er der Teilnahme an den geistlichen Gnaden fähig, die der Generalobere gemäß der apostolischen Ermächtigung zur größeren Göttlichen Ehre gewähren kann.

Von den Anlagen (qualidades) der Aufzunehmenden

Dieweil auf keine der genannten Weisen irgendjemand aufgenommen werden darf, der nicht in Unserem Herrn als geeignet erfunden wurde, wird man jene Personen für die Zulassung zur *Profeß* als [geeignet] erachten, deren Leben der Generalobere in langen und sorgfältigen Prüfungen völlig kennengelernt und gutgeheißen hat .. Hierzu wird es jenen, die in die Studien geschickt wurden, helfen, wenn sie sich zur Zeit der letzten Prüfung, nachdem die Mühe und Sorge im Ausbilden des Verstandes hinter ihnen liegt, beharrlich in der Schule der Liebe einsetzen, indem sie sich in geistigen und körperlichen Dingen üben, die ihnen zu größerer Demütigung und Verleugnung aller sinnenhaften Liebe, allen eigenen Willens und Urteils, und zu größerer Erkenntnis und Liebe Gottes Unseres Herrn dienen können, auf daß sie, in sich selbst gefördert, um so besser die anderen fördern können zur Ehre Gottes Unseres Herrn.

Ebenso muß die Lehre (doctrina) ausreichend sein, außer in den humanistischen Wissenschaften und der Philosophie auch in der Theologie und Heiligen Schrift .. Und wenn sie eine ausreichende Lehre nicht besitzen, so ist es besser, zu warten, bis sie diese besitzen, wie auch jene warten müssen, die in der Selbstverleugnung und den übernatürlichen Tugenden kein völlig ausreichendes Zeugnis hätten.

Zur Aufnahme als einverleibte *Helfer* muß man ebenfalls Befriedigung über ihr Leben und gutes Beispiel und ihr Talent erlangt haben, damit sie der Gesellschaft mit den Wissenschaften in geistigen Dingen oder, ohne sie, in äußeren helfen, ein jeder gemäß dem, was ihm Gott mitgeteilt hat.

Zur Aufnahme als anerkannte *Studierende* ist das gleiche in abgestuftem Verhältnis erfordert, im besonderen, daß man von ihrer Begabung erhofft, sie werden in den Wissenschaften ans Ziel gelangen.

Von der Weise des Aufnehmens

Wenn sich nach ihrer Erprobung einige finden, die für die Profeß geeignet sind und alle Prüfungen bestanden haben und mit denen die Gesellschaft oder deren Oberer vollkommen zufrieden ist, werden sie die Profeß in der folgenden Form ablegen:

Ich N., lege das feierliche Gelübde ab und verspreche dem Allmächtigen Gott, im Angesicht Seiner Jungfräulichen Mutter, des ganzen Himmlischen Hofes und aller Umstehenden, und dir, ehrwürdiger Pater N., General der Gesellschaft Jesu, der du die Stelle Gottes einnimmst, und deinen Nachfolgern, ewige Armut, Keuschheit und Gehorsam, und demzufolge besondere Sorge um die Unterweisung der Jugend, gemäß der Lebensform, die in den Apostolischen Schreiben [Bullen] der Gesellschaft Jesu und in ihren Satzungen enthalten ist. Darüber hinaus gelobe ich besonderen Gehorsam dem Heiligen Vater in bezug auf die Sendungen, so, wie es in denselben Apostolischen Schreiben und Satzungen enthalten ist.

Danach empfange er das allerheiligste Sakrament der Eucharistie.

Das Versprechen, den Apostolischen Schreiben und den Satzungen gemäß die Kinder und das einfache Volk zu unterrichten, verpflichtet nicht stärker als die übrigen geistigen Dienste, wie Beichten und Predigten, mit denen dem Nächsten geholfen wird und worin nach der Weisung des Gehorsams ein jeder sich betätigen muß; die Unterweisung der Kinder wird aber deshalb in das Gelübde eingesetzt, damit diese heilige Übung eindringlicher empfohlen sei und mit größerer Hingabe übernommen werde, wegen des ganz einzigartigen Dienstes, der darin Gott Unserem Herrn in der Rettung der Seelen geschieht, und weil größere Gefahr besteht, diese [Aufgabe] möchte der Vergessenheit anheimgegeben und liegengelassen werden, mehr als andere, die eher in die Augen fallen, wie das Predigen usf.

Wer als geistlicher Helfer mit einfachen, nicht feierlichen Gelübden aufgenommen wird, soll diese in folgender Form ablegen:

Ich N., gelobe dem Allmächtigen Gott, im Angesicht Seiner Jungfräulichen Mutter und des ganzen Himmlischen Hofes, und dir, Ehrwürdiger Pater N., General der Gesellschaft Jesu, der du die Stelle Gottes einnimmst, und deinen Nachfolgern, ewige Armut, Keuschheit und Gehorsam, und demzufolge besondere Sorge um die Unterweisung der Jugend, gemäß den Apostolischen Schreiben und den Satzungen der genannten Gesellschaft.

Danach kommuniziere er.

Die Form der zeitlichen Helfer ist dieselbe unter Weglassung dessen, was die Unterweisung der Jugend betrifft.

Wer nach Bestehen der ersten Prüfung und zwei Jahren Erprobung als anerkannter Studierender aufgenommen wird, legt seine Gelübde in folgender Form ab:

Allmächtiger, Ewiger Gott, ich N., obschon vor Deinem Göttlichen Angesicht in jeder Hinsicht ganz und gar unwürdig, dennoch vertrauend auf Deine Unendliche Güte und Barmherzigkeit und angetrieben vom Verlangen, Dir zu dienen, gelobe Deiner Göttlichen Majestät im Angesicht der Heiligsten Jungfrau Maria und des ganzen Himmlischen Hofes, ewige Armut, Keuschheit und Gehorsam in der Gesellschaft Jesu; und ich verspreche, in dieselbe Gesellschaft einzutreten, um für immer in ihr zu leben, indem ich alles ihren Satzungen gemäß auffasse. Von Deiner Huld und Güte, durch das Blut Jesu Christi, erflehe ich inständig, daß Du Dich herablassest, dieses Brandopfer zu einem süßen Wohlgeruch aufzunehmen, und wie Du mir Deine Gnade, dies zu verlangen und anzubieten, verliehen hast, so mögest Du auch zum Vollenden Deine überfließende Gnade schenken.

Danach kommuniziere er in der gleichen Weise.

Wie die Studierenden am Ende von zwei Jahren ihre Gelübde ablegen und sich an Christus Unseren Herrn binden müssen, ebenso müssen auch jene, die in den Häusern weilen, ihre Gelübde nach der Weise der Studierenden ablegen, selbst wenn keine Absicht besteht, sie studieren zu lassen, und es ebensowenig geraten scheint, sie so früh schon als eingegliederte Helfer oder Professen aufzunehmen.

Nachdem einer der Gesellschaft in irgendeinem Grade eingegliedert wurde, darf er nicht streben, in einen anderen zu gelangen, vielmehr sorge er dafür, sich im ersten zu vervollkommnen und in ihm Gott Unserem Herrn zu dienen und Ehre zu erweisen, indem er die Sorge für das übrige dem Obern völlig überläßt, der für ihn die Stelle Christi Unseres Herrn einnimmt .. In aller Demut und vollkommenem Gehorsam muß er auf dem gleichen Wege fortschreiten und voraneilen, wie er ihm von Jenem gezeigt wurde, Der keine Wandlung kennt und in Dem keine solche möglich ist.

SECHSTER TEIL

Von dem, was die in der Gesellschaft Zugelassenen oder Einverleibten bezüglich ihrer selbst angeht

Was den Gehorsam angeht

Damit jene, die schon zur Profeß oder als einverleibte Helfer zugelassen wurden, sich mit reichlicherer Frucht gemäß unserer Stiftung im Göttlichen Dienst und bei der Rettung der Nächsten einsetzen können, müssen sie gewisse Dinge bei sich selber beobachten, von denen die wichtigsten zwar auf die Gelübde zurückzuführen sind, welche sie Gott Unserem Schöpfer und Herrn gemäß den Apostolischen Schreiben ablegen, die aber doch um der größeren Klarheit und Anempfehlung willen in diesem sechsten Teil behandelt werden sollen.

Und da, was zum Gelübde der Keuschheit gehört, keiner Auslegung bedarf, weil feststeht, wie vollkommen sie beobachtet werden muß, nämlich mit dem Bestreben, in ihr die Reinheit der Engel durch strahlende Lauterkeit von Leib und Geist nachzuahmen, so wird, dies vorausgesetzt, von dem heiligen Gehorsam die Rede sein. Alle sollen sich in völliger Bereitschaft halten, diesen zu beobachten und in ihm sich auszuzeichnen, nicht nur in pflichtmäßigen Dingen, sondern auch in anderen, selbst wenn nur ein Anzeichen für den Willen des Obern ohne ausdrücklichen Befehl ansichtig wird, wobei Gott Unser Schöpfer und Herr vor Augen stehe, um dessentwillen solcher Gehorsam geleistet wird; und es ist Sorge zu tragen, daß im Geiste der Liebe, und nicht mit der Verwirrung der Furcht vorangegangen werde, so daß wir uns alle ereifern, kein Jota der Vollkommenheit zu versäumen, die wir mit der Göttlichen Gnade in der Erfüllung aller Satzungen und unserer Lebensform in Unserem Herrn erreichen können, und alle unsere Kräfte vorzüglich in diese Tugend des Gehorsams hineinlegen, zunächst dem Papst, dann den Obern der Gesellschaft gegenüber. Derart, daß wir in allen Dingen, auf welche sich der Gehorsam mit der Liebe erstrecken kann (das sind alle jene, wo keine offensichtliche Sünde vorliegt), auf seine Stimme hin mit größter Bereitschaft zur Stelle seien, als ginge sie von Christus Unserem Herrn aus, denn an Seiner Statt und um Seiner Liebe und Ehrfurcht willen leisten wir Gehorsam, wobei wir alles andere, sogar den begonnenen Buchstaben , unvollendet stehen lassen und die ganze Absicht (intención) und alle Kräfte auf den Herrn aller [Geschöpfe] hinlenken, so daß der heilige Gehorsam sowohl in der Ausführung wie im Willen wie in der Einsicht stets in jeder Hinsicht vollkommen sei, indem wir alles, was uns aufgetragen wird, mit großer Eile, mit geistiger Freude und mit Beharrlichkeit vollbringen, uns selbst davon überzeugen, alles sei recht so, und jede eigene Ansicht und eigenes Urteil, die sich dem widerset-

zen, in blindem Gehorsam verleugnen, (wie gesagt) in allen
vom Obern angeordneten Dingen, an denen nicht irgendein
Schein der Sünde ist, indem wir bedenken, daß alle, die
unter dem Gehorsam leben, sich von der Göttlichen Vorsehung durch den Obern so tragen und lenken lassen müssen, als wären sie ein Leichnam, der sich nach überallhin
versetzen und in jeder Weise behandeln läßt, oder als wären
sie ein Greisenstab, der in der Hand dessen, der ihn führt
und sich seiner bedienen will, überall und zu jeder ge-
wünschten Sache dient; denn so muß der Gehorchende jede
Sache, zu der der Obere ihn zum Besten der ganzen Gesellschaft einsetzen will, fröhlichen Geistes unternehmen,
durchdrungen davon, daß er in ihr mehr als in einer andern,
die er leisten und bei der er seinen Eigenwillen und seine
private Meinung durchsetzen könnte, dem Göttlichen
Willen gleichförmig wird.

Der Gehorsam wird der Ausführung nach dann geleistet,
wenn die befohlene Sache ausgeführt wird; dem Willen nach,
wenn der Gehorchende das gleiche begehrt wie der Befeh-
lende; der Einsicht nach, wenn er dasselbe fühlt wie dieser,
so daß er das Befohlene für durchaus gut hält. Und der Gehorsam ist unvollkommen, wenn neben der Ausführung
nicht auch diese Gleichförmigkeit des Begehrens und Fühlens
zwischen Befehlendem und Gehorchendem besteht.

Desgleichen sei allen sehr ans Herz gelegt, ihren Obern,
zumal dem inneren Menschen nach, große Ehrfurcht zu erweisen, in ihnen Jesus Christus zu erblicken und zu verehren
und sie in Ihm als Väter von ganzem Herzen zu lieben; und
so sollen sie in allem im Geist der Liebe vorangehen und
nichts Äußeres noch Inneres vor ihnen verbergen, vielmehr
danach verlangen, daß die Obern Einblick in alles haben,
damit sie sie in allem um so besser auf den Weg des Heiles
und der Vollkommenheit führen können. Daher sollen alle
Professen und einverleibten Helfer einmal jährlich, und außerdem so oft die Obern es verfügen, bereit sein, ihnen ihr Gewissen in der Beicht oder unter Geheimnis oder auf andere Weise
zu eröffnen, wegen des großen Nutzens, der hierin liegt ..

376

Alle sollen sich für die Dinge, die sie etwa zu erbitten haben, an den Obern wenden und kein einzelner soll für sich, ohne seine Erlaubnis und Zustimmung, vom Heiligen Vater oder sonst jemandem außerhalb der Gesellschaft irgendeine Gunst für sich selbst oder für einen anderen, mittelbar oder unmittelbar, erbitten oder erbitten lassen: er soll überzeugt sein, daß, wenn er das Gewünschte durch seinen Obern oder mit dessen Willen nicht erlangt, es ihm für den Göttlichen Dienst nicht frommt, und daß er es [umgekehrt], wenn es diesem frommt, mit der Einwilligung des Obern, der für ihn Christi Unseres Herrn Stelle vertritt, erreichen wird.

Was die Armut und die Dinge, die aus ihr folgen, angeht

Die Armut, als feste Mauer (firme muro) des Ordens, soll man lieben und in ihrer Reinheit bewahren, soviel es mit der Göttlichen Gnade möglich ist. Und weil der Feind der menschlichen Natur sich anzustrengen pflegt, diese Verteidigung und Gegenwehr (defensa y reparo), die Gott Unser Herr den Orden gegen ihn und andere Gegner der Ordensvollkommenheit eingegeben hat, zu schwächen, indem er mittels Erklärungen oder Neuerungen, die dem ursprünglichen Geist der ersten Gründer nicht entsprechen, ändert, was von diesen wohl angeordnet wurde, so sollen alle, die in dieser Gesellschaft die Profeß ablegen – damit wir uns, soweit es in unserer Macht steht, auf dieser Seite vorsehen – versprechen, sich auf keine Änderungen dessen einzulassen, was in diesen Satzungen von der Armut gesagt wird, es wäre denn, um sie in irgendeiner Weise, gemäß den Umständen im Herrn, um so mehr zu verschärfen.

Das zur Armut Gehörende würde dann geändert, wenn man seine Hand danach ausstreckte, irgendeine feste Einnahme oder Güter für den eigenen Gebrauch .. oder für einen anderen Zweck zu besitzen, über das hinaus, was den Kollegien und den Prüfungshäusern zusteht. Und damit die Satzungen an einer so entscheidenden Stelle nicht geändert werden, wird nach der Profeß ein jeder vor dem Generalobern dieses Versprechen ablegen, indem er vor Unserem Schöpfer und Herrn gelobt, in keiner Weise auf Abänderungen dessen einzugehen, was in den Satzungen über die Armut bestimmt ist, so daß er weder bei einer Zusammenkunft der ganzen versammelten Gesellschaft, noch von sich aus auf irgendeinem Wege solches versucht.

In den Häusern oder Kirchen, die die Gesellschaft, um den Seelen zu helfen, annehmen wird, kann man keinerlei feste Einnahme besitzen .. weil die Gesellschaft in Unserem Herrn, Dem sie mit dem Beistand Seiner Göttlichen Gnade dient, darauf vertraut, daß er auch ohne feste Einnahme in allem vorsorgen lassen wird, so sehr als es zu Seinem größeren Lob und Seiner größeren Ehre geschehen kann.

Die Professen sollen in ihren Häusern von Almosen leben.

Die Helfer, die in den Häusern weilen, werden von Almosen leben, so wie man dort lebt. Wenn sie in den Kollegien Rektoren oder Lektoren sind, oder sonst notwendige oder sehr angemessene Hilfe in ihnen leisten, werden sie wie die übrigen von den festen Einkünften dieser Kollegien leben, solange sie dort vonnöten sind. Besteht diese Notwendigkeit nicht, so dürfen sie nicht in Kollegien, sondern nur in Häusern der Gesellschaft wohnen wie die Professen.

Nicht bloß feste Einnahmen, auch irgendwelche Güter dürfen die Häuser oder Kirchen der Gesellschaft in keiner Weise, weder als Einzelne noch gemeinsam, besitzen, außer dem, was ihnen zum Wohnen und Gebrauch notwendig oder sehr angemessen ist ..

.. Die Gesellschaft ist verpflichtet, jedes ihr geschenkte Grundstück so schnell als möglich zu veräußern, indem sie es verkauft, um den Armen in oder außer der Gesellschaft in der Not zu helfen.

Kein Mitglied der Gesellschaft darf irgendjemanden veranlassen, den Häusern oder Kirchen der Gesellschaft ewige Almosen zu vermachen. Und wenn einige von sich aus dies tun, so erwerben wir darauf keinerlei rechtlichen Anspruch, so daß wir auf dem Wege des Rechts fordern könnten, vielmehr sollen jene nur dann spenden, wenn die Liebe sie im Dienste Gottes Unseres Herrn antreibt.

Alle, die unter dem Gehorsam der Gesellschaft stehen, sollen bedenken, daß sie umsonst geben müssen, was sie umsonst empfingen, so daß sie irgendeine Gabe oder ein Almosen als Entgelt für Messen, Beichten, Predigten, Lesungen, Besuche oder beliebige andere Dienste, die die Gesellschaft gemäß ihrer Stiftung ausüben kann, weder erbitten noch annehmen, damit man mit größerer Freiheit und größerer Auferbauung der Mitmenschen im Göttlichen Dienste voranschreite.

Obwohl alle, die dies tun möchten, für das Haus oder die Kirche Almosen spenden können, mögen sie nun in geistigen Belangen Hilfe empfangen oder nicht, darf doch gar nichts als Gabe oder Almosen für das angenommen werden, was man ihnen einzig um des Dienstes Christi Unseres Herrn willen leistet, in der Weise, daß das eine für das andere gegeben oder angenommen würde.

Um jeden Schein von Habgier, besonders bei den heiligen Dienstleistungen, die die Gesellschaft zur Hilfe der Seelen vornimmt, zu vermeiden, soll es in den Kirchen keinen Opferstock geben ..

Aus dem gleichen Grunde sollen wir hochstehenden Personen keine Anstandsgeschenke machen, wie es gewöhnlich geschieht, um von ihnen größere Dinge zu ergattern. Ebenso sehr vermeide man die Gewohnheit, solche hochstehenden Leute zu besuchen, es wäre denn aus heiligem Eifer für fromme Werke, oder bei Wohltätern, die uns in Unserem Herrn sehr wohlgesinnt sind, so daß man ihnen einen solchen Liebesdienst hie und da schuldig zu sein glaubt.

Alle müssen gerüstet sein, von Tür zu Tür betteln zu gehen, wann immer der Gehorsam oder die Not es gebieten. Und einer oder mehrere seien beauftragt, für den Unterhalt der Mitglieder der Gesellschaft um Almosen zu bitten, wobei sie in Schlichtheit um der Liebe Gottes Unseres Herrn willen bitten sollen.

Wie man im Hause nichts als Eigentum besitzen darf, so auch nicht draußen bei anderen; jeder sei mit dem zufrieden, was ihm vom Gemeinsamen, ohne jeglichen Überfluß, für seinen notwendigen oder angemessenen Gebrauch gegeben wird.

Um die Reinheit der Armut und jenen Frieden, den sie mit sich führt, besser zu bewahren, sind nicht nur die einzelnen Professen oder einverleibten Helfer, sondern auch die Häuser, Kirchen oder Kollegien an deren Stelle erbunfähig; so wird man alle Streitereien und Zwistigkeiten leichter ersticken und die Liebe allen gegenüber zur Ehre Gottes Unseres Herrn erhalten.

Wenn der Heilige Vater oder der Obere die Professen oder Helfer zur Arbeit im Weinberg des Herrn aussenden, so können diese keinerlei Wegzehrung fordern, vielmehr sollen sie sich bedingungslos anbieten, um auf die Weise gesandt zu werden, die jenen zur größeren Göttlichen Ehre zu gereichen scheint: das heißt, zu Fuß oder zu Pferd, mit oder ohne Geld; und sie sollen sich in der Tat bereitstellen, jenes zu tun, was der Sendende für angemessener und zur größeren allgemeinen Auferbauung hält.

Um auch in diesem Punkte der schuldigen Armut gemäß voranzugehen, wird in den Häusern der Gesellschaft für gewöhnlich kein Reittier für irgendeinen von ihr gehalten, sei er nun Oberer oder Untergebener.

Auch bei der Kleidung sollen drei Dinge beachtet werden: erstens sei sie schicklich (honesto), zweitens dem Gebrauch des Landes, wo man lebt, angepaßt, endlich widerspreche sie nicht dem Gelübde der Armut, wie es der Fall wäre, wenn wir Seide oder kostbare Stoffe trügen, die man nicht verwenden darf, damit in allem die schuldige Demütigung und Erniedrigung zur größeren Göttlichen Ehre beobachtet werde.

Wiewohl Essen, Schlafen und die übrigen für das Leben notwendigen oder zukommenden Dinge gewöhnlich (co-

mún) sein werden, .. so daß jeder, was er sich davon entzieht, aus innerem Antrieb und nicht aus Verpflichtung tut,
so ist doch der Demütigung, Armut und der geistigen Auferbauung Rechnung zu tragen, die wir allezeit in Unserem
Herrn vor Augen haben müssen.

Was die Glieder der Gesellschaft tun und was sie lassen sollen

Da die Gesellschaft mit der Zulassung zur Profeß und auch
[mit der Aufnahme] als einverleibte Helfer so lange zuwar-
tet, und eine solche Bewährung des Lebens verlangt, setzen
wir voraus, daß die Aufgenommenen vom [Heiligen] Geist
geleitete und fortgeschrittene Männer sein werden, dazuhin, auf dem Wege Christi Unseres Herrn voranzueilen,
soweit es ihre Körperkräfte und die äußeren Arbeiten der
Nächstenliebe und des Gehorsams erlauben. Deshalb ist
ihnen für das Gebet, die Betrachtung und das Studium, wie
auch für die körperlichen Übungen des Fastens, der Nachtwachen und der übrigen Rauheiten und Bußwerke offenbar
keine andere Regel zu geben als jene, die die Unterscheidung
der Liebe ihnen selber vorzeichnet, wobei der Beichtvater
und bei einem Zweifel auch der Obere immer unterrichtet
seien. Nur das wollen wir ganz allgemein sagen: man muß
darauf achten, daß weder eine Übertreibung in diesen Dingen die Körperkräfte so schwächt und soviel Zeit raubt, daß
sie für die geistige Hilfe bei den Nächsten gemäß unserer
Stiftung nicht mehr ausreichen, noch daß auf der entgegengesetzten Seite ein solches Nachlassen in ihnen herrsche,
daß der Geist erkaltet und die menschlichen und niedrigen
Leidenschaften angefacht werden.

Der Empfang der Sakramente sei sehr empfohlen ..

Weil die für die Rettung der Seelen übernommenen Arbeiten von großer Wichtigkeit und das Eigenste unserer
Stiftung und zahlreich sind, und weil anderseits unser Aufenthalt so ungewiß einmal hier, einmal dort ist, so haben

die Unsern keinen Chor für das kirchliche Stundengebet und keine gesungenen Messen und Ämter; denn, wenn die Frömmigkeit jemanden anregt, diese zu hören, so wird ihm die Gelegenheit zur Befriedigung [seines Verlangens] nicht fehlen. Für die Unseren aber ist es gut, daß sie die Dinge ausführen, die unserem Beruf mehr eigen sind zur Ehre Gottes Unseres Herrn.

Weil ferner die Glieder dieser Gesellschaft zu jeder Stunde in Bereitschaft sein müssen, alle Länder der Welt zu durcheilen, wohin sie vom Heiligen Vater oder von ihren Obern gesandt werden mögen, so dürfen sie keine [ordentliche] Seelsorge und noch weniger die Betreuung von Nonnen oder irgend welcher anderer Frauen übernehmen .., ebensowenig Verpflichtungen für ewige Messen in ihren Kirchen noch irgendwelche ähnliche Bürden, die sich mit der für unsere Lebensform unerläßlichen Freiheit nicht vertragen.

Damit sich die Gesellschaft für die geistigen Werke ihrer Berufung um so voller einsetzen könne, soll sie soviel als möglich alle weltlichen Geschäfte .. liegen lassen und auf keinerlei Bitten hin solche Aufgaben übernehmen noch sich mit ihnen beschäftigen .. [Und dies auch deshalb], um alle Gelegenheiten von Unruhe, die unserem Beruf fremd ist, zu meiden und desto besser den Frieden und das Wohlwollen aller zur größeren Göttlichen Ehre zu erhalten, .. da es eben unserer Stiftung eigen ist, soweit als möglich allen in Unserem Herrn zu dienen, ohne Anstoß für irgendeinen.

Von der Hilfe, die in der Gesellschaft den Sterbenden geleistet wird

Wie im gesamten Leben, so soll auch, und noch viel mehr, ein jeder im Tode sich bemühen und befleißen, daß in ihm Gott Unser Herr verherrlicht, Sein Dienst erfüllt und der Nächste auferbaut werde, zumindest durch das Beispiel der Geduld und Stärke, mit lebendigem Glauben, Hoffnung und Liebe zu jenen ewigen Gütern, die uns Christus Unser Herr durch die so unvergleichlichen Mühen seines zeitlichen Lebens und Sterbens verdient und erworben hat. Da aber die

Krankheit sehr oft so beschaffen ist, daß sie den Gebrauch der Seelenkräfte großenteils verhindert, und jener Übergang wegen der schweren Anfechtungen des Teufels und wegen der großen Bedeutung, von ihm nicht besiegt zu werden, die Hilfe der brüderlichen Liebe erfordert, soll der Obere sorgsam darüber wachen, daß, wer nach dem Urteil des Arztes in Lebensgefahr schwebt, noch bevor er der Sinne beraubt ist, mit allen Sakramenten versehen werde und daß er sich für den Übergang vom zeitlichen zum ewigen Leben mit jenen Waffen ausrüste, die uns die Göttliche Freigebigkeit Christi Unseres Herrn gewährt.

Auch soll er durch das ganz besondere Gebet aller Hausgenossen unterstützt werden, bis er die Seele seinem Schöpfer zurückgegeben hat; und abgesehen von denen, die in größerer oder geringerer Zahl, je nach Gutdünken des Obern, dem Sterben des Kranken beiwohnen dürfen, müssen einige in besonderer Weise ausersehen werden, ihm beizustehen und Mut zuzusprechen; sie sollen ihm solche Gedanken einflößen und mit solcher Hilfe zur Stelle sein, wie es die Stunde erheischt, und wenn sie mit anderer Hilfe nichts mehr vermögen, sollen sie ihn Gott Unserem Herrn empfehlen, bis Er seine vom Leibe scheidende Seele zu sich nimmt, Er, der sie um einen so teuren Preis Seines Blutes und Lebens erlöst hat.

Nach seinem Tod sollen alle Priester des Hauses für seine Seele die Messe aufopfern und die übrigen sollen besondere Gebete für ihn darbringen und darin nach dem Urteil des Obern und dem eigenen inneren Antrieb und nach den Verpflichtungen, die in Unserem Herrn bestehen, fortfahren .. derart, daß die Liebe den Toten nicht weniger als den Lebenden in Unserem Herrn erwiesen werde.

Daß die Satzungen keine Verpflichtung unter Sünde einschließen

So sehr es der Wunsch der Gesellschaft ist, daß insgesamt alle Satzungen und Erklärungen (constituciones y declaraciones) und die ganze unserer Stiftung entsprechende Lebensform ohne irgendwelche Abweichung beobachtet werde, so wünscht sie doch ebenso, daß alle Unsrigen im Frieden seien und ihnen geholfen werde, in keine Schlinge der Sünde durch den Zwang der Satzungen oder Anordnungen zu fallen. Darum haben wir in Unserem Herrn beschlossen, daß, abgesehen von dem ausdrücklichen Gelübde, durch das die Gesellschaft an den jeweiligen Papst gebunden ist, und von den drei anderen wesentlichen Gelübden der Armut, der Keuschheit und des Gehorsams, keinerlei Satzungen, Erklärungen noch irgendeine Lebensordnung unter tödlicher oder läßlicher Sünde verpflichten, außer wenn der Obere etwas im Namen Christi Unseres Herrn oder in der Kraft des Gehorsams forderte .. An Stelle der Furcht vor Übertretung trete die Liebe und das Verlangen nach ganzer Vollkommenheit und nach der größeren Ehre und Lobpreisung Christi Unseres Schöpfers und Herrn.

SIEBTER TEIL

Vom Aussenden der Glieder dieser Gesellschaft in den Weinberg Christi Unseres Herrn

Von den Sendungen des Heiligen Vaters

Wie im sechsten Teil das behandelt wurde, was die Mitglieder der Gesellschaft bei sich selber beobachten müssen, so in diesem siebten, was sie auf die Mitmenschen hin als allereigenstem Zweck unserer Stiftung zu beobachten haben, indem sie sich im Weinberg Christi verteilen, um an der Stelle und an der Aufgabe zu arbeiten, die ihnen anvertraut wurde; mögen sie gesendet werden durch Befehl des obersten Statthalters Christi Unseres Herrn nach diesen und jenen Ländern, oder durch die Obern der Gesellschaft, die für sie ebenso an der Stelle Seiner Göttlichen Majestät stehen; oder mögen sie Ort und Arbeit selber auswählen, da ihnen aufgetragen ist, jene Gebiete zu durchziehen, die sie selber zum größeren Dienst Gottes Unseres Herrn und Heil der Seelen als geeignet erachten; oder mag die Arbeit nicht im Umherziehen geschehen, sondern in festem und dauerndem Aufenthalt an einzelnen Orten, wo man viele Frucht für die Göttliche Ehre und den Göttlichen Dienst erhofft.

Und weil an erster Stelle die Aussendung durch den Papst als die allerwichtigste (la más principal) behandelt werden soll, so ist festzuhalten, daß die Absicht des Gelübdes, ihm, dem obersten Statthalter Christi, ohne irgendeine Ausflucht zu gehorchen, darauf gerichtet war, daß er die Gesellschaft nach allen Seiten aussende, unter Gläubige oder Ungläubige, wo immer er es für die größere Göttliche Ehre und das Heil der Seelen als zweckmäßig erachtet; die Meinung der Gesellschaft ging nicht dahin, an irgendeinen besonderen Ort hinzugehen, vielmehr über den Erdkreis nach verschiedenen Ländern und Orten zerstreut zu werden, und sie wünschte, darin besser zum Ziel zu gelangen, indem sie die Verteilung ihrer Mitglieder dem Papst überließ.

Da nämlich jene, die als erste in der Gesellschaft zusammenkamen, aus verschiedenen Provinzen und Reichen stammten, und sie nicht wußten, in welche Länder, unter Gläubige oder Ungläubige sie gehen sollten, legten sie, um auf dem Weg des Herrn nicht zu irren, dieses Versprechen oder Gelübde ab, damit der Heilige Vater ihre Verteilung zur größeren Göttlichen Ehre vornehme, in Übereinstimmung mit ihrer Absicht, die Welt zu durcheilen und, wo sie die erhoffte geistige Frucht nicht fänden, weiterzuziehen, von Ort zu Ort, auf der Suche nach der je größeren Ehre Gottes Unseres Herrn und der Rettung der Seelen.

Und weil die Gesellschaft in dieser Sache ihr ganzes Sinnen und Trachten (entender y querer) Christus Unserem Herrn und seinem Statthalter unterworfen hat, kann weder der Obere noch irgendeines ihrer Glieder weder für sich noch für einen anderen, mittelbar oder unmittelbar, beim Papste oder seinen Dienern Bemühungen oder Versuche unternehmen, um eher an diesem als an jenem Orte zu bleiben oder eher [hierhin als dorthin] gesandt zu werden, weil eben die Einzelnen die ganze Sorge dem höchsten Statthalter Christi und ihrem Obern, und der Obere, was ihn angeht, dem Heiligen Vater und der Gesellschaft in Unserem Herrn überlassen.

Darüber hinaus soll, wer vom Heiligen Vater ausersehen wurde, irgendwohin zu gehen, seine Person weitherzig (liberalmente) anbieten, ohne daß er als Wegzehrung irgend etwas Irdisches erbittet oder erbitten läßt, vielmehr sende ihn der Heilige Vater auf jene Weise, die er als zum größeren Dienste Gottes und des Heiligen Stuhles erachtet, ohne daneben auf irgend etwas anderes zu sehen.

Dies kann allerdings vorgebracht werden, ja es muß sogar geschehen:.. wie es nämlich der Wille des Heiligen Vaters sei, daß er den Weg mache und an jenem Ort sich aufhalte, das heißt: ob von Almosen lebend und um der Liebe Gottes Unseres Herrn willen bettelnd, oder auf eine andere Weise, damit man das, was dem Heiligen Vater je besser scheint, mit desto größerer Hingebung und Gewißheit in Unserem Herrn tue.

Wenn sie an einzelne Orte hingesandt sind, ohne daß der Heilige Vater die Zeit festgelegt hat, soll es so verstanden sein, daß der Aufenthalt drei Monate dauere, und länger oder kürzer, je nach dem größeren oder geringeren geistigen Nutzen, den man entstehen fühlt oder anderswo erhofft, oder je nachdem es für irgendein allgemeines Gut zukommender scheint, und all dies nach dem Urteil des Obern, der sich die heilige Absicht des Papstes im Dienste Christi Unseres Herrn vor Augen halten wird.

Wenn der Aufenthalt an bestimmten Orten ausgedehnt werden muß und es ohne Schaden für die Hauptaufgabe und die Absicht des Heiligen Vaters geschehen kann, werden einzelne Vorstöße nicht unzweckmäßig sein, um auch in der Umgebung den Seelen zu helfer und danach an den eigenen Standort zurückzukehren, soweit dies möglich ist und Früchte für den Dienst Gottes Unseres Herrn verspricht. Ebenso kann und soll der Gesendete innerhalb des Gebiets seiner Niederlassung über das ihm eigens Anvertraute hinaus – was er mit besonderer Sorge betreiben muß und durch keine anderen, selbst guten Gelegenheiten für den Göttlichen Dienst aufgeben darf – danach Ausschau halten, in was für anderen Dingen er sich ohne Schaden für seine Sendung zur Ehre Gottes Unseres Herrn und zum Heil der Seelen einsetzen kann, damit er keine Gelegenheit versäume, die ihm Gott zu diesem Ziele bietet ..

Von den Sendungen durch den Obern der Gesellschaft

Um die geistige Not der Seelen mit größerer Leichtigkeit an vielen Orten bekämpfen zu können, und zur größeren Sicherheit der hierzu Beauftragten, kann der Obere der Gesellschaft, gemäß dem vom Heiligen Vater gemachten Zugeständnis (concesión), einen jeden aus der Gesellschaft dorthin senden, wo es ihm dringender scheint, obwohl die [Gesendeten], wo immer sie sich aufhalten, zur Verfügung Seiner Heiligkeit stehen.

Durch den Obern der Gesellschaft kann an vielen Orten (besonders an denen, die vom Apostolischen Stuhl weit abliegen) leichter und schneller geholfen werden, als wenn jene, die von der Gesellschaft Leute nötig haben, immer an den Heiligen Vater gelangen müßten. Und für die einzelnen ist es auch sicherer, im Gehorsam ihres Obern zu gehen, als wenn sie von sich aus gingen (obwohl sie dies könnten) und nicht von jenem gesandt würden, der sie an der Stelle Christi Unseres Herrn, als Dolmetsch Seines Göttlichen Willens, lenkt.

Das Senden, wohin es dem [Obern] gut scheint, ist so zu verstehen: zu Gläubigen, auch wenn es in Indien wäre, und zu Ungläubigen, besonders wo sich eine Ansiedlung von Gläubigen befände .. und immer wird es dem Untergebenen zukommen, seine Mission freudig wie von Gott Unserem Herrn entgegenzunehmen.

Und weil uns viele in Anspruch nehmen, die statt der allgemeinen und allumfassenden [Anliegen] mehr die eigenen geistlichen Verpflichtungen gegenüber ihrer Herde und nicht so dringliche Vorteile im Auge haben, so muß der

General bei diesen Sendungen große Umsicht walten lassen, damit beim Senden nach dem einen oder anderen Ort, für den einen oder anderen Zweck, dieser oder jener Person, in der einen oder anderen Weise, für längere oder kürzere Zeit, immer das getan werde, was zum größeren Göttlichen Dienst und allgemeinen Besten ist. Und mit solch ganz gerader und reiner Absicht .. entscheide er selbständig, ob er jemanden senden will oder nicht, und über die weiteren Umstände, wie er es zur größeren Göttlichen Ehre für angemessen hält. Der Gesendete aber muß, ohne sich irgendwie einzumischen, um eher an den einen als an den anderen Ort zu gehen, oder eher [da als dort] zu bleiben, die Verfügung über seine Person ganz und gar in völliger Freiheit dem Obern überlassen, der ihn an der Stelle Christi Unseres Herrn auf den Weg Seines größeren Dienstes und Lobes führt. Und desgleichen darf sich niemand durch irgendwelche Mittel darum bemühen, daß ein anderer an einem Ort bleibe oder anderswohin ziehe, es sei denn mit dem Willen seines Obern, durch den der Betreffende sich in Unserem Herrn leiten lassen muß.

Bei den Sendungen nach diesen oder jenen *Orten* ist als Regel, um sich zurechtzufinden, der jeweils größere Göttliche Dienst und das jeweils größere allgemeine Gut vor Augen zu halten, und um besser das Richtige zu treffen, muß man offensichtlich in dem so ausgedehnten Weinberg Christi Unseres Herrn bei sonst gleichen Bedingungen (so ist es auch bei allem folgenden zu verstehen) jenen Teil auswählen, wo größere Not herrscht: sowohl wegen des Fehlens anderer Arbeiter, wie auch wegen des Elends und der Schwäche der dortigen Mitmenschen und wegen der Gefahr ihrer völligen Verdammnis.

Auch ist zu erwägen, wo man voraussichtlich mit den Mitteln, die die Gesellschaft anwendet, größere Frucht gewinnen wird, wie dort, wo man die Türen mehr geöffnet und beim Volk mehr Bereitschaft und Leichtigkeit sähe, sich fördern zu lassen; diese [Bereitschaft und Leichtigkeit] gründen in seiner größeren Hingebung und Sehnsucht (die man teilweise an seinem Drängen erkennen kann) oder in den Voraussetzungen und Anlagen jener Personen, die mehr geeignet sind, gefördert zu werden und den Nutzen zu bewahren, der zur Ehre Gottes Unseres Herrn entstanden ist.

Wo die Schuld größer ist, so zum Beispiel wo sich ein Haus oder Kolleg der Gesellschaft oder wo sich Glieder von ihr befänden, welche studieren und die Wohltätigkeit des betreffenden Volkes empfangen, dort würde es mehr zukommen, einige Arbeiter hinzuschicken (wenn die übrigen Umstände hinsichtlich des geistigen Nutzens gleich wären), indem man um eines solchen Grundes willen, gemäß der vollkommenen Liebe, diese Orte gegenüber anderen bevorzugt.

Weil das Gute je allgemeiner desto göttlicher ist, müssen jene Personen und Orte bevorzugt werden, die durch ihren eigenen Fortschritt Ursache dafür sind, daß sich das Gute auf viele andere ausbreitet, die ihrem Ansehen folgen oder von ihnen gelenkt werden.

So muß die geistige Hilfe, die man großen und in der Öffentlichkeit stehenden Männern leistet, seien es nun weltliche oder geistliche Herren, und die man Leuten erweist, die sich durch Wissenschaft und Ansehen jeweils mehr auszeichnen, als von größerer Wichtigkeit erachtet werden, aus eben dem gleichen Grunde des jeweils allgemeineren Gutes; aus demselben [Grund] muß auch die Hilfe vorgezogen werden, die man großen Völkern wie den Indern oder führenden Nationen oder Universitäten zuwendet, wo mehr Leute zusammenzuströmen pflegen, die, selbst gerettet, Arbeiter zur Rettung anderer werden können.

Desgleichen, wo man spüren würde, daß der Feind Christi Unseres Herrn Unkraut gesät und im besonderen der Gesellschaft schlechte Meinung und schlechten Willen entgegengesetzt hat, damit er die Frucht, die sie gewinnen könnte, verhindere, so müßte man dort mehr Hand anlegen, vor allem wenn es ein Ort von Wichtigkeit und Einfluß wäre, indem man, soweit es geht, solche Männer hinschickt, die durch ihr Leben und ihre Lehre die schlechte Meinung, die auf falschen Einflüsterungen gründet, beseitigen.

Um in der Auswahl der *Arbeiten,* zu denen der Obere die Seinen aussendet, besser das Richtige zu treffen, halte man sich die gleiche Regel vor Augen, nämlich hinzuschauen auf die Göttliche Ehre und das jeweils größere allgemeine Gut; denn diese Erwägung kann sehr zu Recht dazu hinbewegen, eher an den einen als an den anderen Ort zu senden.

Und um einige Beweggründe zu berühren, die auf der einen oder anderen Seite bestehen können: wenn die Glieder der Gesellschaft sich in Dingen einsetzen können, wo geistige Güter erstrebt werden und auch wo körperliche, in denen sich Barmherzigkeit und Nächstenliebe betätigen, ebenso wenn man einigen Personen in Dingen ihrer jeweils größeren und geringeren Vervollkommnung helfen kann, und endlich in Dingen, die in sich besser und weniger gut sind: so müssen, wenn nicht sowohl die einen wie die anderen ausgeführt werden können, bei sonst gleichen Bedingungen, immer die ersten den zweiten vorgezogen werden.

Ebenso, wenn sich im Dienste Gottes Unseres Herrn dringlichere Unternehmungen vorfänden und andere, die weniger drängen und das Aufschieben des Heilmittels besser vertragen, so müßten die ersten den zweiten vorangehen, selbst wenn sie von gleicher Wichtigkeit wären.

Desgleichen wenn es [einerseits] Dinge gäbe, die der Gesellschaft in besonderem Maße zukommen oder sich ihnen niemand widmen würde, und [anderseits] solche, wofür andere die Sorge und Möglichkeit der Abhilfe haben, so ist es richtig, die ersten bei den Sendungen den zweiten voranzustellen.

Ebenso wenn unter frommen Werken von gleicher Bedeutung, Dringlichkeit und Notwendigkeit einige von größerer Sicherheit für den Ausführenden und andere gefährlicher wären, einige, die leichter und schneller und andere, die mit größerer Schwierigkeit und in längerer Zeit abgeschlossen werden könnten, so müßten ebenfalls die ersten vorgezogen werden.

Wenn alles Gesagte im Gleichgewicht wäre, sich aber einige Arbeiten vorfänden, die ein allgemeineres Gut wären und sich auf die Rettung einer größeren Anzahl erstreckten, wie das Predigen oder Lesen [der Heiligen Schrift], und andere mehr besondere, wie das Beichthören oder Exerzitiengeben, und man die einen zugleich mit den anderen nicht erfüllen könnte, so verlege man sich eher auf die ersten, wenn nicht Umstände vorlägen, denen zufolge man die zweiten als entsprechender hielte.

Auch wenn die einen frommen Werke von längerer Dauer wären und für immer fördern würden, wie es bei gewissen frommen Gründungen zur Hilfe der Nächsten zutrifft, und die anderen weniger dauerhaft, die nur einige Male und für kurze Zeit helfen, so ist es gewiß, daß die ersten den zweiten vorgezogen werden müßten. So muß der Obere der Gesellschaft die Seinen mehr in ihnen als in den andern einsetzen, und dies alles, weil es auf diese Weise jeweils mehr zum Göttlichen Dienst und mehr zum Wohl der Nächsten gereicht.

Obwohl es die Höchste Vorsehung und Lenkung des Heiligen Geistes ist, die mit Erfolg dahin wirkt, daß in allem das Rechte geschehe und überallhin jene gesandt werden, die jeweils mehr entsprechen und die den Personen und Aufgaben, um derentwillen sie gesandt werden, besser angepaßt sind; so kann man doch allgemein dieses sagen: daß für Aufgaben von größerer Wichtigkeit und wo es mehr darauf ankommt, nicht irrezugehen, auserlesenere *Männer*, auf die man mehr Vertrauen setzt, gesandt werden, soweit dies an jenem liegt, der mit dem Beistand der Göttlichen Gnade vorzusehen hat.

Die *Zeit*, für welche die einen dahin, die andern dorthin gesandt werden, muß offenbar, wenn keine Begrenzung vom Heiligen Vater vorliegt, bemessen werden einerseits nach der Art der geistigen Unternehmungen, die auszuführen sind, und nach ihrer größeren oder geringeren Wichtigkeit unter Beobachtung der Not und der entstehenden oder erhofften Frucht; anderseits ist zu erwägen, was sich an anderen Orten darbietet und wie groß dort die Verpflichtung

zu helfen ist und welches die Kräfte sind, die die Gesellschaft
zur Erfüllung dieser oder jener Aufgaben besitzt.

Vom selbständigen Umherziehen von Ort zu Ort

Obwohl die unter dem Gehorsam der Gesellschaft Lebenden
sich weder direkt noch indirekt in die Sendungen ihrer eigenen Person einmischen dürfen, mögen sie nun durch den
Papst oder ihren Obern im Namen Christi Unseres Herrn
ausgesandt werden, so können sie bei Sendungen nach einem
großen Land, wie etwa nach Indien oder anderen Gebieten,
wenn ihnen kein begrenzter Teil im besonderen angewiesen
wurde, länger oder kürzer am einen oder anderen Ort ver-
weilen und dorthin ziehen, wo sie urteilen, daß es für die
Ehre Gottes Unseres Herrn von größerem Nutzen sei, indem
sie alles erwägen und hinsichtlich ihres Willens gleichmütig
(indiferentes) gestimmt sind und zuvor gebetet haben.

Wo immer einer stehen mag, kann er, wenn ihm nicht
ein bestimmtes Mittel wie das Lesen oder Predigen vorgeschrieben ist, von denen ,die die Gesellschaft anwendet, das
ergreifen, das er als entsprechender hält, .. für den größeren
Göttlichen Dienst.

Von den Häusern und Kollegien der Gesellschaft, womit sie dem Nächsten hilft

Weil die Gesellschaft nicht nur darnach trachtet, den Mitmenschen im Durchziehen dieser und jener Länder zu helfen, sondern auch durch dauerndes Wohnen an einzelnen
Orten, wie es in den Häusern und Kollegien der Fall ist, so
ist es gut, sich darüber zu verständigen, auf welche Weise
den Seelen an diesen Orten geholfen werden kann, damit
man das jeweils Mögliche zur Ehre Gottes Unseres Herrn
ausübe.

Als erstes drängt sich auf: das gute Beispiel wahren christlichen Adels (honestidad) und wahrer christlicher Tugend,
mit dem Bemühen, jene, mit denen man verkehrt, weniger
durch Worte, als vielmehr durch gute Werke aufzuerbauen.

Dem Nächsten wird ferner geholfen durch Flehen und Beten vor Gott Unserem Herrn für die gesamte Kirche und insbesondere für jene, die von größerer Wichtigkeit für ihr allgemeines Wohl sind, sowie für unsere lebenden und verstorbenen Freunde und Wohltäter, mögen sie darum gebeten haben oder nicht, und für jene, denen die einzelnen und alle übrigen der Gesellschaft an verschiedenen Orten, unter Gläubigen und Ungläubigen, im besonderen ihre Hilfe zuwenden, dazuhin, daß Gott sie alle bereit mache, Seine Gnade durch die schwachen Werkzeuge dieser geringsten Gesellschaft zu empfangen.

Auch durch Messen und andere Göttliche Dienste kann Hilfe geleistet werden, wobei keinerlei Almosen für sie angenommen werden, mögen sie auf das Drängen einzelner [Gläubigen] gelesen werden oder vielmehr aus innerem Antrieb derer, die sie lesen.

Auch durch das Spenden der Sakramente wird man dem Nächsten helfen können, besonders durch das Beichthören und die heilige Kommunion ..

Das Wort Gottes soll dem Volke in den Kirchen unablässig durch Predigten, Schriftlesungen und Unterricht in der christlichen Lehre verkündet werden.

Das eben Gesagte kann auch außerhalb der Kirchen der Gesellschaft, in anderen Kirchen, auf Plätzen und an anderen Orten der Welt geschehen, wenn es dem Obern für die größere Göttliche Ehre förderlich scheint.

Desgleichen werden alle darnach trachten, die einzelnen in frommen Gesprächen, durch Raten und Ermahnen zu guten Werken, und in Geistlichen Übungen [Exerzitien] zu fördern.

Den leiblichen Werken der Barmherzigkeit sollen sie sich ebenfalls widmen, soweit es die geistigen, die schwerer wiegen, zulassen und die Körperkräfte ausreichen; hierher gehören die Hilfe an den Kranken, besonders in den Armen- und Siechenhäusern, indem man sie besucht und einige mit ihrer Pflege betraut, sowie die Aussöhnung der Feinde, desgleichen indem man für die Armen und die Gefangenen in den Kerkern alles tut, was man selber vermag, und dafür sorgt, daß auch andere es tun.

In den Kollegien und ihren Kirchen wird man von dem, was für die Häuser gesagt wurde, das jeweils Mögliche tun.

ACHTER TEIL

Von dem, was die Ausgesandten mit ihrem Haupt und unter sich vereinen hilft

Von der Einheit dem Geiste nach

Je schwieriger es ist, die Glieder dieses Ordens mit ihrem Haupte und unter sich zu vereinen, weil sie in verschiedenen Weltteilen unter Gläubigen und Ungläubigen so sehr verstreut sind, desto mehr müssen alle Hilfsmittel hierzu ausfindig gemacht werden; denn die Gesellschaft kann weder erhalten noch geleitet werden, noch demzufolge das zur größeren Göttlichen Ehre erstrebte Ziel erreichen, wenn ihre Glieder nicht unter sich und mit ihrem Haupte geeint sind. Und so soll von dem, was zur Einheit im Geiste hilft, die Rede sein.

Auf seiten der Untergebenen wird es [zur Einheit] helfen, keinen großen Haufen von Leuten (turba) zur Profeß zuzulassen und auch für die einverleibten Helfer oder Studierenden nur auserlesene Menschen zu behalten. Denn eine große Menge von Personen, die in ihren Lastern nicht völlig abgetötet sind, erträgt die Ordnung und auch die Einheit nicht, die in Christus Unserem Herrn so notwendig ist, damit sich der gute Zustand und das Voranschreiten dieser Gesellschaft erhalten.

Dies schließt eine selbst große Anzahl von geeigneten Leuten für die Profeß oder als einverleibte Helfer oder anerkannte Studierende nicht aus; aber es sei eingeschärft, daß man nicht die Hand öffne, um als Geeignete durchzulassen, (besonders für Professen), die es nicht sind; .. man erachte anderseits jene nicht als Haufen, die [den Forderungen] entsprechen, vielmehr als auserwählte Schar, selbst wenn es viele wären.

Und weil diese Einheit zum großen Teil durch das Band des Gehorsams bewirkt wird, so ist dieser stets in seiner ganzen Kraft zu bewahren. Wer aus den Häusern hinausgesandt wird, um im Acker des Herrn zu arbeiten, sei, soweit es geht, darin erprobt; und alle, die in der Gesellschaft die Hervorragenderen sind, sollen den übrigen in dieser Hinsicht ein gutes Beispiel geben, indem sie mit ihrem Obern ganz eins sind und ihm rasch, demütig und mit Hingabe gehorchen.

Zur selben Tugend des Gehorsams gehört auch eine wohl gewahrte Unterordnung der Obern unter sich und der Untergebenen gegenüber den Obern, derart, daß die Einzelnen, die in irgendeinem Haus oder Kolleg weilen, sich an den Ortsobern oder Rektor wenden und durch ihn in allem sich leiten lassen .. Und alle Ortsobern oder Rektoren sollen sich häufig an den Provinzial wenden und ebenfalls in allen Dingen sich nach ihm richten, und genau so werden es die Provinziale mit dem General halten; denn die so beobachtete Unterordnung wird ihrerseits die Einheit, die ganz vorzüglich in jener gründet, mit der Gnade Gottes Unseres Herrn bewahren.

Wer als Urheber der Zwietracht unter den in Gemeinschaft Lebenden, sei es untereinander oder mit ihrem Haupte, entdeckt würde, muß mit aller Sorgfalt aus einer solchen Gemeinschaft ausgeschieden werden, gleich einer Pest, die sie sehr vergiften kann, wenn nicht sogleich abgeholfen wird.

Das Ausscheiden wird so verstanden: entweder vollständig, indem man ihn aus der Gesellschaft fortschickt, oder derart, daß man ihn an einen anderen Ort versetzt, wenn dies zu genügen schiene und dem Göttlichen Dienste und allgemeinen Besten mehr entspräche.

Auf seiten des Generals werden zu dieser Einheit im Geiste die Qualitäten seiner Person helfen, mit denen er sein

Amt ausübt, das darin besteht, Haupt aller Glieder der Gesellschaft zu sein, von dem die Kraft (influxo) zu allen hinabsteigt, so daß vom General, als dem Haupte, alle Gewalt der Provinziale ausgeht, von den Provinzialen die der Ortsobern, von den Ortsobern die der Einzelnen, und so sollen von demselben Haupte die Sendungen ausgehen, zumindest dem Auftrag und der Gutheißung nach; dasselbe gelte vom Mitteilen der [päpstlichen] Gnaden an die Gesellschaft; denn je mehr die Untergebenen von ihren Obern abhängen, desto besser werden die Liebe, der Gehorsam und die Einheit unter ihnen erhalten.

Ganz besonders werden unter anderen Qualitäten des Generals das Vertrauen und Ansehen bei den Untergebenen helfen, und wenn er Liebe und Sorge für sie hegt und ihnen erweist, derart, daß die Untergebenen von ihrem Obern die Auffassung haben, er verstehe und begehre und vermöge es, sie in Unserem Herrn gut zu lenken. Hierzu und zu vielem anderen wird es dienlich sein, wenn er Männer von Urteil an seiner Seite hat, von denen er Hilfe für das empfangen kann, was er für das gute Fortschreiten der Gesellschaft in allen Ländern zur Göttlichen Ehre anzuordnen hat.

Es wird ferner helfen, wenn das Befehlen gut erwogen und geordnet ist, mit dem Bemühen, den Gehorsam in den Untergebenen in solcher Weise zu erhalten, daß der Obere von seiner Seite aus alle nur mögliche Bescheidenheit und Liebe (amor y charidad) anwendet, dergestalt, daß seine Untergebenen sich dazu bereitstellen können, für ihren Obern stets größere Liebe als Furcht zu hegen, wenn auch bisweilen alles fördert; ebenso indem er einige Dinge ihnen überläßt, wenn zu erwarten steht, daß sie daraus Nutzen ziehen, und andere Male nachgibt und sich ihrer erbarmt, wenn es schiene, daß dieses entsprechender sein könnte.

Das wichtigste Band von beiden Seiten für die Einheit der Glieder unter sich und mit ihrem Haupte ist die Liebe Gottes Unseres Herrn; denn wenn der Obere und die Untergebenen mit Seiner Göttlichen und Höchsten Güte aufs innigste vereint sind, werden sie ganz von selbst untereinander geeint werden, durch dieselbe Liebe, die von Ihr herniederfließen und sich auf alle Mitmenschen ausbreiten wird und im besonderen auf den Leib der Gesellschaft, so daß die schenkende Liebe (charidad) und überhaupt alle Heiligkeit (bondad) und Tugenden, in denen man dem Geiste gemäß voranschreitet, von beiden Seiten zur Einheit mithelfen werden, und demzufolge auch alle Geringschätzung der zeitlichen Dinge, in denen sich die Eigenliebe, der hauptsächlichste Feind dieser Einheit und des allgemeinen Besten, zu verirren pflegt.

Auch die größtmögliche Angleichung sowohl im Inneren: in der Lehre, im Urteilen und im Wollen, wie auch im Äußeren kann viel dazu helfen ..

Die gegenseitige Mitteilung in Briefen zwischen Obern und Untergebenen wird hierzu ebenfalls vorzüglich helfen .. derart, daß man an jedem Ort aus den übrigen Gebieten alles erfahren kann, was zur gemeinsamen Tröstung und Auferbauung in Unserem Herrn gereicht.

In welchen Fällen die Generalkongregation stattfinden wird

Um von der persönlichen Einigung (unión personal), die in den Kongregationen der Gesellschaft stattfindet, zu sprechen, .. so ist vorauszusetzen, daß es in Unserem Herrn für jetzt nicht zuträglich scheint, Generalkongregationen zu festgesetzten Zeiten oder sehr oft abzuhalten, weil der General dank seiner Verbindung mit der ganzen Gesellschaft und dank der Hilfe seiner Mitarbeiter diese Mühe und Ablenkung der gesamten Gesellschaft, soviel als möglich ersparen wird; dennoch werden sie in einigen Fällen notwendig sein, so bei der Wahl des Generals ..

Der zweite Fall liegt vor, wenn für den größeren Dienst Gottes Unseres Herrn Dinge von Dauer und Bedeutung zu verhandeln wären, wie das Auflösen von Häusern oder Kollegien – was das Abtrennen eines Gliedes vom Leib der Gesellschaft bedeuten würde – oder deren Verlegung, oder

andere sehr schwierige Dinge, die den ganzen Leib der Gesellschaft treffen oder ihre Lebensform.

Nicht alle, die unter dem Gehorsam der Gesellschaft stehen, auch nicht die anerkannten Studierenden vereinigen
sich zur Generalkongregation, sondern nur die Professen
und einige Helfer, so es in Unserem Herrn gut scheint,
einige von ihnen zu rufen. . .

Wenn die Kongregation für die Wahl des Generals stattfindet, hat jeder, der nicht Profeß von vier Gelübden ist,
weder aktives noch passives Stimmrecht für diese Wahl.

Weil von der Ersten und Höchsten Weisheit das Licht ab-
steigt, in dem erkannt wird, was zu beschließen angemessen
ist, so sollen Meßopfer und Gebete dargebracht werden, am
Ort der Versammlung und überall in der Gesellschaft während der ganzen Zeit, in welcher sie versammelt ist und die
festzusetzenden Dinge beraten werden, um die Gnade zu
erflehen, daß alles so beschlossen werde, wie es zur größeren
Ehre Gottes Unseres Herrn gereicht.

NEUNTER TEIL

Von dem, was das Haupt betrifft

Wie es in allen wohlgeordneten Gemeinschaften und Orden
außer denen, die sich Einzelzielen widmen, einen oder mehrere braucht, die um das allgemeine Wohl als eigenes Ziel
besorgt sind, so ist auch in dieser Gesellschaft neben denen,
die den einzelnen Häusern oder Kollegien und den Provinzen vorstehen, wo die Gesellschaft solche Häuser oder Kollegien besitzt, jemand notwendig, dem der ganze Leib der
Gesellschaft anvertraut ist und dessen Ziel die gute Leitung,
Bewahrung und Mehrung dieses ganzen Leibes sein wird:
dies ist der General . .

Weil die Erfahrung und Übung im Regieren, die Kenntnis der Einzelnen und die Autorität ihnen gegenüber dazu

beitragen, dieses Amt gut zu verwalten, wird seine Wahl auf Lebenszeit und nicht auf begrenzte Dauer sein. Auf diese Weise wird sich die Gesellschaft, die für gewöhnlich mit wichtigen Dingen im Göttlichen Dienste beschäftigt ist, auch weniger in allgemeinen Zusammenkünften ermüden und ablenken.

[Auch] wird man die Gedanken und Gelegenheiten des Ehrgeizes, die Pest solcher Ämter, weiter in die Ferne rükken, als wenn man zu festgesetzten Zeiten zu wählen hätte.

Für die gute Leitung der Gesellschaft ist es als sehr zukommend zu erachten, daß der Generalobere zum Auferbauen alle Gewalt über die Gesellschaft innehabe.

Unter den Gaben, die man beim Generalobern wünschen muß, ist die *erste,* daß er mit Gott Unserem Herrn ganz vereinigt und Ihm im Gebet und in allen seinen Handlungen wie ein Freund nahe sei (familiar), damit er desto besser von Ihm, als dem Quell alles Guten, für den ganzen Leib der Gesellschaft reiche Anteilnahme an Seinen Gaben und Gnaden erwirke und viel Kraft und Wirksamkeit für alle Mittel, die sie gebraucht, um den Seelen zu helfen.

Die *zweite:* daß er ein Mann sei, dessen Vorbild in allen Tugenden die übrigen in der Gesellschaft fördert; besonders muß in ihm die schenkende Liebe zu allen Menschen erstrahlen und vorzüglich zur Gesellschaft, wie auch die wahrhafte Demut, die ihn Gott Unserem Herrn und den Menschen ganz liebenswert machen.

Auch muß er von allen Leidenschaften frei sein, indem er sie beherrscht und abtötet, damit sie in seinem Inneren das Urteil der Vernunft nicht trüben, und auch sein Äußeres sei so ausgeglichen und vor allem sein Sprechen so geordnet, daß keiner ein Wort oder eine Sache an ihm finden kann, die ihn nicht auferbauen würden, sowohl unter denen in der Gesellschaft, für die er Spiegel und Muster sein muß, wie auch unter den Außenstehenden.

Dennoch wisse er die notwendige Festigkeit und Strenge mit Güte und Milde derart zu paaren, daß er sich weder von dem abwenden läßt, was seines Erachtens Gott Unserem Herrn mehr gefällt, noch auch das Erbarmen, das Seinen Söhnen zukommt, preisgibt, dergestalt, daß selbst die Getadelten oder Bestraften erkennen, wie er in all seinem Tun gerade und mit Liebe in Unserem Herrn vorangeht, auch wenn es dem niederen Menschen nach gegen ihren Geschmack wäre.

Und ebenso sind ihm Seelengröße (magnanimidad) und Starkmut sehr notwendig, um die Schwächen vieler zu ertragen und große Dinge im Dienste Gottes Unseres Herrn zu beginnen und in ihnen, wenn es geboten ist, standhaft auszuharren, ohne den Mut bei Widersprüchen zu verlieren (selbst wenn sie von hohen und mächtigen Personen ausgingen), noch auch durch deren Bitten oder Drohungen sich von dem abbringen zu lassen, was die Vernunft und der Göttliche Dienst fordern, indem er allen Wechselfällen überlegen ist, sich weder durch das Glück überheben noch durch Unglück im Geiste niederschlagen läßt, wobei er vollkommen bereit sei, den Tod, wenn immer es nötig wäre, für das Wohl der Gesellschaft im Dienste Jesu Christi Unseres Gottes und Herrn zu empfangen.

Die *dritte:* Er solle mit großer Einsicht und Urteilskraft begabt sein, so daß ihm dieses Talent weder in den spekulativen noch in den praktischen Dingen, die vorkommen mögen, mangelt. Und obwohl die Lehre [doctrina] für einen, der so viele Gelehrte unter seiner Führung hat, sehr vonnöten ist, so ist doch die Klugheit und die Erfahrung in geistlichen und inneren Dingen von noch größerer Notwendigkeit, um die verschiedenen Geister unterscheiden und so viele in ihren geistlichen Nöten beraten und heilen zu können, desgleichen die Unterscheidungsgabe (discreción) in den äußeren Dingen und Geschicklichkeit für die Erledigung so vielfältiger Aufgaben und für den Umgang mit so verschiedenartigen Personen innerhalb und außerhalb der Gesellschaft.

Die *vierte:* Für die Ausführung der Dinge ist es sehr notwendig, daß er zum Beginnen wachsam und sorgfältig, für das Weiterführen ans Ziel und zum Vollenden tatkräftig sei, nicht nachlässig und schlaff, um Angefangenes unvollendet liegen zu lassen.

Die *fünfte* betrifft seinen Leib: Hinsichtlich der Gesundheit, Gestalt und des Alters ist einerseits der Schicklichkeit (decencia) und der Autorität Rechnung zu tragen, anderseits den Körperkräften, die das Amt erfordert, damit er seine Aufgabe zur Ehre Gottes Unseres Herrn in ihm erfüllen könne.

Die *sechste* betrifft die äußeren Dinge, unter denen jene vorgezogen werden müssen, die in einem solchen Amte zur Auferbauung und zum Dienste Gottes Unseres Herrn mehr behilflich sind; solche pflegen das Vertrauen, der gute Name und alle übrigen zu sein, die zur Autorität gegenüber denen von draußen und drinnen helfen.

Endlich muß er zu den Ausgezeichnetsten in aller Tugend und zu den Verdientesten in der Gesellschaft und zu denen gehören, die am längsten als solche bekannt sind. Und wenn einige der oben erwähnten Gaben fehlen würden, so fehle wenigstens nicht große Heiligkeit (bondad) und Liebe zur Gesellschaft und gutes Urteil, verbunden mit gutem Wissen (letras); denn für das übrige können die Hilfen, die ihm zur Seite stehen werden, mit der Göttlichen Hilfe und Huld vieles ersetzen.

ZEHNTER TEIL

Wie sich dieser ganze Leib in seinem guten Zustand erhalten und mehren wird

Weil die Gesellschaft, die nicht mit menschlichen Mitteln eingesetzt wurde, mit ihnen sich weder erhalten noch mehren kann, sondern nur durch die Allmächtige Hand Christi Unseres Gottes und Herrn, so ist es notwendig, auf Ihn allein die Hoffnung zu setzen, daß Er selbst bewahren und weiterführen werde, was Er zu Seinem Dienst und Lob und zur Rettung der Seelen zu gründen sich würdigte. Und gemäß dieser Hoffnung wird das erste und meist angemessene Mittel das der Gebete und Opfer sein, die in dieser heiligen Absicht dargebracht werden müssen, und hierzu alle Wochen, Monate und Jahre in allen Ländern, wo immer sich die Gesellschaft aufhält, anzuordnen sind.

Für die Erhaltung und Mehrung nicht nur des Leibes, das heißt des Äußeren der Gesellschaft, sondern auch ihres Geistes und für die Erreichung dessen, was sie erstrebt, nämlich den Seelen zu helfen, daß sie ihr letztes und übernatürliches Ziel erreichen, sind die Mittel, die das Werkzeug mit Gott verbinden und es verfügbar machen (disponen) dazu hin, daß es sich von Seiner Göttlichen Hand gut lenken lasse, wirksamer als jene, die es verfügbar machen zu den Menschen hin: wie es die Mittel der Heiligkeit (bondad) und Tugend sind und besonders die schenkende Liebe (charidad) und die reine Absicht des Göttlichen Dienstes und das Vertrautsein (familiaridad) mit Gott Unserem Herrn in geistlichen Übungen der Andacht, und der aufrichtige Eifer für die Seelen um der Ehre Dessen willen, Der sie erschuf und erlöste, ohne irgendein anderes Interesse. Und so ist offensichtlich allgemein darauf zu halten, daß sich alle von der Gesellschaft den gründlichen und vollkommenen Tugenden und den geistlichen Dingen hingeben, und diese sind höher zu werten als die Wissenschaften und andere natürliche und menschliche Gaben. Denn jene inneren sind es, die diesen äußeren zum erstrebten Ziel hin Wirksamkeit verleihen.

Auf diesem Fundament werden die natürlichen Mittel, die das Werkzeug Gottes Unseres Herrn zu den Nächsten hin verfügbar machen, allgemein zur Erhaltung und Mehrung dieses ganzen Leibes helfen, wofern sie einzig um des Göttlichen Dienstes willen erlernt und gebraucht werden, nicht um auf sie zu vertrauen, vielmehr um mit der Göttlichen Gnade mitzuwirken gemäß der Ordnung der Höchsten Vorsehung Gottes Unseres Herrn, der sowohl mit dem, was er als Schöpfer gibt, das ist das Natürliche, wie auch mit dem, was er als Urheber der Gnade gibt, das ist das Übernatürliche, verherrlicht werden will. Und so muß man sich um die menschlichen oder anerworbenen Mittel mit Sorg-falt mühen, besonders um die tiefe und gründliche Lehre und um die Weise, sie dem Volk in Predigten und Lesungen aus-einanderzusetzen, und um die Form, mit den Leuten umzu-gehen und zu verkehren.

Desgleichen wird es viel helfen, die Kollegien in ihrem guten Zustand und ihrer Zucht zu bewahren, indem solche die Aufsicht über sie ausüben, die keinen zeitlichen Vorteil haben können, wie es von der Gesellschaft der Professen gilt, die in den Kollegien diejenigen, die das Talent dazu haben, im christlichen Leben und in den christlichen Wissenschaf-ten ausbilden läßt. Denn diese werden eine Pflanzschule (seminario) der Gesellschaft der Professen und ihrer Helfer sein. Und wenn es neben den Kollegien Universitäten gäbe, deren Aufsicht die Gesellschaft hätte, werden sie zum glei-chen Ziel helfen ..

Weil die Armut gleichsam die Schlüsselstellung (baluarte) der Orden ist, die sie in ihrem Sein und ihrer Zucht be-wahrt und gegen viele Feinde verteidigt, und darum der Teufel sie auf allen Wegen einzureißen trachtet, wird es für die Erhaltung und Mehrung dieses ganzen Leibes wichtig sein, daß jeder Schein von Habgier weit weg verbannt wird, indem man keinerlei feste Einnahme oder irgendwelche Güter oder Belohnungen für das Predigen oder Lesen [der Schrift], für Messen und Sakramentenspendung oder geist-liche Dinge annimmt, noch auch die Einkünfte der Kollegien zu eigenem Nutzen umwandelt.

Es wird gleichfalls von höchster Wichtigkeit für das im-merwährende Fortbestehen des guten Zustands der Gesell-schaft sein, mit großer Sorgfalt die Ehrsucht, die Mutter aller Übel in jedweder Gemeinschaft oder Ordensfamilie, von ihr auszuschließen, indem man die Türen für das direkte oder indirekte Anstreben von Würden oder Ämtern inner-halb der Gesellschaft verriegelt; weshalb die Professen Gott Unserem Herrn geloben sollen, niemals solche [Würden oder Ämter] anzustreben, und jene, die sie bei solchem Streben entdeckten, zu entlarven, wie auch jene, die solchen Strebens überführt werden könnten, für jegliches Amt untauglich und unfähig zu halten. Desgleichen sollen sie Gott Unserem Herrn geloben, keinerlei Amt oder Würde außerhalb der Gesellschaft anzustreben, noch in die Wahl ihrer eigenen Person für eine solche Stellung, soweit es an ihnen liegt, einzuwilligen, wenn sie nicht von jemandem im Gehorsam gezwungen würden, der ihnen unter Sündenstrafe befehlen kann, indem jeder darauf schaut, den Seelen gemäß unserem Beruf der Demütigung und Erniedrigung zu dienen, und die Gesellschaft nicht jener Leute zu entblößen, die zu ihrem Ziel hin notwendig sind.

Damit der gute Zustand dieses ganzen Leibes für immer währe, trägt es viel bei, das [früher] Gesagte zu beobachten, nämlich keinen Haufen (turba) und selbst zur Prüfung keine Leute aufzunehmen, die für unsere Stiftung untauglich sind, und wenn sich einige als [den Anforderungen] nicht entsprechend erweisen würden, sie im Verlaufe der genannten Prüfung fortzuschicken. Und viel weniger dürfen lasterhafte oder unheilbare Leute behalten werden. Noch mehr aber muß man die Hand für die Aufnahme zu den anerkannten Studierenden oder einverleibten Helfern geschlossen halten, und noch weit mehr für die Zulassung zur Profeß, die nur bei denen vorgenommen werden darf, die in Geist und Lehre auserlesen sind und sehr lange geprüft wurden und die durch vielfache Proben von Tugend und Selbstverleugnung zur Auferbauung und Zufriedenheit aller bekannt sind. Denn auf diese Weise wird der Geist nicht schwinden und nicht erlahmen, selbst wenn sich die Schar vervielfacht, falls die in die Gesellschaft Einverleibten so sind, wie gesagt wurde.

Da das Gut- oder Schlechtsein des Hauptes auf den ganzen Leib übergeht, ist es von höchster Bedeutung, daß die Wahl des Generalobern dem entspreche, was im neunten Teil gesagt wurde, und nach dieser Wahl folgt die der untergeordneten Obern in den Provinzen, Kollegien und Häusern der Gesellschaft [an Wichtigkeit] nach. Denn wie diese sind, werden durchwegs die Untergebenen sein. Und abgesehen von der Wahl hängt viel davon ab, daß die einzelnen Obern über die Untergebenen große Gewalt besitzen und der General über die Obern, und auf der anderen Seite die Gesellschaft über den General, dergestalt, daß alle für das Gute volle Macht haben, und wenn sie übel handeln würden, volle Unterwerfung [erfahren]. Ebenso ist es wichtig, daß die Obern für die Ordnung und Ausführung dessen, was ihr Amt betrifft, geeignete Mitarbeiter haben.

Was zur Einheit der Glieder dieser Gesellschaft unter sich und mit ihrem Haupte hilft, wird auch viel zum Bewahren ihres guten Zustandes helfen: so vor allem das Band der Willen (de las voluntades), das in der schenkenden und sehnenden Liebe der einen zu den anderen besteht (charidad y amor). Und hierzu dienen gegenseitige Kenntnis, Austausch von Nachrichten und innige Mitteilung, der Gebrauch derselben Lehre und die Übereinstimmung in allem, soweit es möglich ist, und an erster Stelle das Band des Gehorsams, das die Einzelnen mit ihren Obern, die Ortsobern unter sich und mit ihren Provinzialen und alle mit dem General vereint, dergestalt, daß die gegenseitige Unterordnung sorgfältig beobachtet werde.

Die Mäßigung in den geistigen und körperlichen Arbeiten und das Mittelmaß in den Satzungen, die weder dem Extrem der Strenge noch übermäßiger Entbundenheit zuneigen sollen (und so besser beobachtet werden können), werden zum Fortdauern und Aufrechterhalten des Bestandes dieses ganzen Leibes helfen.

Dazu dient auch im allgemeinen das Bemühen, sich die Liebe (amor y charidad) aller, auch der Außenstehenden zu bewahren, im besonderen jener, deren guter oder schlechter Wille in großem Maße die Türen für den Göttlichen Dienst und das Heil der Seelen zu öffnen oder zu schließen vermag; und [ebenso dient es], daß in der Gesellschaft eine Parteinahme zur einen oder anderen Seite unter den christlichen Fürsten und Herren weder bestehe noch empfunden werde, vielmehr eine allesumfassende Liebe, die alle Teile (auch unter sich gespaltene) in Unserem Herrn umfängt.

Wenn man bei einigen schlechten Willen verspürte, besonders bei Personen von Einfluß, so muß man für sie beten und die zukommenden Mittel anwenden, damit sie zur Freundschaft zurückgeführt werden oder wenigstens keine Gegner seien; und dies nicht, weil wir Widersprüche und schlechte Behandlung fürchten, sondern damit Gott Unserem Herrn mit dem Wohlwollen all dieser in allen Dingen mehr gedient und Er mehr verherrlicht werde.

Helfen wird der zurückhaltende und mäßige Gebrauch der vom Apostolischen Stuhl gewährten Gnaden, indem wir einzig und mit aller Aufrichtigkeit die Rettung der Seelen anstreben. Denn dann wird Gott unser Herr was er begonnen hat weiterführen, und der Wohlgeruch, der in der Wahrheit guter Werke begründet ist, wird die Hingabe der Menschen mehren, dazu hin, daß sie sich von der Gesellschaft helfen lassen und ihr selber helfen auf das ersehnte Ziel hin: die Ehre und den Dienst Seiner Göttlichen Majestät.

Ebenso wird es helfen, auf die Erhaltung der Gesundheit der einzelnen acht zu geben .. und schließlich: daß alle sich einsetzen, die Satzungen zu beobachten, wozu man sie kennen muß ..

Die Satzungen umfassen das sogenannte Examen generale, das einer Orientierung für die Kandidaten der Gesellschaft gleichkommt, vor allem aber die Konstitutionen mit ihren Deklarationen. Die Konstitutionen sind als die eigentlichen Satzungen zu betrachten, die Deklarationen als nähere Bestimmungen von gleicher Gesetzeskraft.

Die vorliegende Übersetzung gibt vor allem die Konstitutionen und die wichtigsten Deklarationen wieder. Da das Examen generale aus rein praktischen Gründen von den Konstitutionen getrennt wurde, sind seine wichtigsten Bestimmungen im 1. und 3. Teil der Satzungen sinngemäß eingefügt worden unter den Kapiteln: Zweck und Aufbau der Gesellschaft – Räte – Erprobung.

Von den Konstitutionen und Deklarationen wurden die rein organisatorischen und Detailbestimmungen weggelassen, so neben kleineren Kürzungen vor allem die näheren Aufnahmebedingungen des 1. und 2. Teils, die äußeren Studienbestimmungen des 4. Teils, die Einzelbestimmungen zur Generalkongregation im 8. Teil und die Ausführungen über Befugnisse und Amtsführung des Generals im 9. Teil, derart aber, daß der geistige Grundbestand der Satzungen, wie wir glauben, unversehrt und vollständig erhalten ist. Zum besseren Verständnis wurde die Reihenfolge der Satzungen im 1., 3. und 4. Teil wegen der erwähnten Kürzungen bzw. der Ergänzungen aus dem Examen generale teilweise geändert.

Die Übersetzung will nichts weiter, als schlicht und getreu nach Möglichkeit die Sprache und den Tonfall des ganz unliterarischen spanischen Originals wiedergeben. Deshalb mußte die im spanischen «para» liegende Dynamik oft hervorgehoben werden durch das ausdrücklichere «dazu hin» statt bloßem «um zu». Für den nicht genug tief zu nehmenden Ausdruck «edificación» steht, um das abgenutzte «Erbauung» zu vermeiden, das deutsche Wort «Auferbauung» (vgl. Goethes Faust).

«Scholasticos approbados» wurde mit «anerkannte Studierende» übersetzt, «coadjutores formados» mit «einverleibte Helfer». Wo schlechthin von «Häusern» (domos) die Rede ist, sind stets Profeßhäuser mit den vollen Armutsbestimmungen des 6. Teils gemeint.

Einige für den Urtext besonders bezeichnende Worte und Wendungen wurden der größeren Eindringlichkeit halber in runden Klammern beigefügt. Alles in eckigen Klammern Stehende ist der Verdeutlichung halber vom Übersetzer hinzugetan. Kürzungen innerhalb eines Satzes sind durch zwei Punkte gekennzeichnet. Die im Urtext fehlende Numerierung wurde weggelassen. Zum Auffinden der Quellen dient das beigefügte Verzeichnis.

Als Quellen wurden von den Monumenta historica Societatis Jesu die Monumenta Ignatiana, series 3, tom. I–III (Sancti Ignatii de Loyola Constitutiones Societatis Jesu) benützt. Band I enthält die hier wiedergegebene, lateinisch abgefaßte Regel, Band II die verschiedenen Fassungen der eigentlichen Satzungen. Es wurde das sogenannte Autograph (textus B), die endgültige von Ignatius hinterlassene spanische Fassung, übersetzt. Band III enthält die offizielle lateinische Übersetzung der Satzungen, wie sie bis heute in der Gesellschaft allgemein gebraucht wird.

VERZEICHNIS DER ÜBERSETZTEN SATZUNGEN

Quellennachweis für jeden einzelnen Textabschnitt

z. B.: E 6, 3 = Examen generale cap. 6, no. 3
    2, 1, 1 = Pars 2, cap. 1, constitutio no. 1
    3, 2, G = Pars 3, cap. 2, declaratio G

Übersetzungs-abschnitt		Quelle	Übersetzungs-abschnitt		Quelle
Seite	Abs.		Seite	Abs.	
343	1	Prooem.		2	E 4, 45
		Const. 1	351	1	E 4, 46
	2	E 1, 2		2	E 1, 12
	3	E 1, 6		3	E 4, 17
	4	E 1, 7–8		4	E 4, 9
344	1	E 1, 5		5	E 4, 10
	2	E 1, 9	352	1	E 4, 11
	3	E 6, 1		2	E 4, 12
	4	E 6, 2		3	E 4, 13
	5	E 6, 3		4	E 4, 14
345	1	1, 2, 2		5	E 4, 15
	2	E 1, 10		6	E 4, 27
	3	E 1, 11	353	1	3, 1, 1
346	1	1, 1, 4		2	3, 1, G
	2	1, 1, C	354	1	3, 1, 2
	3	1, 3, 1		2	3, 1, 25
	4	1, 2, 4		3	3, 1, 7
	5	1, 2, 1		4	3, 1, 8
347	1	1, 2, 5		5	E 4, 26
	2	1, 2, 6	355	1	3, 1, 23
	3	1, 2, 7		2	3, 1, 24
	4	1, 2, 8		3	3, 1, 15
	5	1, 2, 13		4	3, 1, 26
	6	2, 1, 1	356	1	3, 1, 18
348	1	2, 1, A			3, 1, O
	2	2, 2, 2		2	3, 1, 22
	3	2, 2, 3		3	3, 1, T
349	1	E 3 Titel	357	1	3, 1, 20
		E 3, 13		2	3, 1, 11
	2	E 4, 7		3	3, 1, 10
	3	E 4, 1		4	3, 1, 13
350	1	E 4, 44		5	3, 1, 17
				6	3, 1, 4

Übersetzungs-abschnitt		Quelle	Übersetzungs-abschnitt		Quelle
Seite	Abs.		Seite	Abs.	
358	1	3, 1, 12		3	4, 12, B
	2	3, 2, 1		4	4, 12, 3
359	1	3, 2, 3		5	4, 12, 4
	2	3, 2, C	369	1	4, 14, 1
	3	3, 2, G		2	4, 14, 1
	4	3, 2, 5		3	4, 14, 3
360	1	E 4, 41		4	4, 16, 1
	2	4, Prooem. 1		5	4, 16, 4
	3	4, Prooem. A		6	4, 16, 3
361	1	4, 3, 1		7	4, 15, 4
		4, 3, 2		8	4, 15, 4
	2	4, 3, 3	370	1	5, 1, 1
362	1	4, 3, B		2	5, 1, A
	2	4, 6, 15	371	1	5, 2, 1
	3	4, 6, 1		2	5, 2, 2
	4	4, 6, 2		3	5, 2, 4
363	1	4, 4, 2	372	1	5, 2, 5
	2	4, 2, 4		2	5, 3, 1
	3	4, 5, 1		3	5, 3, 3
364	1	4, 5, 2		4	5, 3, 4
	2	4, 5, C		5	5, 3, B
	3	4, 5, 4	373	1	5, 4, 1
	4	4, 6, 4		2	5, 4, 2
	5	4, 6, 5		3	5, 4, 3
	6	4, 8, 1		4	5, 4, 3
	7	4, 8, 3		5	5, 4, 3
365	1	4, 8, A		6	5, 4, 4
	2	4, 8, B	374	1	5, 4, 4
	3	4, 8, 4		2	5, 4, 6
	4	4, 8, 5		3	5, 4, 5
	5	4, 8, 6		4	E 6, 1
	6	4, 8, 7			6, 1, 1
366	1	4, 8, 8	375	1	6, 1, 1
	2	4, 10, 4	376	1	6, 1, C
	3	4, 10, 10		2	6, 1, 2
	4	4, 10, 5	377	1	6, 1, 3
367	1	4, 7, 1		2	6, 2, 1
	2	4, 7, 2		3	6, 2, A
	3	4, 11, 1	378	1	6, 2, 2
368	1	4, 12, 1		2	6, 2, 3
	2	4, 12, 2		3	6, 2, 4

Übersetzungs-abschnitt		Quelle	Übersetzungs-abschnitt		Quelle
Seite	Abs.		Seite	Abs.	
	4	6, 2, 5	389	1	7, 2, D
	5	6, 2, E		2	7, 2, D
	6	6, 2, 6		3	7, 2, D
379	1	6, 2, 7		4	7, 2, D
	2	6, 2, G	390	1	7, 2, E
	3	6, 2, 8		2	7, 2, E
	4	6, 2, 9		3	7, 2, E
	5	6, 2, 10		4	7, 2, E
380	1	6, 2, 11		5	7, 2, E
	2	6, 2, 12		6	7, 2, E
	3	6, 2, 13	391	1	7, 2, E
		6, 2, I		2	7, 2, F
	4	6, 2, 14		3	7, 2, H
	5	6, 2, 15	392	1	7, 3, 1
	6	6, 2, 16		2	7, 3, 2
381	1	6, 3, 1		3	7, 4, 1
	2	6, 3, 2		4	7, 4, 2
	3	6, 3, 4	393	1	7, 4, 3
382	1	6, 3, 5		2	7, 4, 4
		6, 3, 6		3	7, 4, 5
	2	6, 3, 7		4	7, 4, 6
		6, 3, 8		5	7, 4, 7
	3	6, 4, 1		6	7, 4, 8
383	1	6, 4, 2		7	7, 4, 9
	2	6, 4, 3	394	1	7, 4, 10
		6, 4, 4		2	8, 1, 1
	3	6, 5, 1		3	8, 1, 2
384	1	7, 1, 1		4	8, 1, B
385	1	7, 1, 1	395	1	8, 1, 3
	2	7, 1, B		2	8, 1, 4
	3	7, 1, 2		3	8, 1, 5
386	1	7, 1, 3		4	8, 1, F
	2	7, 1, E		5	8, 1, 6
	3	7, 1, 6	396	1	8, 1, G
	4	7, 1, 7		2	8, 1, G
387	1	7, 2, 1		3	8, 1, 8
	2	7, 2, A	397	1	8, 1, 8
	3	7, 2, C		2	8, 1, 9
	4	7, 2, 1		3	8, 2, 1
388	1	7, 2, D		4	8, 2, 2
	2	7, 2, D			4, 2, 3

Übersetzungsabschnitt		Quelle	Übersetzungsabschnitt		Quelle
Seite	Abs.		Seite	Abs.	
398	1	8, 3, 1		3	9, 2, 10
	2	8, 3, A		4	10, 1
	3	8, 7, 1	402	1	10, 2
	4	9, 1, 1		2	10, 3
	5	9, 1, 1	403	1	10, 4
399	1	9, 1, A		2	10, 5
	2	9, 3, 1		3	10, 6
	3	9, 2, 1	404	1	10, 7
	4	9, 2, 2		2	10, 8
	5	9, 2, 3	405	1	10, 9
	6	9, 2, 4		2	10, 10
400	1	9, 2, 5		3	10, 11
	2	9, 2, 6	406	1	10, B
	3	9, 2, 7		2	10, 12
401	1	9, 2, 8		3	10, 13
	2	9, 2, 9